勉強した日〔　月　日〕

標準レベル 1 算数①

かけ算のきまり

時間 20分	とく点
合かく 40点	50点

1 つぎの計算をしなさい。(2点×8)

(1) 10×3　(2) 7×0

(3) 6×1　(4) 2×3×4

(5) 3×4×0　(6) 4×9+4

(7) 0×5　(8) 10×8−8

2 つぎの□にあてはまる数を書きなさい。(2点×9)

(1) 3×5=3×4+□　(2) 6×4−6=6×□

(3) 4×5=5×□　(4) 10×□=10

(5) 8×7−□=7×7　(6) 4×□=40

(7) 9×□=6×□=18

(8) 1×1×1×1×1×1×1=□

3 10円玉が8こと、5円玉が6こあります。全部(ぜんぶ)で何円ありますか。(3点)

□

4 7人の子どもに色紙を配(くば)ります。1人に4まいずつ配ったところ、5まいあまりました。色紙は何まいありましたか。(3点)

□

5 白い花が6本あります。赤い花は白い花の3倍(ばい)あります。花は合わせて何本ありますか。(3点)

□

6 おはじきを1列(れつ)に7こずつ8列(れつ)にならべようとしたら、2こたりませんでした。おはじきは何こありましたか。(3点)

□

7 大人6人と子ども4人のチームをつくったら、全部で4チームできました。みんなで何人いましたか。(4点)

□

算数

1回 20回 40回 60回 80回 100回 120回 GOAL

勉強した日〔　月　日〕

上級レベル 2 算数②

かけ算のきまり

時間 20分	とく点
合かく 35点	50点

1 つぎの計算をしなさい。（2点×8）

(1) 0×0　　(2) 10×6

(3) 3×0　　(4) 3×3×9

(5) 8×2×4　　(6) 5×9×2

(7) 3×0×9　　(8) 7×1×9

2 つぎの□にあてはまる数を書きなさい。（1点×12）

(1) 7×2×3=7×□=□

(2) 2×6×5=6×□=□

(3) 9×4×2=9×□=□

(4) 2×□=8×□=4×□=16

(5) 4×□=9×□=6×□=36

3 みかんを、毎日5こずつ食べると、2週間で何こ食べることになりますか。（4点）

□

4 みちこさんは1こ10円のチョコレートを6こと、1こ5円のグミを4こ買いました。100円出すと、おつりはいくらですか。（4点）

□

5 まなぶさんは本を1日7ページずつ7日間読みました。としゆきさんは本を1日8ページずつ6日間読みました。どちらが何ページ多く読みましたか。（4点）

□

6 さいころの形をしたつみ木を、右のようにぴったりとつみました。つみ木は全部（ぜんぶ）で何こありますか。（5点）

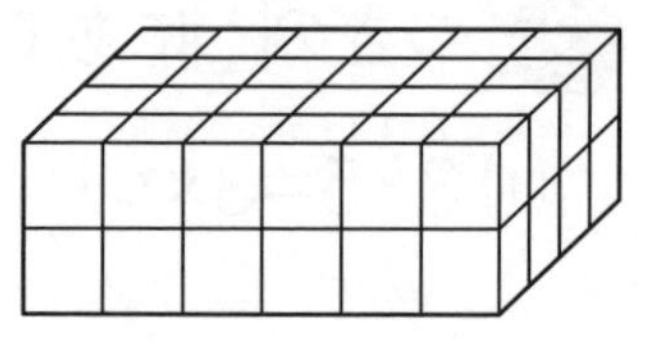

□

7 右のような長方形があります。たての長さは6cmで、横（よこ）の長さはたての長さの3倍（ばい）です。長方形のまわりの長さは何cmですか。（5点）

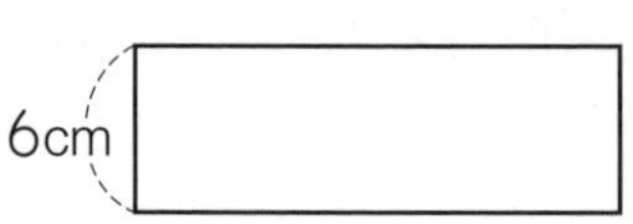

□

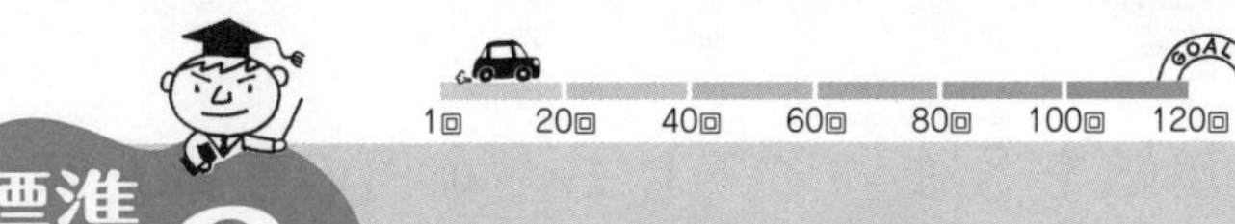

勉強した日〔　月　日〕

標準レベル 3　わり算

算数③

時間 20分	とく点
合かく 40点	50点

1 つぎの□にあてはまる数を書きなさい。（2点×8）

(1) 4×□=12　(2) □×4=28

(3) 6×□=30　(4) □×9=18

(5) 5×□=35　(6) □×3=27

(7) 2×□=16　(8) □×8=48

2 つぎのわり算をしなさい。（2点×10）

(1) 12÷3　(2) 14÷2

(3) 20÷4　(4) 40÷5

(5) 28÷7　(6) 36÷6

(7) 25÷1　(8) 27÷9

(9) 32÷8　(10) 8÷8

3 おり紙が 24 まいあります。8 人で同じ数ずつ分けると、1 人何まいずつになりますか。（2点）

□

4 54 ページの本を、1 日に 6 ページずつ読むと、何日で読み終(お)わりますか。（3点）

□

5 35cm のテープを、5cm ずつの短(みじか)いテープに切ると、テープは何本できますか。（3点）

□

6 しょうさんは 8 才で、お父さんは 40 才です。お父さんの年れいは、しょうさんの何倍(ばい)ですか。（3点）

□

7 正方形があります。この正方形のまわりの長さは 28cm です。1 つの辺(へん)の長さは何 cm ですか。（3点）

□

算数

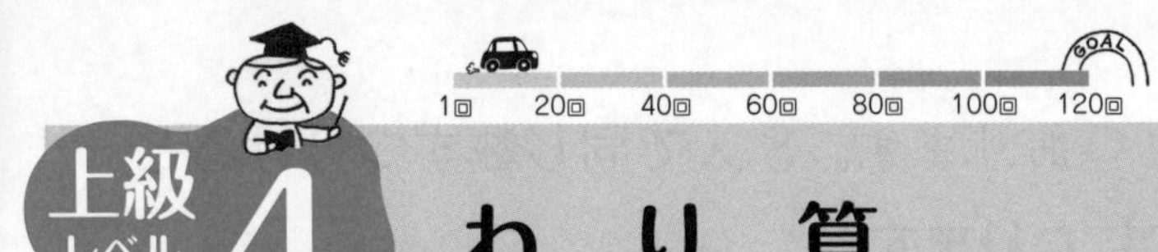

勉強した日〔　月　日〕

上級レベル 4 算数④

わり算

時間 20分	とく点
合かく 35点	50点

1 つぎのわり算をしなさい。（2点×10）

(1) 56÷7　　(2) 54÷6

(3) 12÷2　　(4) 21÷3

(5) 40÷8　　(6) 25÷5

(7) 49÷7　　(8) 18÷6

(9) 36÷4　　(10) 45÷9

2 子どもたちが、1列に8人ずつ、3列にならんでいます。**1列に6人ずつにならびかえると、何列になりますか。**（4点）

3 みかんが50こあります。1ふくろに7こずつ入れていくと、何ふくろかできて、みかんが1こあまりました。**何ふくろできましたか。**（4点）

4 1まい9円の画用紙を8まいと、1まい4円の色紙を何まいか買ったら、代金は全部で100円でした。**つぎの問いに答えなさい。**（4点×2）

(1) 画用紙8まいの代金はいくらですか。

(2) 色紙を何まい買いましたか。

5 140ページある本のうち、84ページを読みました。**のこりのページを1週間で読み終えるには、1日に何ページずつ読めばよいですか。**（4点）

6 2年生が26人、3年生が16人います。**2年生と3年生全員で7人ずつのはんをつくると、はんはいくつできますか。**（5点）

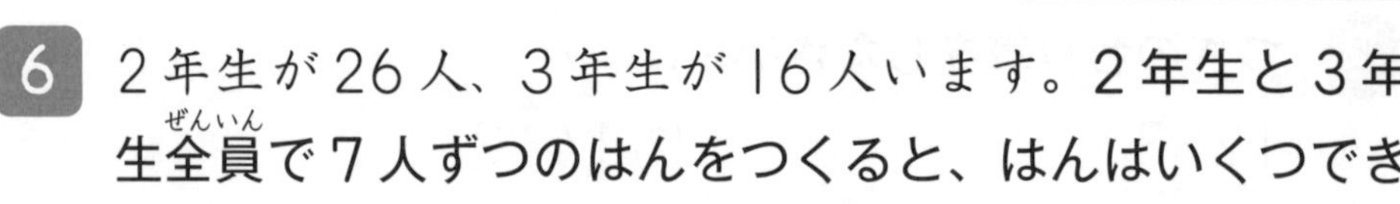

7 72cmのひごを2cmずつに切って、右のような正方形をつくります。**正方形は何こできますか。**（5点）

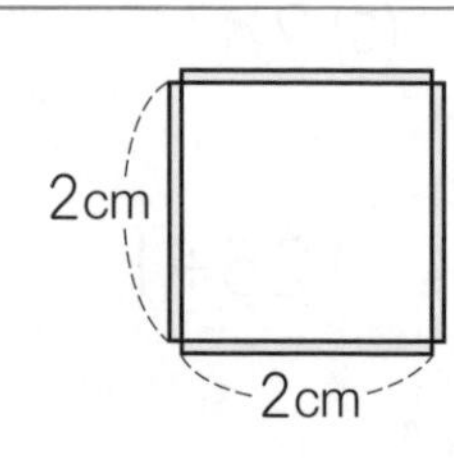

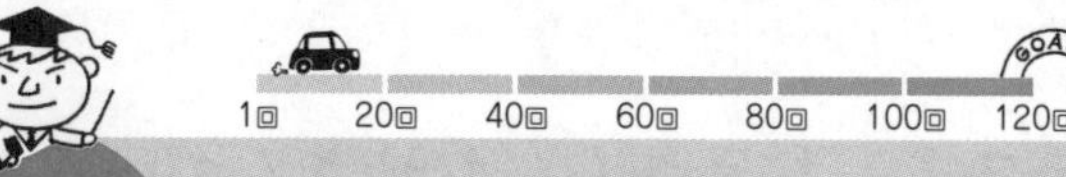

勉強した日
[　　月　　日]

時間 20分	とく点
合かく 40点	50点

標準レベル 5 表とグラフ

算数⑤

1 つぎの表(ひょう)は、3年1組、2組、3組の人に、国語、算数、理科、社会のうち自分のすきな科目を1つずつ答えてもらったけっかをまとめたものです。**つぎの問(と)いに答えなさい。** (8点×2)

3年1組

科目	人数
国語	10
算数	12
理科	8
社会	5

3年2組

科目	人数
国語	9
算数	13
理科	10
社会	4

3年3組

科目	人数
国語	8
算数	14
理科	9
社会	5

(1) 上の3つの表を、1つにまとめなさい。

すきな科目　(人)

	1組	2組	3組	合計
国語				
算数				
理科				
社会				
合計				

(2) まとめたけっかを、ぼうグラフに表(あらわ)しなさい。

10　20　30　40(人)

国語
算数
理科
社会

2 つぎの表は、オリンピックでア、イ、ウ、エ、オの5つの国がとったメダルの数をまとめたものです。**つぎの問いに答えなさい。** (6点×3)

(1) ウの国は銅(どう)メダルを何こ とりましたか。

[　　　　]

とったメダルの数　(こ)

	金	銀(ぎん)	銅
ア	7	2	5
イ	5	6	4
ウ	3	4	5
エ	2	2	1
オ	1	4	2

(2) メダルをいちばん多くとった国はどこですか。

[　　　　]

(3) メダルがいちばん少なかった国はどこですか。

[　　　　]

3 下のグラフで、ぼうが表す数を書きなさい。(2点×8)

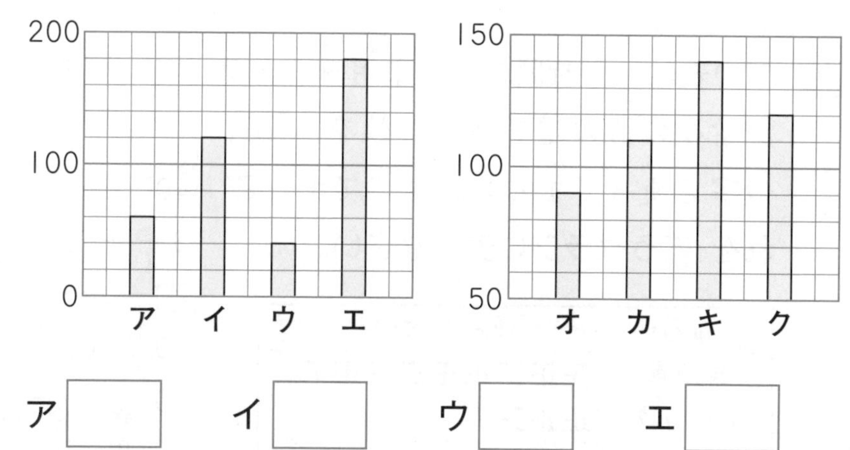

ア[　　]　イ[　　]　ウ[　　]　エ[　　]

オ[　　]　カ[　　]　キ[　　]　ク[　　]

算数

上級レベル 6 表とグラフ

時間 20分	とく点
合かく 35点	50点

1 右のグラフは、3年生の5人がくりを拾(ひろ)いに行って、拾ったくりの数をぼうグラフにしたものです。**つぎの問(と)いに答えなさい。**ただし、1目もりは1こを表(あらわ)し、とちゅうの目もりがしょうりゃくされています。(6点×2)

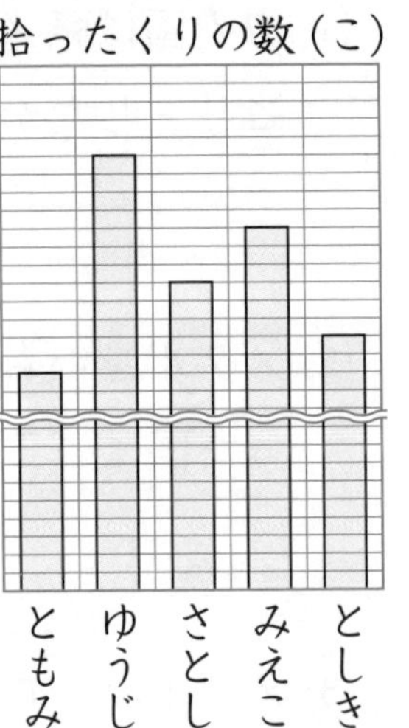

(1) ゆうじさんはとしきさんより何こ多く拾いましたか。

(2) ともみさんの拾ったくりは30こでした。5人合わせてくりを何こ拾いましたか。

2 下の表(ひょう)は、1時間の間に乗用車(じょうようしゃ)、トラック、バス、バイクが学校の前の道を通った数を、「**正**」の字を使(つか)ってまとめたものです。**これを、ぼうグラフに表しなさい。**(10点)

しゅるい	通った数(台)
乗用車	正正正正正正正正T
トラック	正正正一
バス	正下
バイク	正正正正T

(台) 40 30 20 10 0
乗用車　トラック　バス　バイク

3 みちこさんのクラスで、お兄さん、お姉さんがいるかどうかを調(しら)べたところ、つぎのことがわかりました。

・お兄さんのいる人は14人
・お姉さんのいる人は18人
・どちらもいる人は9人
・どちらもいない人は11人

これを、右の表にまとめなさい。(10点)

(人)

		お兄さん		合計
		いる	いない	
お姉さん	いる			
	いない			
合計				

4 3年生のあるクラスで算数と国語のテストをしたけっかを右の表のようにまとめました。**つぎの問いに答えなさい。**(6点×3)

	算数	国語
100点	8人	3人
90点～99点	15人	5人
80点～89点	6人	ア
70点～79点	4人	7人
60点～69点	1人	6人
0点～59点	1人	3人

(1) アにあてはまる人数を書きなさい。

(2) 国語の点数が70点よりひくかった人は何人いますか。

(3) けいごさんの算数の点数は88点でした。けいごさんは点数のよいほうから数えて、何番目から何番目までの間ですか。

1回 20回 40回 60回 80回 100回 120回 GOAL

勉強した日
〔　　月　　日〕

標準レベル 7 時こくと時間

算数⑦

時間	とく点
20分	
合かく 40点	50点

1 つぎの□にあてはまる数を書きなさい。（2点×5）

(1) 90分＝1時間□分　(2) 140分＝2時間□分

(3) □分＝3時間　(4) 1日＝□時間

(5) 3時間20分＝□分

2 午後のあるときに時計を見たら、右のようになっていました。**つぎの問い（と）に答えなさい。**（3点×4）

(1) 今の時こくは、午後何時何分ですか。

□

(2) 今から45分後の時こくは、午後何時何分ですか。

□

(3) 今から40分前の時こくは、午後何時何分ですか。

□

(4) 今から4時間前の時こくは、午前何時何分ですか。

□

3 つぎの時間の計算をしなさい。（3点×4）

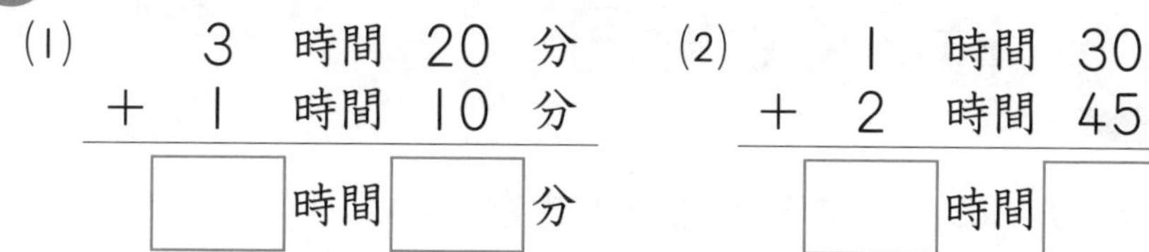

(1)
　3時間20分
＋1時間10分
　□時間□分

(2)
　1時間30分
＋2時間45分
　□時間□分

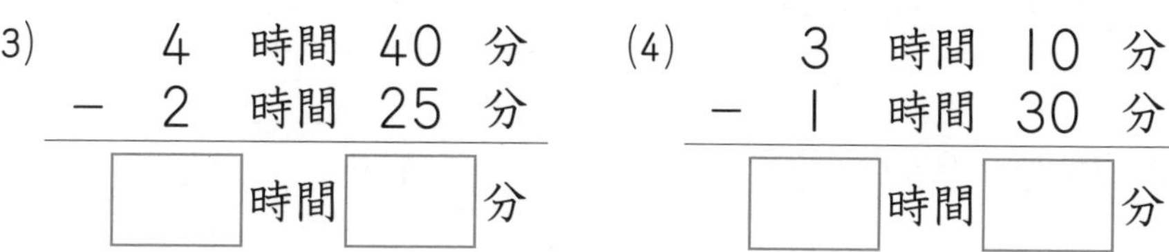

(3)
　4時間40分
－2時間25分
　□時間□分

(4)
　3時間10分
－1時間30分
　□時間□分

4 つぎの時間をもとめなさい。（4点×2）

(1) 9時30分から12時までの時間

□

(2) 1日の3分の1の時間

□

5 ちえみさんは、夕食のあと、午後7時50分から勉強（べんきょう）を始（はじ）めて、1時間30分勉強をしました。そのあと、休けいして、午後10時にねました。**つぎの問いに答えなさい。**（4点×2）

(1) 勉強が終（お）わったのは、午後何時何分ですか。

□

(2) 何分間休けいしましたか。

□

算数

上級レベル 8 時こくと時間

算数⑧

時間	とく点
20分	
合かく 35点	50点

1 つぎの□にあてはまる数を書きなさい。（4点×4）

(1) 37秒＋59秒＝□秒＝□分□秒

(2) 72分＋84分＝□分＝□時間□分

(3) 1日－10時間＝□時間－10時間＝□時間

(4) 午前5時から午後2時までの時間は□時間

2 つぎの時間の計算をしなさい。（3点×4）

(1)
　　3 時間 45 分
＋ 4 時間 36 分
□時間□分

(2)
　　2 分 48 秒
＋ 1 分 48 秒
□分□秒

(3)
　　3 時間 10 分
－ 1 時間 30 分
□時間□分

(4)
　　6 分 5 秒
－ 1 分 40 秒
□分□秒

3 たかゆきさんとみなこさんが計算問題をときました。たかゆきさんは8問を32秒でときました。みなこさんは5問を25秒でときました。**つぎの問いに答えなさい。**（4点×2）

(1) たかゆきさんは1問とくのに何秒かかりましたか。

□

(2) みなこさんが、この速さで20問とくと、何分何秒かかりますか。

□

4 ある日の日の出の時こくは午前6時20分、日の入りの時こくは午後5時30分でした。**つぎの問いに答えなさい。**（4点×2）

(1) この日の昼（太陽が出ている時間）の長さは何時間何分ですか。

□

(2) この日の夜（太陽が出ていない時間）の長さは、昼の長さより何時間何分長いですか。

□

5 学校の始まる時こくは午前8時20分で、家から学校まで18分かかります。**学校の始まる5分前に学校に着くためには、家を午前何時何分に出なければいけませんか。**（6点）

□

1回 20回 40回 60回 80回 100回 120回 GOAL

勉強した日〔　　月　　日〕

標準レベル 9 あまりのあるわり算

算数⑨

時間 20分	とく点
合かく 40点	50点

1 つぎのわり算をしなさい。あまりも出しなさい。(2点×10)

(1) 15÷2　　(2) 20÷3

(3) 33÷4　　(4) 29÷6

(5) 43÷5　　(6) 50÷8

(7) 61÷7　　(8) 30÷9

(9) 43÷6　　(10) 25÷4

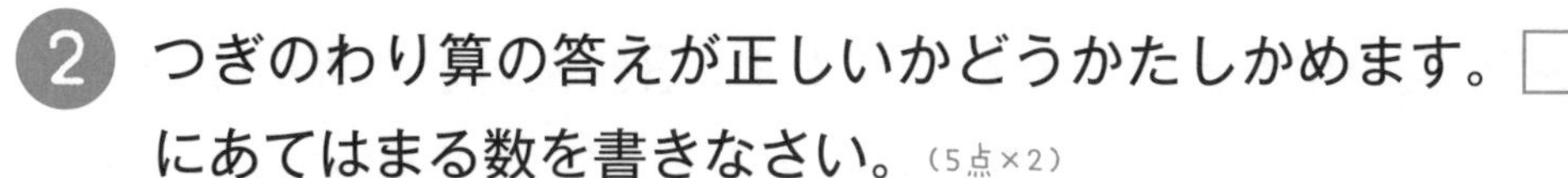

2 つぎのわり算の答えが正しいかどうかたしかめます。□にあてはまる数を書きなさい。(5点×2)

(1) 30÷4=7 あまり 2

(たしかめの式)

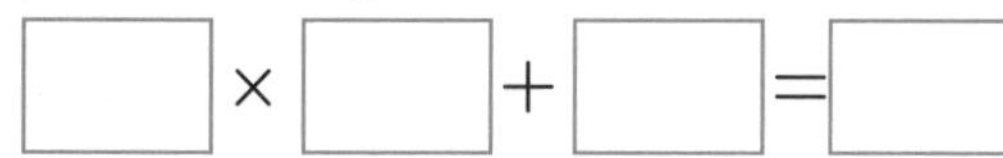

□×□+□=□

(2) 52÷9=5 あまり 7

(たしかめの式)

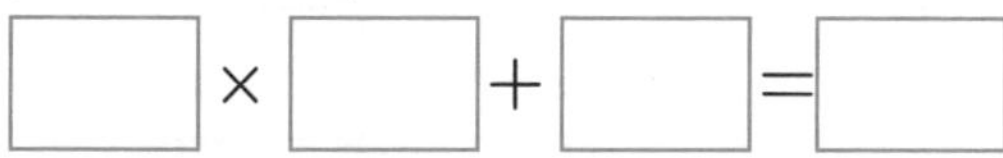

□×□+□=□

3 あめが 50 こあります。6 人の子どもに同じ数ずつ配(くば)ると、1 人分は何こで、あめは何こあまりますか。(4点)

4 画用紙が 60 まいあります。7 人の子どもに同じ数ずつ配ると、1 人分は何まいで、画用紙は何まいあまりますか。(4点)

5 45cm の竹ひごを 8cm ずつに切っていくと、竹ひごは何本とれて、何 cm あまりますか。(4点)

6 30 人がタクシーに乗(の)ります。1 台のタクシーに 4 人ずつ乗っていくと、タクシーは何台いりますか。(4点)

7 おかしが 65 こあります。9 こずつふくろに入れていくと、9 こ入りのふくろは何ふくろできますか。(4点)

算数

1回 20回 40回 60回 80回 100回 120回 GOAL

勉強した日［　　月　　日］

時間 20分	とく点
合かく 35点	50点

上級レベル 10 あまりのあるわり算

算数⑩

1 つぎのわり算をしなさい。わり切れないときは、あまりも出しなさい。（2点×8）

(1) 19÷2　(2) 23÷3

(3) 32÷4　(4) 45÷6

(5) 36÷5　(6) 31÷8

(7) 69÷7　(8) 80÷9

2 つぎの□にあてはまる数を書きなさい。（2点×8）

(1) □÷5=3あまり2　(2) □÷8=4 あまり 6

(3) □÷6=4 あまり 3　(4) □÷7=6 あまり 1

(5) 49÷□=5 あまり 4　(6) 31÷□=7 あまり 3

(7) 35÷6=□ あまり 5　(8) 48÷9=□ あまり 3

3 ご石が何こかあります。1列に6こずつならべると、9列できて、10列目は4こになりました。**つぎの問いに答えなさい。**（3点×2）

(1) ご石は全部で何こありますか。

□

(2) 1列に8こずつにならべかえると、8この列が何列できて、さいごの列は何こになりますか。

□

4 チョコレートが8こはいった箱を4箱買いました。**これを6人で同じ数ずつ分けると、1人分は何こで、チョコレートは何こあまりますか。**（4点）

□

5 長いすが何きゃくかあります。36人の子どもが1きゃくに5人ずつすわろうとしましたが、1人がすわれませんでした。**つぎの問いに答えなさい。**（4点×2）

(1) 長いすは何きゃくありますか。

□

(2) 1きゃくに6人ずつにすわりなおすと、長いすは何きゃくあまりますか。

□

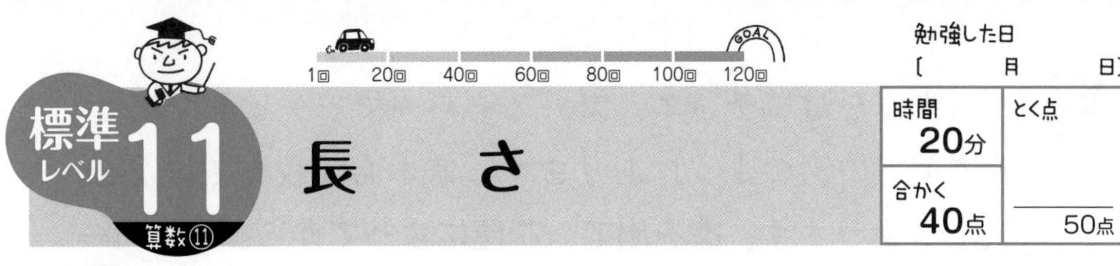

勉強した日〔　　月　　日〕

時間 20分	とく点
合かく 40点	50点

標準レベル 11 長さ

算数⑪

1 つぎの□にあてはまる数を書きなさい。（3点×6）

(1) 2km=□m　(2) 4000m=□km

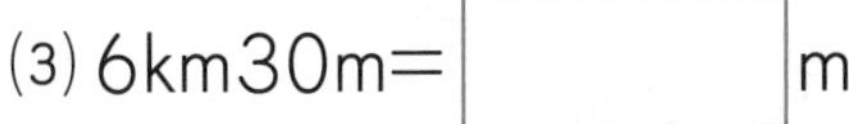

(3) 6km30m=□m

(4) 3840m=□km□m

(5) 800m+900m=□m=□km□m

(6) 3km−200m=□km□m=□m

2 つぎの□にあてはまるたんいを書きなさい。（2点×4）

(1) 教室のたての長さ……15□

(2) 電車の駅(えき)と駅の間……3□

(3) れいぞうこの高さ……160□

(4) 山登り(やまのぼり)で歩いた道のり……6□

3 長いほうを⬭でかこみなさい。（4点×2）

(1) (200m、2km)　(2) (3km60m、3500m)

4 下の図のように、家、駅、学校があります。**つぎの問(と)いに答えなさい。**（4点×2）

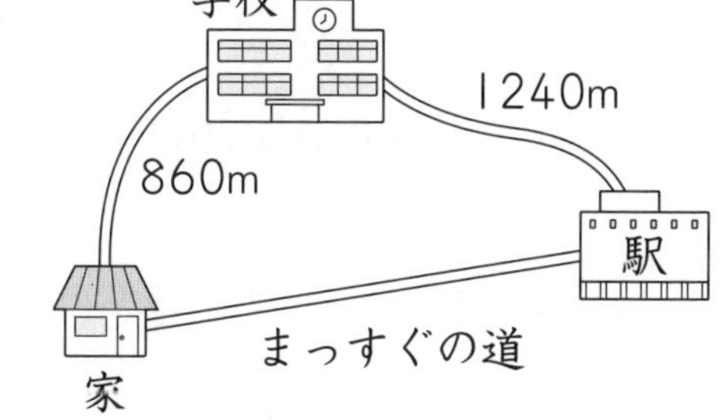

(1) 家から学校を通って駅まで行くと、道のりは全部(ぜんぶ)で何kmなんmになりますか。

□

(2) 家から駅までのまっすぐの道を行くと、家から学校を通って駅まで行く道のりより600m短(みじか)いそうです。まっすぐの道は何km何mありますか。

□

5 家から図書館(としょかん)までの道のりは3kmあります。その道のとちゅうに、家から1km200mの所(ところ)に学校があり、図書館まであと400mの所に本屋(ほんや)があります。**つぎの問いに答えなさい。**（4点×2）

(1) 家から本屋までの道のりは何km何mですか。

□

(2) 学校から本屋までの道のりは何km何mですか。

□

算数

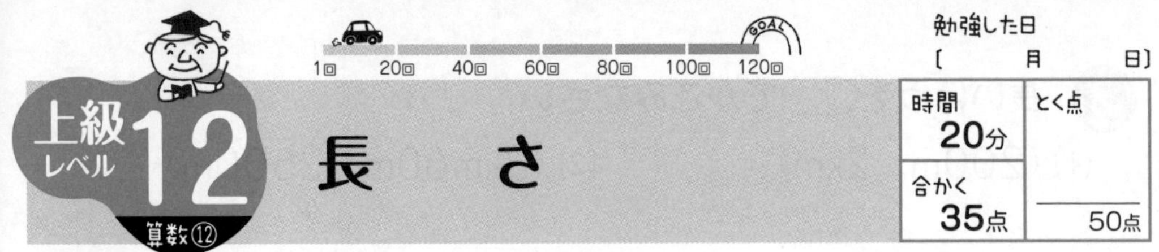

勉強した日〔　月　日〕

時間 20分	とく点
合かく 35点	50点

長さ

1 つぎの計算をしなさい。（3点×5）

(1) 2km+3000m=□km　　(2) 3km×6=□km

(3) 4km−1km360m=□km□m

(4) 5km400m−2km850m=□km□m

(5) 20km÷5=□m

2 右の図のように、中町、北町、南町、東町、西町があります。それぞれの道のりは何km何mですか。（4点×3）

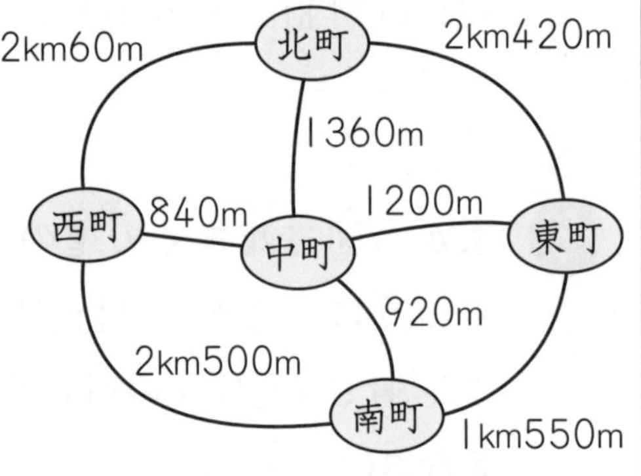

(1) 中町→北町→東町→中町　□

(2) 中町→西町→南町→中町　□

(3) 北町→東町→南町→西町→北町　□

3 まっすぐな道にそって、家、スーパーマーケット、花屋（はなや）、学校が下の図のようにあります。家から学校までは2km400mあります。家を出て、花屋によってから、スーパーマーケットまでもどると、道のりは全部（ぜんぶ）で何km何mですか。（5点）

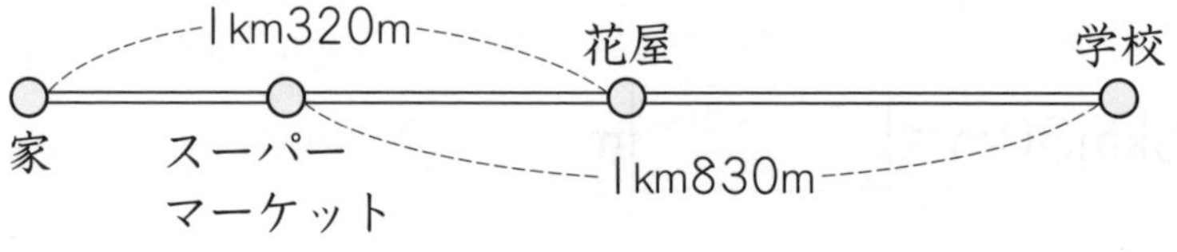

□

4 けんじさんの家の畑（はたけ）は長方形の形をしていて、たてが640mで、横（よこ）はたてよりも520m長いそうです。つぎの問（と）いに答えなさい。（6点×3）

(1) 畑の横の長さは何km何mですか。

□

(2) 畑のまわりを1しゅうすると、道のりは何km何mになりますか。

□

(3) たけしさんの家の畑は正方形の形をしていて、畑のまわりの長さは、けんじさんの家の畑と同じ長さです。たけしさんの家の畑の1つの辺（へん）の長さは何mですか。

□

勉強した日
〔　　月　　日〕

標準レベル 13

たし算の筆算

算数⑬

時間 20分	とく点
合かく 40点	50点

1 つぎのたし算をしなさい。（2点×9）

(1) 347 + 223

(2) 415 + 467

(3) 378 + 614

(4) 592 + 168

(5) 673 + 257

(6) 372 + 628

(7) 832 + 397

(8) 506 + 787

(9) 926 + 587

2 つぎのたし算を暗算（あんざん）でしなさい。（2点×6）

(1) 25+43

(2) 53+61

(3) 72+85

(4) 29+45

(5) 78+16

(6) 37+86

3 つぎのたし算をしなさい。（2点×6）

(1) 5462 + 98

(2) 1234 + 67

(3) 6039 + 814

(4) 4835 + 187

(5) 3648 + 2777

(6) 1537 + 3918

4 東小学校のじどうは926人、西小学校のじどうは855人です。**合わせて何人いますか。**（2点）

5 本を2さつ買いました。1さつは1980円、もう1さつは1260円でした。**合わせていくらでしたか。**（2点）

6 ある遊園地（ゆうえんち）には、土曜日に3294人、日曜日に2953人やってきました。**合わせて何人きましたか。**（2点）

7 家から本屋（ほんや）までは765m、本屋から学校までは1275mあります。**家から本屋を通って学校まで行くと、何km何mありますか。**（2点）

算数

1回 20回 40回 60回 80回 100回 120回 GOAL

勉強した日 [　　月　　日]

上級レベル 14 たし算の筆算

算数⑭

時間 20分	とく点
合かく 35点	50点

1 つぎのたし算をしなさい。(2点×6)

(1) 672 + 2559

(2) 405 + 3565

(3) 1234 + 5678

(4) 4730 + 3959

(5) 6174 + 1827

(6) 3538 + 4612

2 つぎのたし算を暗算(あんざん)でしなさい。(2点×8)

(1) 2400+400

(2) 1600+600

(3) 750+850

(4) 690+540

(5) 2800+2400

(6) 2800+240

(7) 1720+520

(8) 2160+980

3 つぎの□にあてはまる数を書きなさい。(3点×4)

(1)

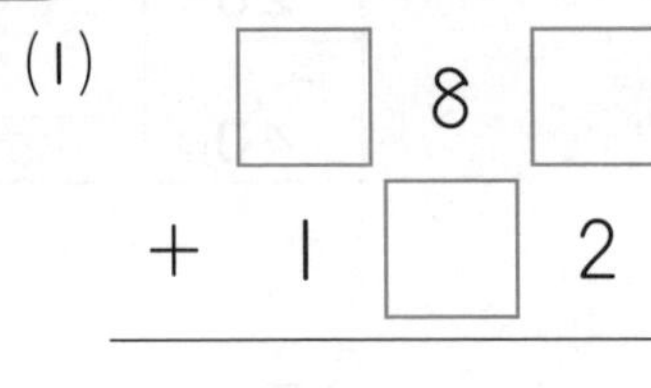

□ 8 □ + 1 □ 2 = 9 0 1

(2)

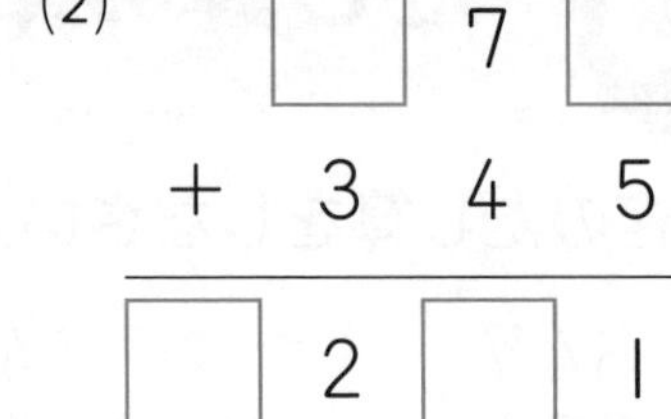

□ 7 □ + 3 4 5 = □ 2 □ 1

(3) 3 6 □ + □ 4 8 = 6 □ 7

(4)

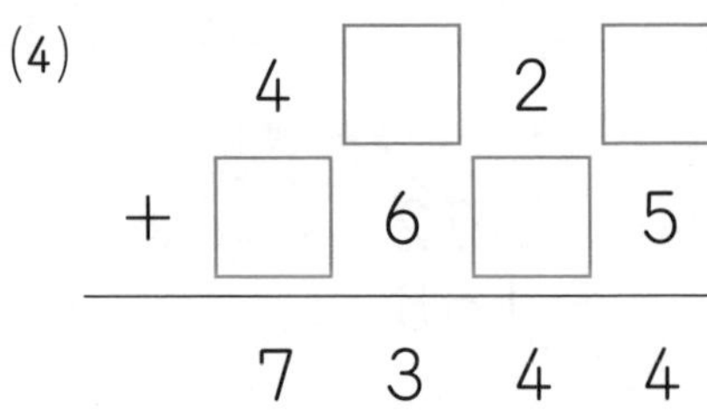

4 □ 2 □ + □ 6 □ 5 = 7 3 4 4

4 0、2、4、7 の数字を 1 つずつ使(つか)って、4207 のような 4 けたの数をつくります。つぎの問(と)いに答えなさい。

(1) いちばん大きい数はいくつですか。(3点)

□

(2) いちばん小さい数はいくつですか。(3点)

□

(3) 2 番目に大きい数と、2 番目に小さい数をたすと、答えはいくらになりますか。(4点)

□

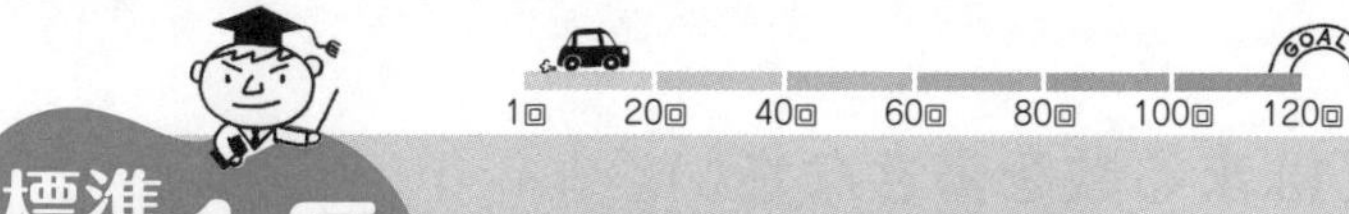

勉強した日［　　月　　日］

時間 20分	とく点
合かく 40点	50点

標準レベル 15 ひき算の筆算

算数⑮

1 つぎのひき算をしなさい。（2点×9）

(1) $\begin{array}{r} 573 \\ -\ 232 \\ \hline \end{array}$　(2) $\begin{array}{r} 882 \\ -\ 514 \\ \hline \end{array}$　(3) $\begin{array}{r} 460 \\ -\ 336 \\ \hline \end{array}$

(4) $\begin{array}{r} 437 \\ -\ 184 \\ \hline \end{array}$　(5) $\begin{array}{r} 724 \\ -\ 261 \\ \hline \end{array}$　(6) $\begin{array}{r} 903 \\ -\ 652 \\ \hline \end{array}$

(7) $\begin{array}{r} 531 \\ -\ 345 \\ \hline \end{array}$　(8) $\begin{array}{r} 500 \\ -\ 272 \\ \hline \end{array}$　(9) $\begin{array}{r} 645 \\ -\ 289 \\ \hline \end{array}$

2 つぎのひき算を暗算（あんざん）でしなさい。（2点×6）

(1) 85−31　(2) 78−56

(3) 93−58　(4) 42−34

(5) 61−16　(6) 100−74

3 つぎのひき算をしなさい。（2点×6）

(1) $\begin{array}{r} 3000 \\ -\ 476 \\ \hline \end{array}$　(2) $\begin{array}{r} 1480 \\ -\ 672 \\ \hline \end{array}$　(3) $\begin{array}{r} 2143 \\ -\ 884 \\ \hline \end{array}$

(4) $\begin{array}{r} 7358 \\ -\ 3367 \\ \hline \end{array}$　(5) $\begin{array}{r} 7951 \\ -\ 1719 \\ \hline \end{array}$　(6) $\begin{array}{r} 4923 \\ -\ 2185 \\ \hline \end{array}$

4

1365円の本を買いました。**5000円さつを1まい出すと、おつりはいくらですか。**（2点）

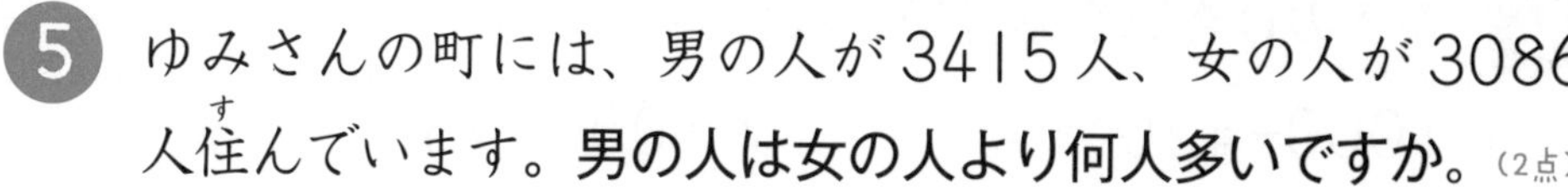

5

ゆみさんの町には、男の人が3415人、女の人が3086人住（す）んでいます。**男の人は女の人より何人多いですか。**（2点）

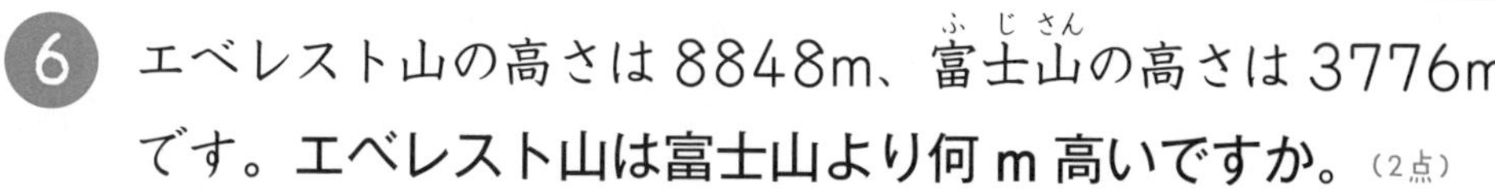

6

エベレスト山の高さは8848m、富士山（ふじさん）の高さは3776mです。**エベレスト山は富士山より何m高いですか。**（2点）

7

けいこさんは、2kmのランニングコースを走り始（はじ）めて、あと、645mの所（ところ）まで来ました。**今までに何km何m走りましたか。**（2点）

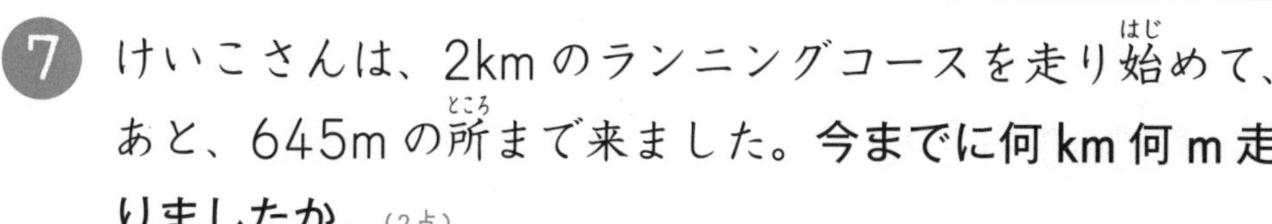

算数

1回 20回 40回 60回 80回 100回 120回 GOAL

勉強した日 [月 日]

時間 20分	とく点
合かく 35点	50点

上級レベル 16 ひき算の筆算

算数⑯

1 つぎのひき算をしなさい。(2点×6)

(1) 7439 − 3182

(2) 6274 − 1827

(3) 8260 − 1919

(4) 4003 − 1179

(5) 9000 − 5076

(6) 5267 − 2789

2 つぎのひき算を暗算でしなさい。(2点×8)

(1) 1000−420

(2) 1000−753

(3) 1000−876

(4) 1000−597

(5) 2000−480

(6) 2000−672

(7) 2000−1390

(8) 2000−1254

3 つぎの□にあてはまる数を書きなさい。(3点×4)

(1)

□ 8 □
− 1 □ 2
5 3 8

(2)

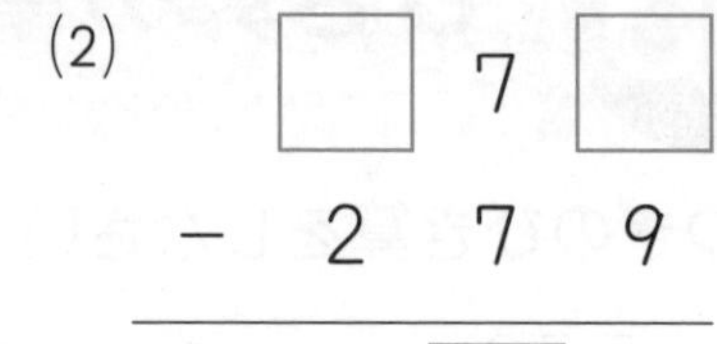

(3)

8 5 □
− □ 9 6
4 □ 1

(4)

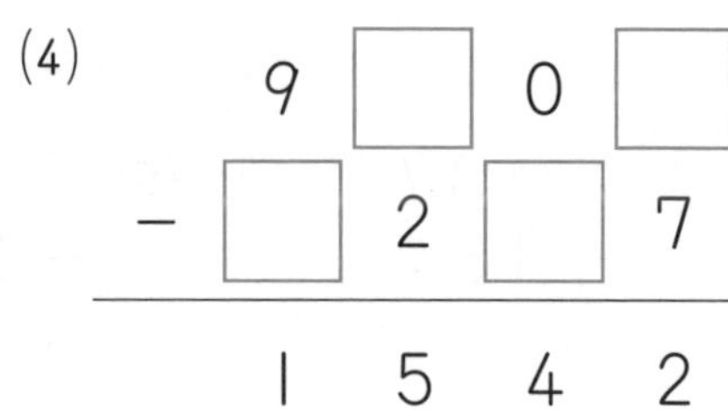

4 0、5、6、7、8、9 の中から 4 つの数字を 1 つずつ使って、5609 のような 4 けたの数をつくります。つぎの問いに答えなさい。

(1) いちばん大きい数はいくつですか。(3点)

□

(2) 6000 にいちばん近い数はいくつですか。(3点)

□

(3) (1)の数から(2)の数をひくと、答えはいくらになりますか。(4点)

□

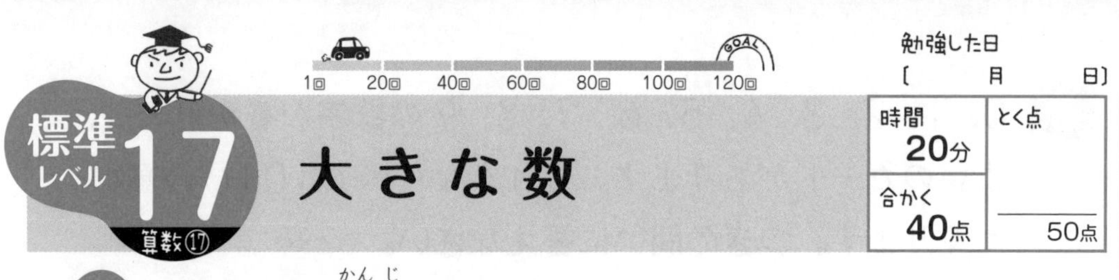

大きな数

時間 20分	とく点
合かく 40点	50点

1 つぎの数を漢字(かんじ)で書きなさい。(2点×3)

(1) 2374658

(2) 405700000

(3) 300203005004１

2 つぎの数を数字で書きなさい。(3点×3)

(1) 百八十万四千五百六十五

(2) 五十三億(おく)七千二十万三百

(3) 二兆(ちょう)六百億七千三万八十

3 下の数直線の□にあてはまる数を書きなさい。(2点×4)

(1)

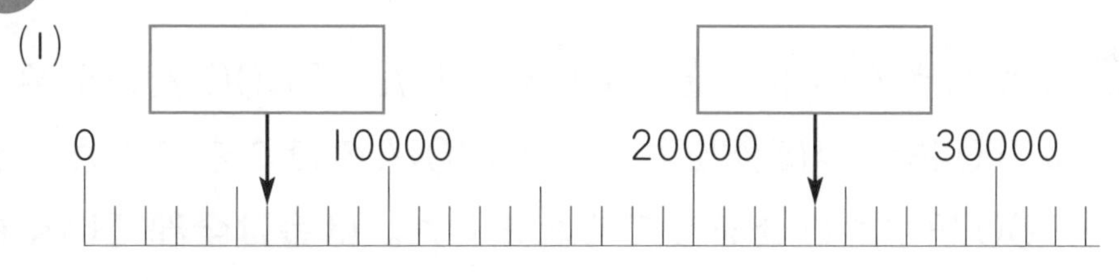

(2)

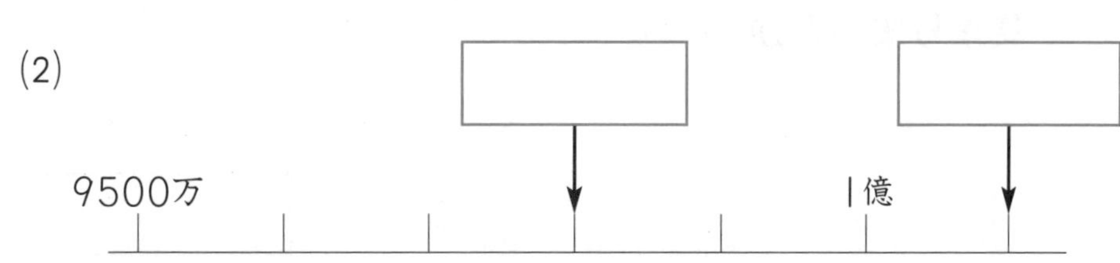

4 つぎの数を数字で書きなさい。(3点×3)

(1) 74 を 10 倍(ばい)した数

(2) 670 を 100 倍した数

(3) 700 を 10 でわった数

5 47000 はどんな数ですか。□にあてはまる数を書きなさい。(3点×3)

(1) 40000 と □ をあわせた数

(2) 50000 より □ 小さい数

(3) 1000 を □ こ集(あつ)めた数

6 つぎの□にあてはまる等号(とうごう)、不等号(ふとうごう)を書きなさい。(3点×3)

(1) 47000 □ 50000−3000

(2) 720 万 □ 650 億

(3) 2400 万＋800 万 □ 3100 万

算数

勉強した日〔　月　日〕

上級レベル 18 大きな数

算数⑱

時間 20分	とく点
合かく 35点	50点

1 つぎの計算をしなさい。(3点×4)

(1) 17200×1000

(2) 560万÷100

(3) 760万+250万

(4) 1億2000万−4000万

2 578342169について答えなさい。(3点×4)

(1) 4は何の位の数字ですか。

(2) 百万の位の数字は何ですか。

(3) 8は何が8こあることを表していますか。

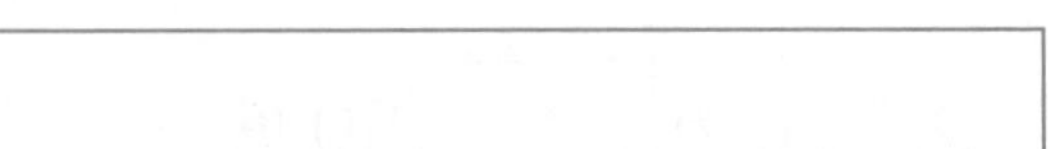

(4) 100倍すると6は何の位になりますか。

3 0、1、2、3、4、5、6、7、8、9の数字が書かれた10まいのカードがあります。これをならべて10けたの数をつくります。つぎの問いに答えなさい。(5点×4)

(1) いちばん大きい数を答えなさい。

(2) いちばん小さい数を答えなさい。

(3) 2番目に大きい数を答えなさい。

(4) 2番目に小さい数を答えなさい。

4 すすむさんの市でぼ金を集めました。2400人の小学生が10円ずつぼ金をして、3820人のほご者の人たちが100円ずつぼ金をしてくれました。ぼ金は全部でいくら集まりましたか。(6点)

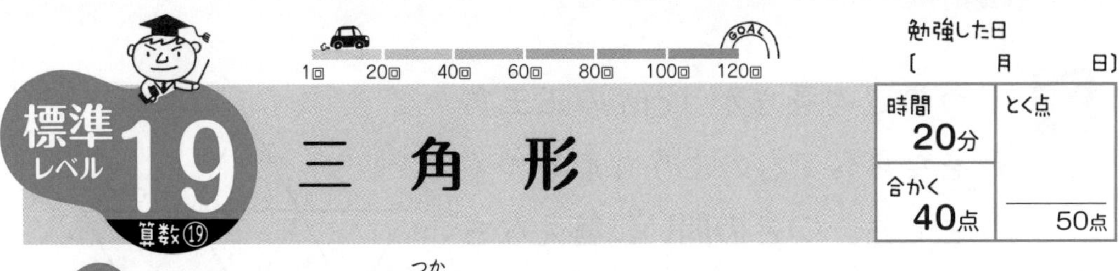

勉強した日 〔　月　日〕

時間 20分	とく点
合かく 40点	50点

三　角　形

1 3本の竹ひごを使(つか)って三角形をつくろうと思います。つぎの中で三角形をつくることができないのはどれですか。記号(きごう)で答えなさい。（5点）

ア　3cm、4cm、5cmの竹ひご
イ　3cm、5cm、7cmの竹ひご
ウ　3cm、6cm、9cmの竹ひご

2 つぎの□にあてはまることばを書きなさい。（4点×5）

(1) 右の図のアのような点を  といい、イのような直線を  といいます。また、ウのようなところを  といいます。

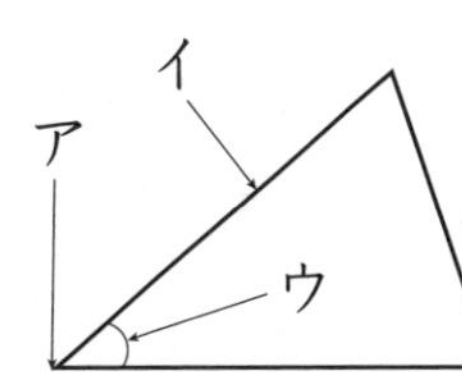

(2) 2つの辺(へん)の長さが等(ひと)しい三角形を 、3つの辺の長さが等しい三角形を□といいます。

3 つぎの形の中から三角形、二等辺三角形(にとうへんさんかくけい)、正三角形をえらびなさい。（5点×3）

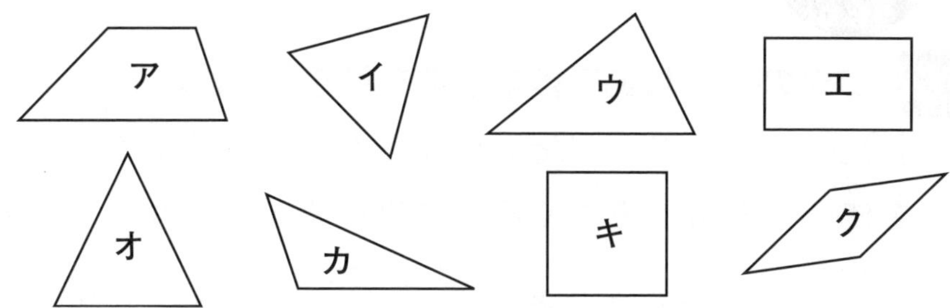

(1) 三角形 

(2) 二等辺三角形 

(3) 正三角形 

4 つぎの三角形をかきなさい。（5点×2）

(1) 辺の長さが4cm、4cm、3cmの二等辺三角形

(2) 1つの辺の長さが3cmの正三角形

算数

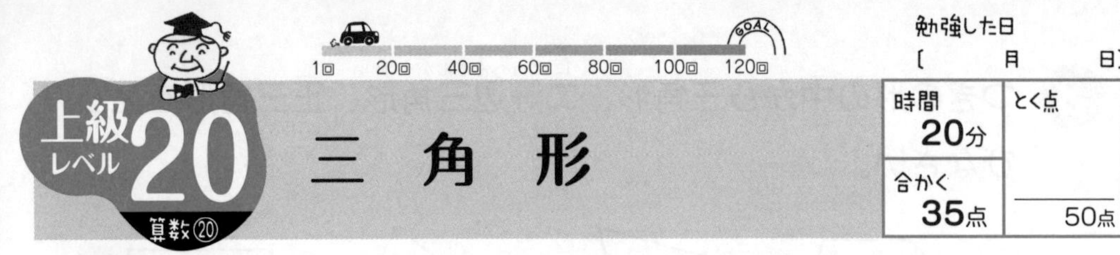

勉強した日 [　　月　　日]

三　角　形

時間 20分	とく点
合かく 35点	50点

1 **つぎの□にあてはまる数を書きなさい。**（5点×2）

10cm のひごと、17cm のひごがあります。もう 1 本ひごを使(つか)って三角形をつくろうと思います。もう 1 本のひごは

□cm より長く、□cm より短(みじか)くないと三角形はできません。

2 右の図のように、紙を 2 つにおって点線のところで切ります。**つぎの問(と)いに答えなさい。**（5点×3）

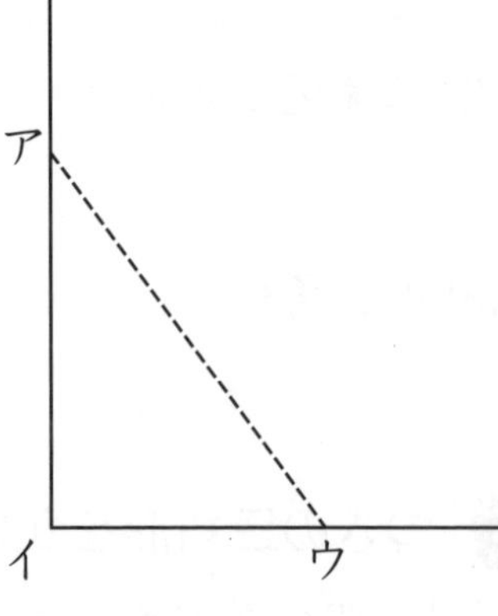

(1) 広げた形は、何という三角形になりますか。

(2) アウの長さが 5cm、イウの長さが 3cm のとき、広げた形のまわりの長さは何 cm ですか。

(3) イウの長さが 4cm のとき、広げた形が正三角形になるのは、アウが何 cm のときですか。

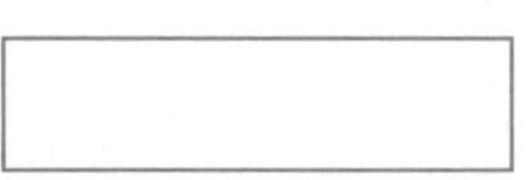

3 1 つの辺(へん)の長さが 1cm の正三角形をならべて右のような形をつくりました。**つぎの問いに答えなさい。**（5点×2）

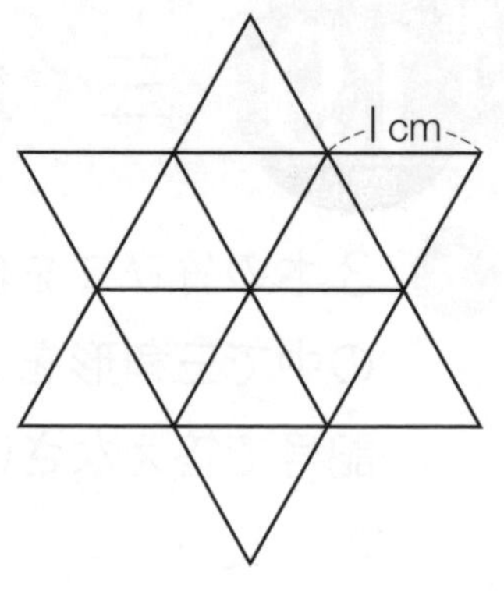

(1) 1 つの辺の長さが 2cm の正三角形はいくつありますか。

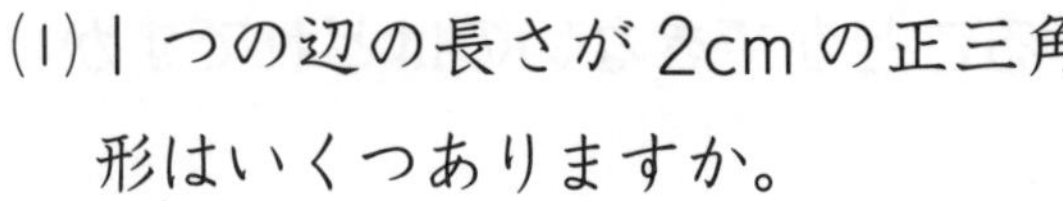

(2) 1 つの辺の長さが 3cm の正三角形はいくつありますか。

4 正方形と正三角形を組み合わせて右の図のような形をつくりました。**つぎの問いに答えなさい。**（5点×3）

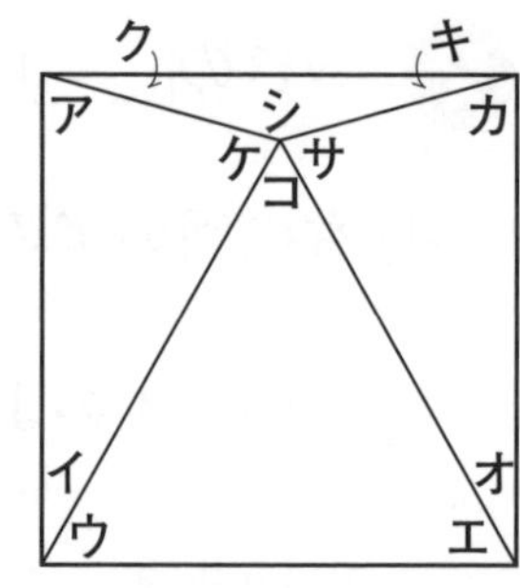

(1) 二等辺(にとうへん)三角形はいくつありますか。ただし正三角形は二等辺三角形でないものとします。

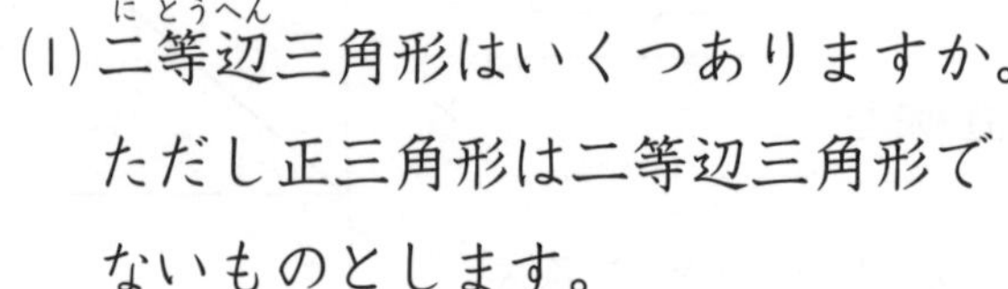

(2) **ウ**の角と同じ大きさの角はどれですか。すべて答えなさい。

(3) **ア**の角と同じ大きさの角はどれですか。すべて答えなさい。

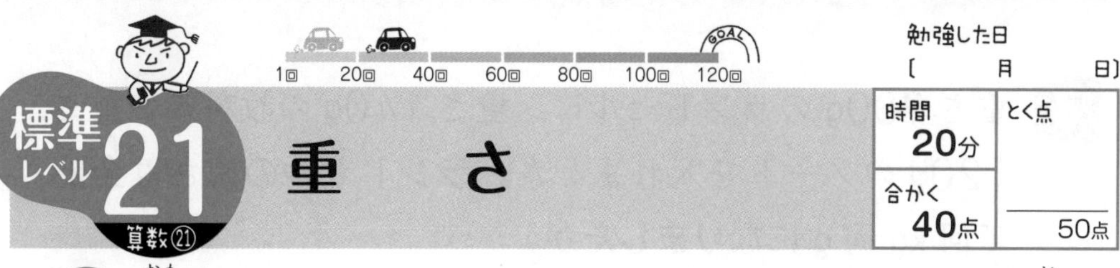

勉強した日 〔　　月　　日〕

標準レベル 21 重さ

算数㉑

時間 20分	とく点
合かく 40点	50点

1 重(おも)さをはかりではかりました。下の図を見て、つぎの問(と)いに答えなさい。（3点×3）

(1) はかりは何kgまではかれますか。

(2) いちばん小さい１目もりは、何gを表(あらわ)していますか。

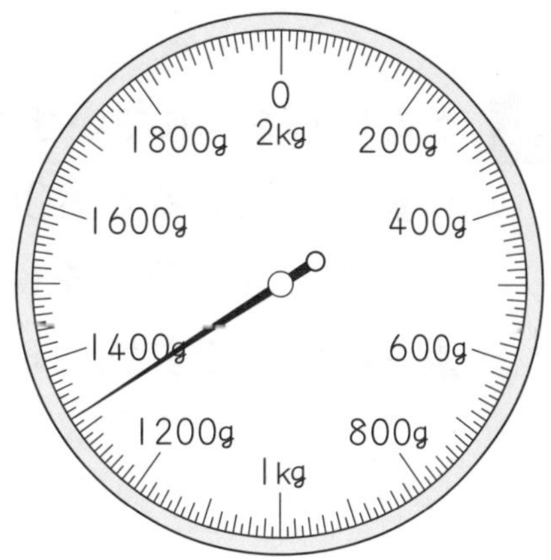

(3) はりのさしている重さを答えなさい。

2 はりのさしている重さを書きなさい。（4点×3）

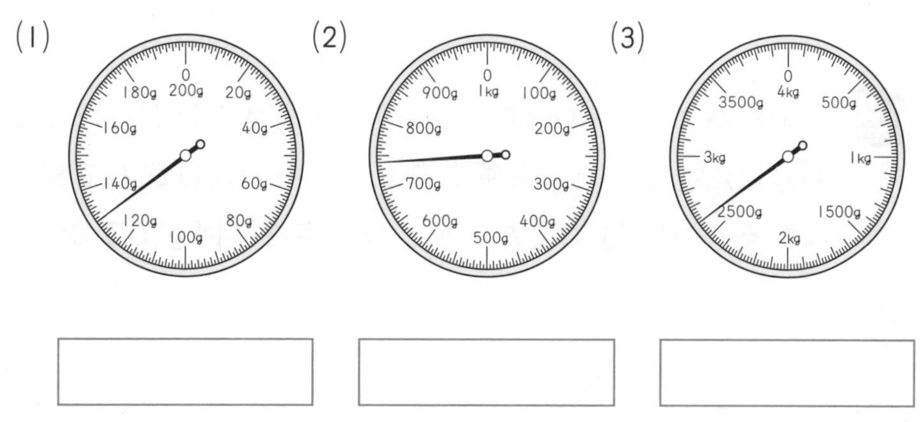

3 つぎの□にあてはまる数を書きなさい。（3点×7）

(1) 1kg= 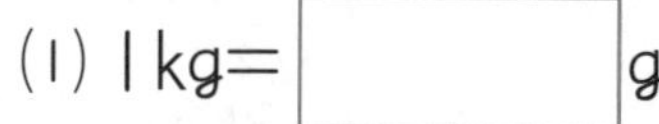 g

(2) 2000g= 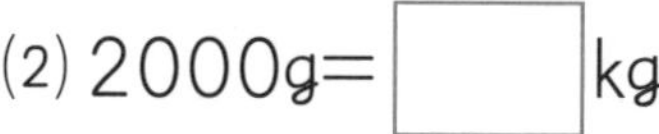 kg

(3) 1kg70g= □ g

(4) 3400g= □ kg □ g

(5) 1t= □ kg

(6) 4t300kg= □ kg

(7) 7040kg= □ t □ kg

4 つぎの□にあてはまるたんいを書きなさい。（2点×4）

(1) 1円玉１この重さ……1 □

(2) 1Lの水の重さ……1 □

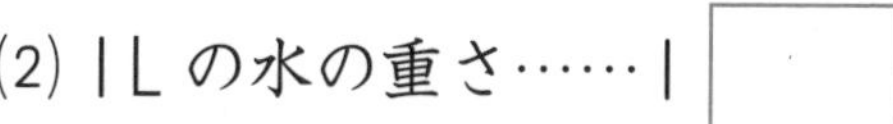

(3) わたしの体重(たいじゅう)……28 □

(4) 車の重さ……2 □

算数

1回 20回 40回 60回 80回 100回 120回 GOAL

勉強した日〔　　月　　日〕

上級レベル 22 算数㉒

重さ

時間	とく点
20分	
合かく 35点	50点

1 つぎの計算をしなさい。(3点×8)

(1) 300g+400g=□g

(2) 600g+700g=□kg□g

(3) 4800g−2kg900g=□g

(4) 8kg200g−5700g=□kg□g

(5) 500kg+800kg=□t□kg

(6) 3t+2700kg=□kg

(7) 5t200kg−800kg=□t□kg

(8) 4t300kg−1t700kg=□t□kg

2 重(おも)さが200gのかんがあります。このかんに油(あぶら)を入れて重さをはかったら1kg100gでした。**油の重さは何gですか。**(5点)

□

3 重さ980gのランドセルに、重さ140gの教科書と重さ120gのノートを入れました。**ランドセルの重さは全部(ぜんぶ)で何kg何gになりましたか。**(5点)

□

4 かんに水を入れていきます。水がかんの半分になったときに重さをはかると800gでした。水がかんにいっぱいになったときに重さをはかると1kg450gでした。**かんの重さは何gですか。**(5点)

□

5 重さ3tの車に600kgの荷物(にもつ)と800kgの荷物をのせました。**重さは全部で何t何kgですか。**(5点)

□

6 お茶が水とうにいっぱい入っている重さをはかったところ1kg100gでした。お茶をちょうど半分だけ飲(の)んで重さをはかると700gでした。**水とうの重さは何gですか。**(6点)

□

勉強した日
〔　　月　　日〕

標準レベル 23 算数㉓

かけ算の筆算 (1)

時間 20分	とく点
合かく 40点	50点

1 つぎのかけ算をしなさい。(2点×8)

(1) 70×4　　(2) 600×8

(3) 23×5　　(4) 87×7　　(5) 25×8

(6) 243×5　　(7) 307×9　　(8) 578×8

2 つぎの計算をくふうしてしなさい。(3点×4)

(1) 80×4×2=80×□=□

(2) 3×70×2=70×□=□

(3) 47×5×2=47×□=□

(4) 29×4×25=29×□=□

3 じどうが18人ずつ8列(れつ)にならんでいます。みんなで何人いますか。(4点)

□

4 1台のトラックで135この箱(はこ)を運(はこ)ぶことができます。トラック9台では、何この箱を運べますか。(4点)

□

5 1本105円のジュースを8本買いました。1000円さつを1まい出したときのおつりはいくらですか。(4点)

6 1本87円のペンを、1人2本ずつ買うことにします。5人分では代金(だいきん)はいくらですか。(5点)

□

7 白いロープの長さは65cmで、赤いロープは白いロープの4倍(ばい)の長さで、青いロープは赤いロープの2倍の長さです。青いロープの長さは何m何cmですか。(5点)

□

算数

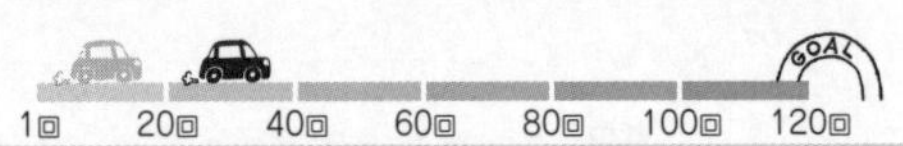

勉強した日 〔　月　日〕

時間 20分	とく点
合かく 35点	50点

かけ算の筆算 (1)

1 つぎのかけ算をしなさい。(3点×6)

(1)
$$\begin{array}{r} 27 \\ \times\ \ 4 \\ \hline \end{array}$$

(2)
$$\begin{array}{r} 58 \\ \times\ \ 8 \\ \hline \end{array}$$

(3)
$$\begin{array}{r} 79 \\ \times\ \ 6 \\ \hline \end{array}$$

(4)
$$\begin{array}{r} 486 \\ \times\ \ \ 7 \\ \hline \end{array}$$

(5)
$$\begin{array}{r} 704 \\ \times\ \ \ 9 \\ \hline \end{array}$$

(6)
$$\begin{array}{r} 587 \\ \times\ \ \ 6 \\ \hline \end{array}$$

2 つぎの□にあてはまる数を書きなさい。(2点×5)

(1) 47×8×5=47×4×□×5=47×4×10=□

(2) 7×523=523×□=□

(3) 2×3×83×5=83×3×□=□

(4) (493×3)+(493×4)=493×□=□

(5) (8×715)−(3×715)=□×715=□

3 1こ180円のケーキを8こ買い、60円の箱(はこ)に入れてもらいました。**代金(だいきん)はいくらですか。**(4点)

□

4 1本75円のペンを9本買いたいのですが、今500円しか持(も)っていません。**あと何円あれば買うことができますか。**(4点)

□

5 1本のペットボトルにジュースが1L 2dL入っています。**ペットボトル6本ではジュースは何L何dLありますか。**(4点)

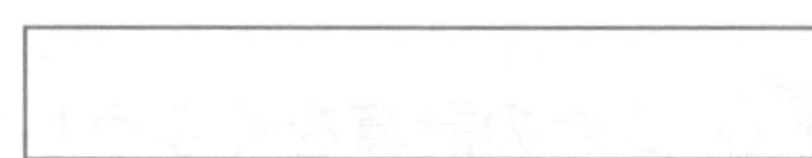

6 クリスマス会をするので、ハンバーガーとポテトを8こずつ買うことにしました。ハンバーガーは1こ140円でポテトは1こ120円でした。**全部(ぜんぶ)で代金はいくらですか。**(5点)

□

7 1秒間で4まいいんさつできるいんさつきがあります。**5分20秒(びょう)間では何まいいんさつできますか。**(5点)

□

勉強した日〔　　月　　日〕

標準レベル 25 算数㉕

円と球

時間 20分	とく点
合かく 40点	50点

1 右の図のように、大、中、小の3つの円があります。ア、イ、ウはそれぞれの円の中心です。大の円の半径は9cm、小の円の半径は3cmです。**つぎの問いに答えなさい。**（5点×3）

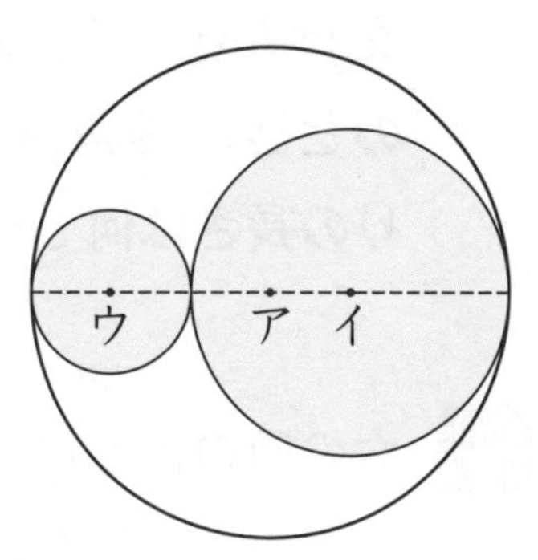

(1) 大の円の直径は何cmですか。

(2) 中の円の半径は何cmですか。

(3) イウの長さは何cmですか。

2 **球について、つぎの□にあてはまることばを書きなさい。**（5点×2）

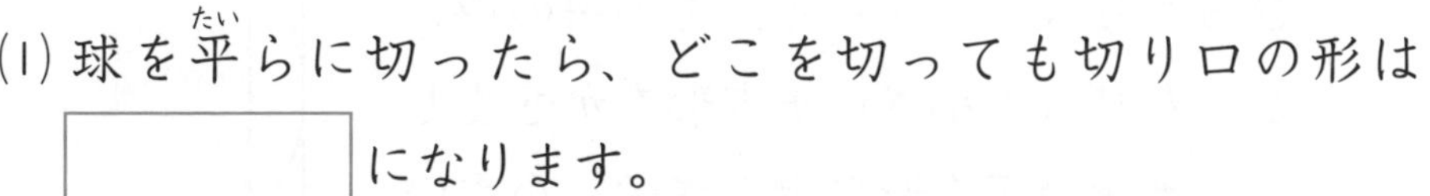

(1) 球を平らに切ったら、どこを切っても切り口の形は□になります。

(2) 球を平らに切るとき、球の□を通るように切ると、切り口がいちばん大きくなります。

3 右の図のように、正方形の中に円がぴったりと入っています。**正方形のまわりの長さが32cmのとき、円の半径は何cmですか。**（5点）

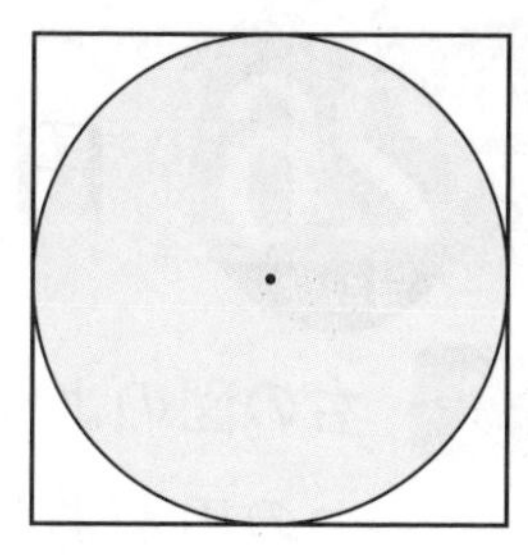

4 右の図のように、箱の中に球が6こぴったりと入っています。**この箱の、■と★の長さはそれぞれ何cmですか。**（5点×2）

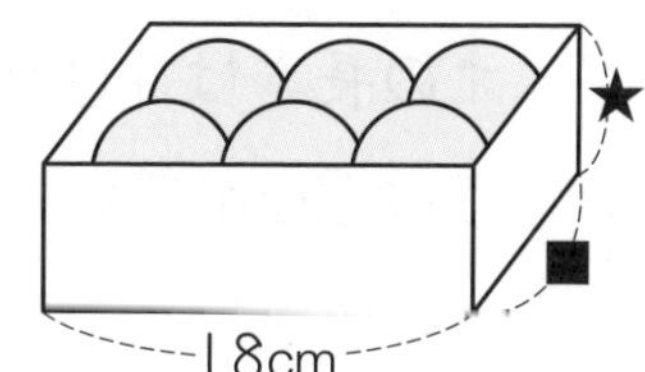

■  ★ 

5 右の図のように、長方形の中に、大きい円が1こと、小さい円が3こ入っています。**つぎの問いに答えなさい。**（5点×2）

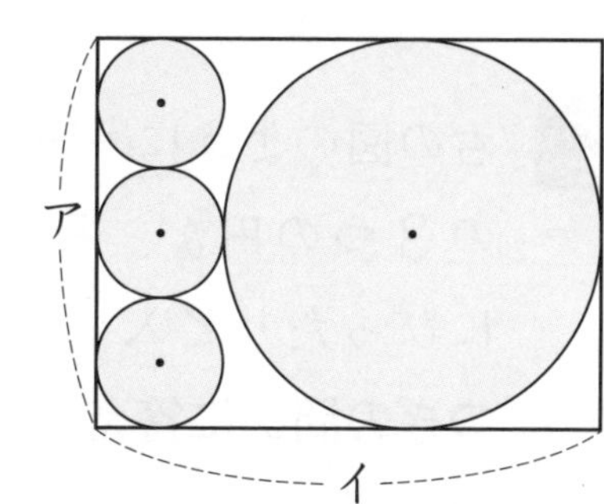

(1) アの長さが30cmとすると、小さい円の半径は何cmですか。

(2) イの長さが36cmとすると、大きい円の直径は何cmですか。（ただし、アの長さは(1)と同じ長さではありません。）

算数

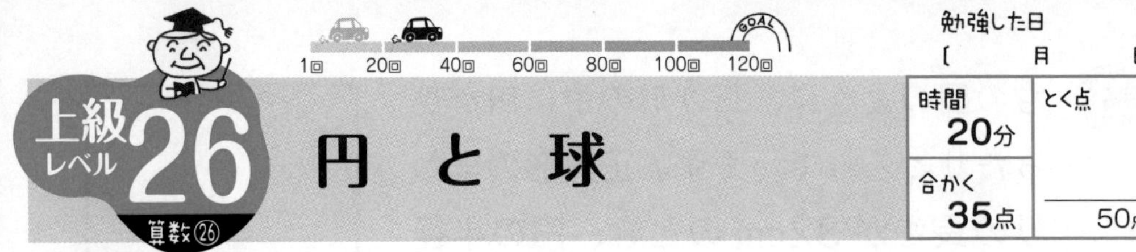

勉強した日 〔　月　日〕

上級レベル 26

円と球

算数㉖

時間 20分	とく点
合かく 35点	50点

1 右の図のように、大、中、小の3つの円があります。ア、オは大きい円の直径(ちょっけい)のはしの点で、イ、ウ、エはそれぞれの円の中心です。アオの長さは10cmで、イウの長さは3cmです。**つぎの長さをもとめなさい。**（5点×3）

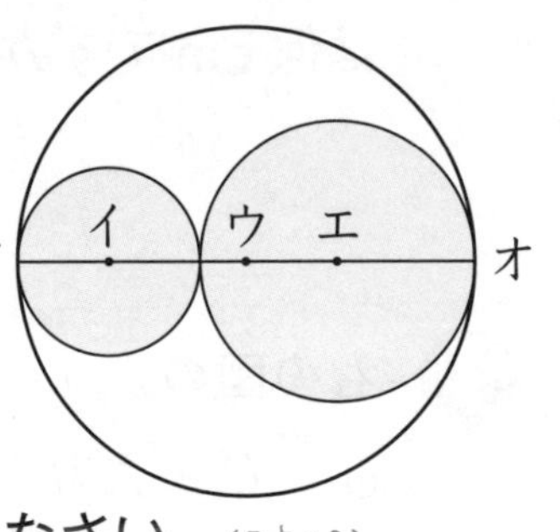

アイの長さ

イエの長さ

ウエの長さ

2 右の図のように、同じ大きさの3つの円が、長方形の中にぴったりと入っています。**つぎの問(と)いに答えなさい。**（6点×2）

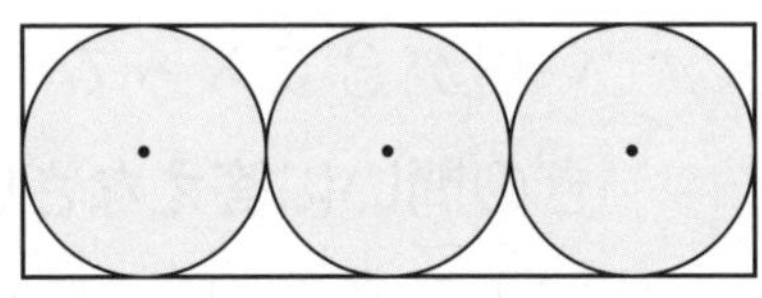

(1) 円の半径(はんけい)が3cmのとき、長方形のまわりの長さは何cmですか。

(2) 長方形のまわりの長さが64cmのとき、円の半径は何cmですか。

3 右の図のように、同じ大きさの2つの円が交わっています。イ、エは円の中心で、ア、ウは円が交わる点です。**円の半径が7cmのとき、四角形アイウエのまわりの長さは何cmですか。**（5点）

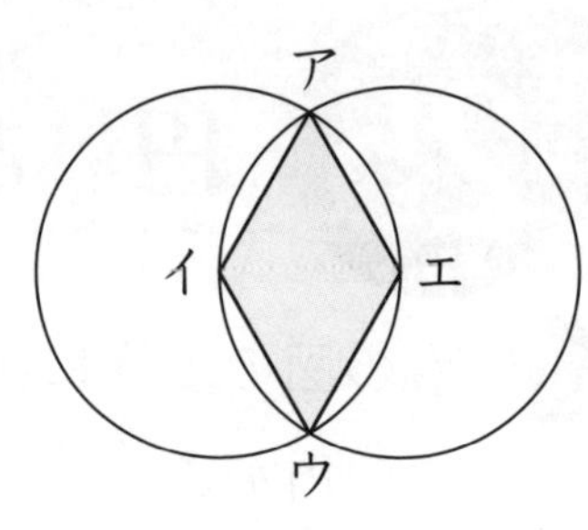

4 右の図のように、大きい円の中に7つの小さい円がぴったりと入っています。大きい円の直径は18cmです。**つぎの問いに答えなさい。**（6点×2）

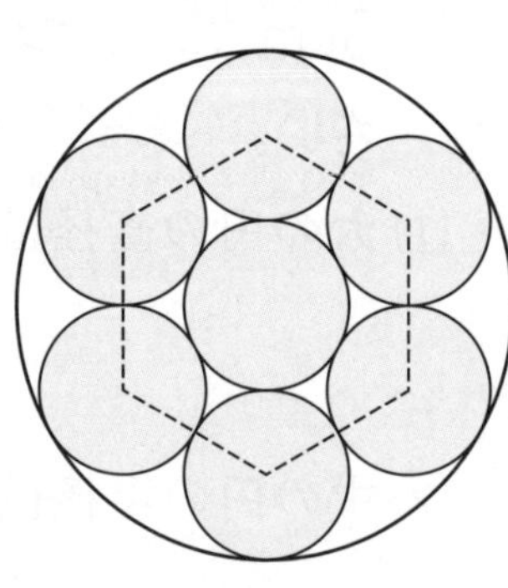

(1) 小さい円の半径は何cmですか。

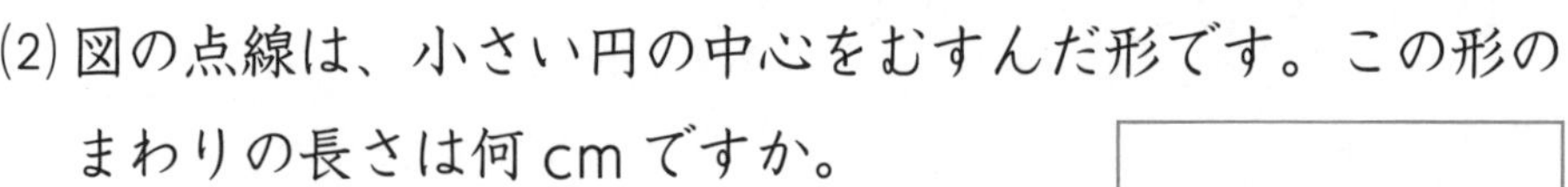

(2) 図の点線は、小さい円の中心をむすんだ形です。この形のまわりの長さは何cmですか。

5 右の図のように、大きい正方形の中にぴったり入る円をかき、その円の中にぴったり入る小さい正方形をかきました。**大きい正方形の大きさは、小さい正方形の大きさの何倍(ばい)ですか。**（6点）

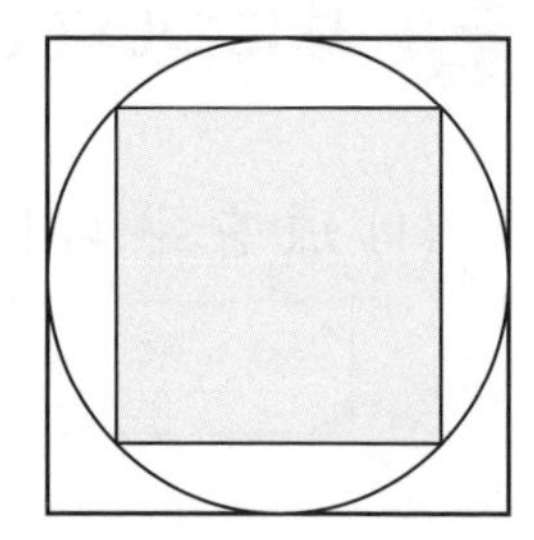

1回 20回 40回 60回 80回 100回 120回 GOAL

勉強した日 [月 日]

標準レベル 27 かけ算の筆算 (2)

算数㉗

時間 20分	とく点
合かく 40点	50点

1 つぎの計算をしなさい。(2点×8)

(1) 8×60　(2) 40×90

(3) $\begin{array}{r} 40 \\ \times 18 \\ \hline \end{array}$　(4) $\begin{array}{r} 72 \\ \times 34 \\ \hline \end{array}$　(5) $\begin{array}{r} 97 \\ \times 68 \\ \hline \end{array}$

(6) $\begin{array}{r} 452 \\ \times \quad 32 \\ \hline \end{array}$　(7) $\begin{array}{r} 805 \\ \times \quad 47 \\ \hline \end{array}$　(8) $\begin{array}{r} 346 \\ \times \quad 70 \\ \hline \end{array}$

2 つぎの計算をくふうしてしなさい。(3点×4)

(1) 320×3　(2) 120×8

(3) 21×40　(4) 48×20

3 1セット36まい入りのおり紙を15セット買いました。おり紙は全部(ぜんぶ)で何まいありますか。(4点)

4 遠足の電車代(でんしゃだい)として1人640円ずつ集(あつ)めます。クラスの人数が37人のとき、電車代の合計はいくらになりますか。(4点)

5 1本65円のえんぴつを1ダース買いました。1000円さつを1まい出すと、おつりはいくらですか。(4点)

6 1こ70円のケーキが1箱(はこ)に8こ入っています。この箱を4箱買うと、代金はいくらですか。(5点)

7 体育館(たいいくかん)に4人がけのいすをならべます。1列(れつ)のいすを6きゃくにして、12列ならべると全部で何人すわれますか。(5点)

算数

1回 20回 40回 60回 80回 100回 120回

勉強した日 〔　　月　　日〕

上級レベル 28

かけ算の筆算 (2)

時間 20分	とく点
合かく 35点	50点

算数㉘

1 つぎの計算をしなさい。(3点×5)

(1) 435 × 217

(2) 387 × 605

(3) 679 × 310

(4) 3758 × 2417

(5) 7038 × 3080

2 つぎの□にあてはまる数を書きなさい。(5点×2)

(1) 370×210=37×21×□=□

(2) 7600×3200=76×32×□=□

3 つぎの計算をくふうしてしました。□にあてはまる数を書きなさい。(5点×2)

(1) 6×43×5=43×□=□

(2) 20×33×5=33×□=□

4 つぎの□にあてはまる数を書きなさい。(3点×3)

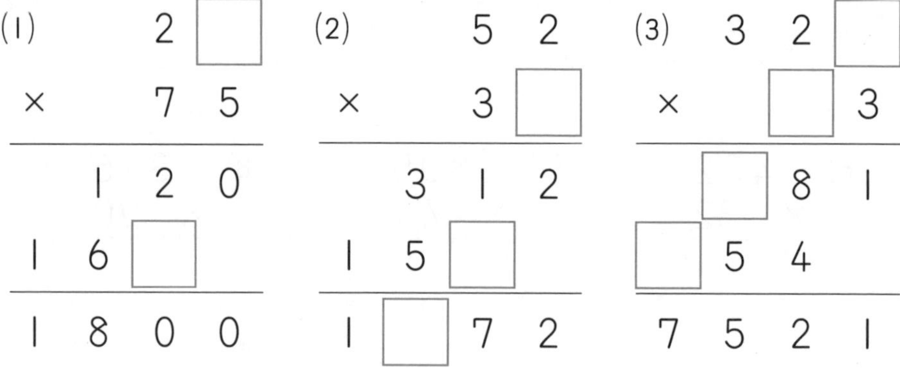

5 1分間に85まいいんさつできるいんさつきがあります。このいんさつきで1時間15分いんさつしました。何まいいんさつできましたか。(6点)

□

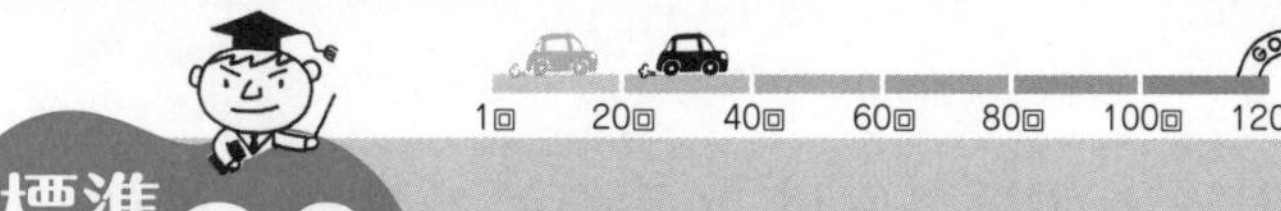

標準レベル 29 算数㉙

分数のたし算・ひき算

勉強した日〔　月　日〕

1 色のついた部分(ぶぶん)はもとの大きさの何分のいくつですか。分数で答えなさい。(3点×4)

(1) 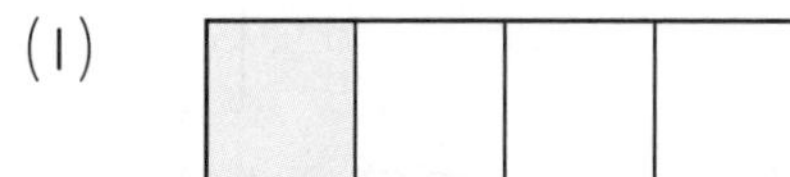

(2) 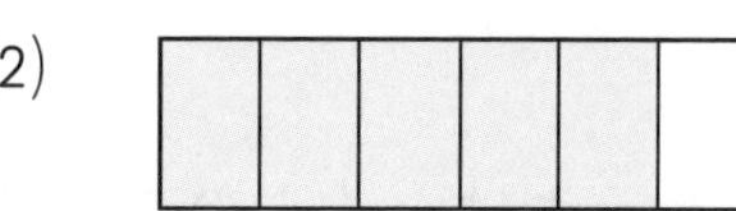

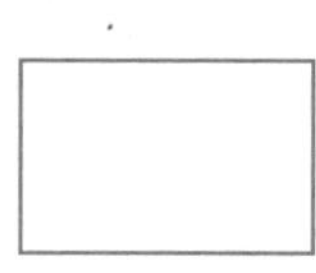

(3) 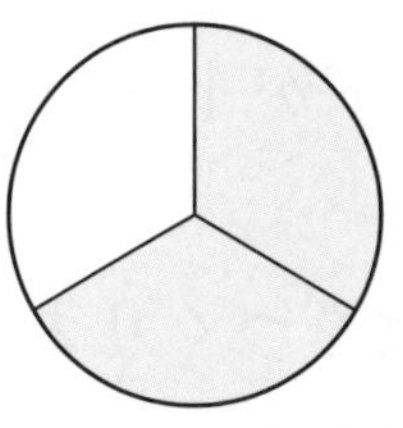

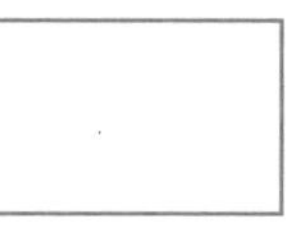

(4) 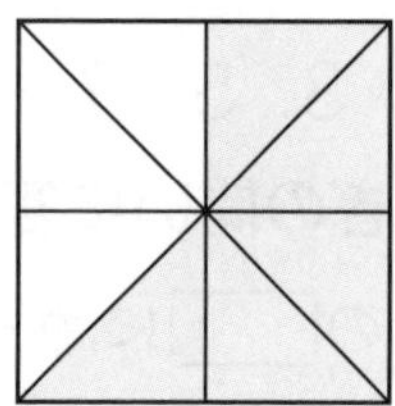

2 つぎの□にあてはまる数を書きなさい。(3点×3)

(1) $\frac{1}{4}$ を 3 つ集(あつ)めた数は □ です。

(2) 1 m のひもを 7 つに分けた 1 つ分は □ m です。

(3) $\frac{1}{8}$ kg を □ こ集めると 1 kg になります。

3 つぎの 3 つの数を、小さいじゅんにならべかえなさい。(3点×2)

(1) $\frac{5}{8}$、$\frac{7}{8}$、$\frac{3}{8}$

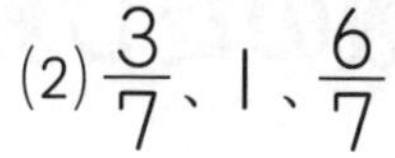

(2) $\frac{3}{7}$、1、$\frac{6}{7}$

4 つぎの計算をしなさい。(3点×6)

(1) $\frac{1}{3}+\frac{1}{3}$

(2) $\frac{2}{7}+\frac{5}{7}$

(3) $\frac{5}{8}-\frac{3}{8}$

(4) $\frac{7}{10}-\frac{2}{10}$

(5) $\frac{1}{4}+\frac{3}{4}$

(6) $1-\frac{7}{9}$

5 あかりさんはジュースを $\frac{2}{10}$ L 飲(の)みました。ジュースはまだ $\frac{7}{10}$ L のこっています。ジュースははじめ何 L ありましたか。(5点)

算数

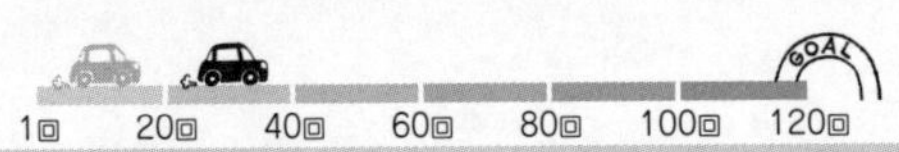

勉強した日
〔　　月　　日〕

時間 20分	とく点
合かく 35点	50点

分数のたし算・ひき算

1 つぎの計算をしなさい。（3点×6）

(1) $\frac{1}{7}+\frac{3}{7}+\frac{2}{7}$　　(2) $\frac{5}{8}-\frac{1}{8}+\frac{2}{8}$

(3) $\frac{2}{6}+\frac{3}{6}+\frac{1}{6}$　　(4) $\frac{6}{7}-\frac{2}{7}-\frac{1}{7}$

(5) $1-\frac{5}{8}+\frac{3}{8}$　　(6) $1-\frac{2}{5}-\frac{1}{5}$

2 つぎの 3 つの数を、小さいじゅんにならべかえなさい。（3点×2）

(1) $\frac{1}{2}$、$\frac{1}{3}$、$\frac{1}{4}$　　(2) $\frac{3}{4}$、$\frac{3}{7}$、$\frac{3}{9}$

3 つぎの分数について答えなさい。（3点×2）

$\frac{1}{8}$、$\frac{2}{8}$、$\frac{3}{8}$、$\frac{4}{8}$
$\frac{5}{8}$、$\frac{6}{8}$、$\frac{7}{8}$

(1) $\frac{1}{2}$と同じ大きさの分数はどれですか。

(2) $\frac{3}{4}$と同じ大きさの分数はどれですか。

4 1 このケーキがあり、みずほさんは 1 この$\frac{3}{8}$を食べ、妹は 1 この$\frac{1}{8}$を食べました。つぎの問(と)いに答えなさい。（5点×2）

(1) みずほさんは妹よりどれだけ多く食べましたか。分数で答えなさい。

(2) ケーキはいくらのこっていますか。分数で答えなさい。

5 1、3、5、7、9 が書かれたカードが 1 まいずつあります。つぎの問いに答えなさい。（5点×2）

(1) 右の□にカードをおいて分数をつくります。いちばん小さい分数をつくりなさい。

(2) 右の□にカードをおいて分数をつくります。$\frac{1}{2}$よりも小さい分数になるのはどのカードをおいたときですか。すべて答えなさい。

$\frac{\square}{10}$

勉強した日 〔　月　日〕

時間 20分	とく点
合かく 40点	50点

標準レベル 31 小数のたし算・ひき算

1 つぎのかさを小数で書きなさい。（2点×3）

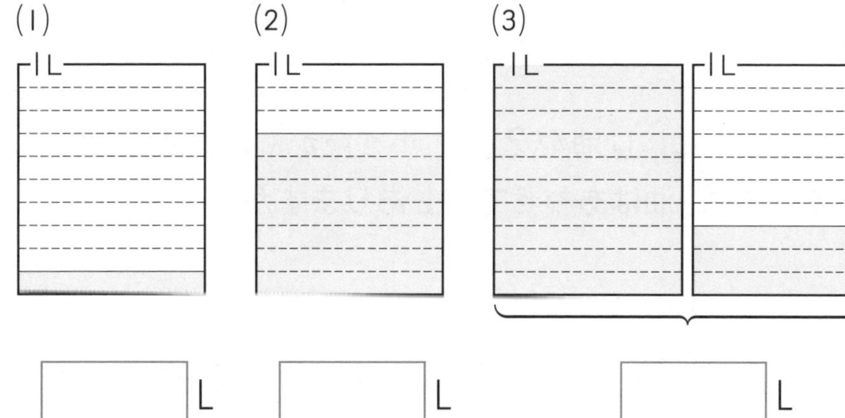

(1) □ L　(2) □ L　(3) □ L

2 つぎの数直線を見て答えなさい。（2点×6）

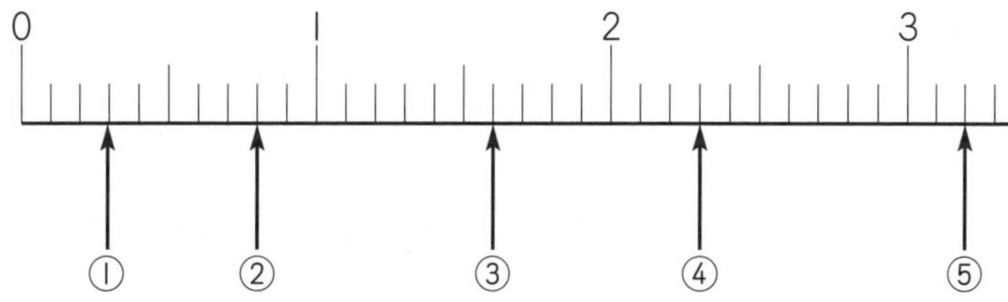

(1) 数直線の①から⑤にあたる数を小数で書きなさい。

① □　② □　③ □　④ □　⑤ □

(2) 0、1、2、3、……のような数を何といいますか。

□

3 つぎの□にあてはまる数を書きなさい。（3点×4）

(1) 2L と □ L で 2.7L

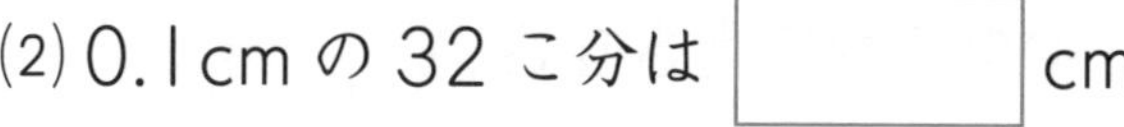

(2) 0.1cm の 32 こ分は □ cm

(3) 175mm = □ cm

(4) 8dL = □ L

4 つぎの計算をしなさい。（3点×4）

(1) 0.3+0.4　(2) 0.6+0.8

(3) 0.8−0.2　(4) 1.6−0.8

5 ジュースが大きなコップに 0.7L、小さなコップに 0.4L 入っています。**あわせて何 L ありますか。**（4点）

□

6 ゆうじさんは犬とねこをかっています。犬の体重（たいじゅう）は 3.4kg でねこの体重は 1.8kg です。**犬はねこより何 kg 重（おも）いですか。**（4点）

□

勉強した日〔　月　日〕

上級レベル 32 算数㉜

小数のたし算・ひき算

時間 20分	とく点
合かく 35点	50点

1 つぎの□にあてはまる数を書きなさい。(2点×4)

(1) 2.7は2と□をあわせた数です。

(2) 2.7は3より□小さい数です。

(3) 2.7は2と0.1を□こあわせた数です。

(4) 2.7は0.1を□こ集(あつ)めた数です。

2 つぎの数直線の↓や↑がさす数を□には分数で、□には小数で書きなさい。(3点×6)

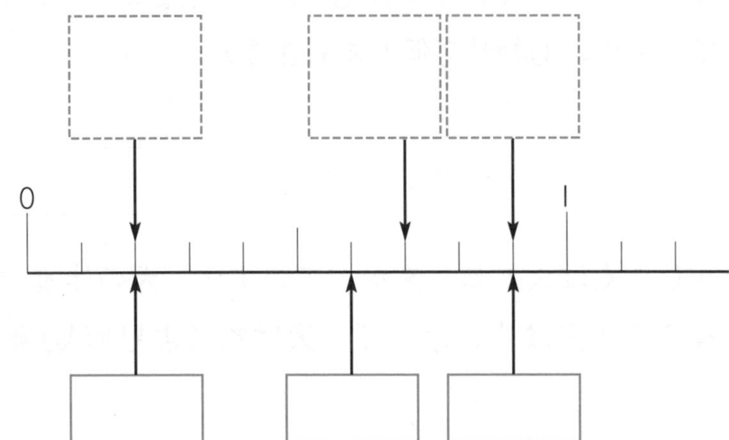

3 つぎの計算の答えを小数または整数(せいすう)で書きなさい。(3点×4)

(1) $0.3+\frac{1}{10}$　(2) $\frac{7}{10}+0.3$

(3) $\frac{9}{10}-0.2$　(4) $1.3-\frac{8}{10}$

4 大きいかんには油(あぶら)が2.4L、小さいかんには油が7dL入っています。油はあわせて何Lありますか。(3点)

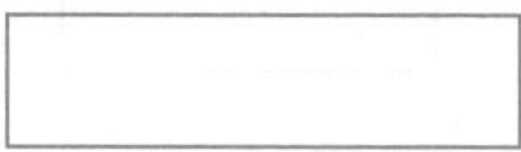

5 長いロープの長さは2m40cm、短(みじか)いロープの長さは1m80cmです。長いロープは短いロープより何m長いですか。(3点)

6 ペットボトルにジュースが500mL、水とうにジュースが$\frac{3}{10}$L入っています。つぎの問(と)いに答えなさい。(3点×2)

(1) ジュースはあわせて何Lありますか。

(2) ジュースはどちらに入っているほうが何L多いですか。

勉強した日
〔　　　月　　　日〕

標準レベル 33

□を使った式

算数㉝

時間	とく点
20分	
合かく 40点	50点

1 **つぎの□にあてはまる数を書きなさい。**（2点×8）

(1) 86+□=144　　(2) □+57=122

(3) 233−□=47　　(4) □−72=49

(5) 7×□=56　　(6) □×4=120

(7) □÷8=48　　(8) 63÷□=9

2 **つぎのことがらを表す式を、□を使って書きなさい。**（3点×4）

(1) ある数□に 46 をたしたら 72 になりました。

(2) カードを 42 まい持っていましたが、弟に□まいあげたら 36 まいになりました。

(3) 1 本 80 円のえん筆を□本買ったら、代金は 480 円でした。

(4) □こあるキャンディーを 8 人で分けたら、1 人 3 こずつになりました。

3 さきさんはあめを 23 こ持っていましたが、お姉さんから何こかもらったので 40 こになりました。**つぎの問いに答えなさい。**（3点×2）

(1) お姉さんからもらったあめの数を□こととして、たし算の式をつくりなさい。

(2) お姉さんからもらったあめの数を答えなさい。

4 ゆうじさんが本を買って、1000 円さつ 1 まいを出すとおつりは 360 円でした。**つぎの問いに答えなさい。**（4点×2）

(1) 本のねだんを□円として、ひき算の式をつくりなさい。

(2) 本のねだんをもとめなさい。

5 色紙を同じ数ずつ 8 人の子どもに配るためには、色紙は 56 まいいるそうです。**つぎの問いに答えなさい。**（4点×2）

(1) 1 人分の色紙の数を□まいとして、かけ算の式をつくりなさい。

(2) 1 人分の色紙の数は何まいですか。

算数

1回 20回 40回 60回 80回 100回 120回 GOAL

勉強した日〔　月　日〕

上級レベル 34 算数㉞

□を使った式★

時間 20分	とく点
合かく 35点	50点

★印は、発展的な問題が入っていることを示しています。

1 **つぎの□にあてはまる数を書きなさい。**（3点×6）

(1) 23+84+□=153

(2) 85−□+42=70

(3) 83−□−16=16

(4) 3×□×4=300

(5) 7×□+4=60

(6) □÷6+5=13

2 **つぎのことがらを表す式を、□を使って書きなさい。**（4点×2）

(1) □こあったキャンディーを3個食べました。5こキャンディーをもらったらのこりは15こになりました。

(2) ある数□を3倍して8をたすと23になりました。

3 ゆみさんは400円持っていましたが、おじいさんからおこづかいをもらい、560円の本を買ったところ340円のこりました。**つぎの問いに答えなさい。**（4点×2）

(1) おじいさんからもらったおこづかいを□円として式をつくりなさい。

(2) おじいさんからもらったおこづかいはいくらでしたか。

4 67このあめを何人かの子どもに配ったところ、3こずつ配ることができて、7こあまりました。**つぎの問いに答えなさい。**（4点×2）

(1) 子どもの人数を□人として式をつくりなさい。

(2) 子どもの人数は何人ですか。

5 しょうたさんは同じねだんのえんぴつを6本買います。お店の人が100円安くしてくれたので620円で買うことができました。**つぎの問いに答えなさい。**（4点×2）

(1) えんぴつ1本のねだんを□円として式をつくりなさい。

(2) えんぴつ1本のねだんはいくらですか。

勉強した日 〔　　月　　日〕

問題の考え方 (1)

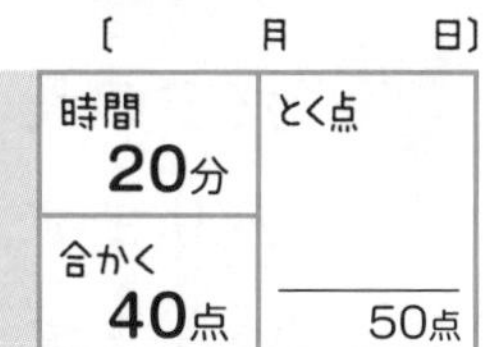

時間 20分	とく点
合かく 40点	50点

1 遊園地のジェットコースターに 20 人の人がならんでじゅん番をまっています。ゆうさんは前から 3 番目、ひろさんは前から 9 番目で、あけみさんはうしろから 2 番目です。**つぎの問いに答えなさい。**（6点×2）

(1) ゆうさんとひろさんの間には何人いますか。

(2) ゆうさんとあけみさんの間には何人いますか。

2 まっすぐな道にそって木が植えられています。1 本目の木からさいごの木まで 24m あります。**となりどうしの木が 3m ずつはなれているとき、木は全部で何本ありますか。**（6点）

3 まわりの長さが 40m の池があります。この池のまわりに 2m おきにくいを打っていきます。**くいは全部で何本いりますか。**（6点）

4 クッキーとパイが合わせて 37 こやけました。パイはクッキーより 3 こ少ないそうです。**パイは何こやけましたか。**（6点）

5 りょうたさんはカードを 44 まい持っています。弟に 6 まいあげると 2 人のカードのまい数は同じになりました。**弟は、はじめカードを何まい持っていましたか。**（6点）

6 あめが全部で 60 こありました。はじめさんとすすむさんとまなぶさんの 3 人で分けたところ、すすむさんははじめさんより 2 こ多く、まなぶさんはすすむさんより 5 こ多かったそうです。**まなぶさんのあめは何こですか。**（7点）

7 あきさんは毎日読書をしています。2 日目は 1 日目より 2 ページ多く読みました。3 日目は 2 日目の 2 倍のページ数を読み、3 日間に読んだ合計は 42 ページになりました。**あきさんは 1 日目に何ページ読みましたか。**（7点）

算数

勉強した日 〔　　月　　日〕

時間 20分	とく点
合かく 35点	50点

上級レベル 36 問題の考え方 (1)

算数36

1 遊園地のジェットコースターに18人の人がならんでいます。ももさんは前から3番目、ちなみさんはももさんよりうしろにいて、2人の間には5人の人がいます。ゆきさんはももさんよりうしろにいて、2人の間には12人の人がいます。**つぎの問いに答えなさい。**（6点×2）

(1) ゆきさんはうしろから何番目ですか。

[　　　　]

(2) ちなみさんとゆきさんの間には何人いますか。

2 48mのまっすぐな道があり、この道にそって道のはじから1mおきに大きなくい、小さなくい、大きなくい、小さなくい、……とくいを打っていきます。はじめに大きなくいから打ち始めました。**つぎの問いに答えなさい。**（6点×2）

(1) 大きなくいは何本打ちましたか。

[　　　　]

(2) 小さなくいは何本打ちましたか。

[　　　　]

3 たての長さが20m、横の長さが30mの長方形の土地があります。この土地のまわりに2mおきにくいを打っていきます。**4すみにはかならずくいを打つものとすると、くいは全部で何本いりますか。**（6点）

[　　　　]

4 ひろきさんはゆうきさんよりビー玉を12こ多く持っています。2人のビー玉を合わせると48こになりました。**ひろきさんはビー玉を何こ持っていますか。**（6点）

[　　　　]

5 72cmのロープを長いロープと短いロープの2本に切りました。さらに長いロープを半分に切ると、短いロープより3cm短くなりました。**短いロープの長さは何cmですか。**（7点）

[　　　　]

6 りささんが持っているおはじきの数は妹より4こ多く、りささんのおはじきの数を2倍すると妹のおはじきの数の3倍と同じになります。**りささんが持っているおはじきは何こですか。**（7点）

[　　　　]

勉強した日〔　　月　　日〕

時間 20分	とく点
合かく 40点	50点

標準レベル 37 算数37

問題の考え方 (2)★

1 つぎの数はあるきまりによってならんでいます。□に**あてはまる数を書きなさい。**（4点×5）

(1) 2、4、6、8、□、12、□、……

(2) 100、97、94、□、88、□、……

(3) 1、2、4、□、16、□、64、……

(4) 1、2、□、1、2、3、□、2、3、……

(5) 1、2、4、7、□、16、□、……

2 下のようにあるきまりによって数をならべました。

3、5、7、9、11、……

つぎの問（と）いに答えなさい。（4点×2）

(1) 30番目の数は何ですか。

□

(2) 101は何番目の数ですか。

□

3 下の図のようにマッチぼうをならべて三角形をつくっていきます。**つぎの問いに答えなさい。**（5点×2）

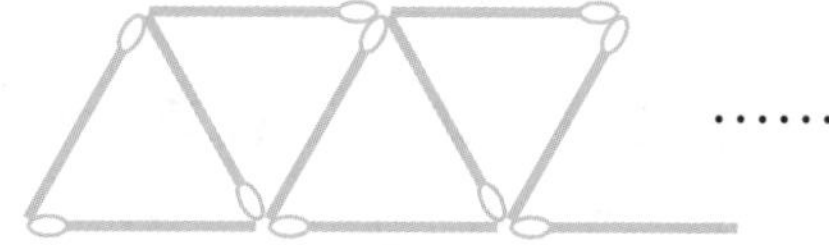

(1) 三角形を7こつくるとき、マッチぼうは何本いりますか。

□

(2) マッチぼうを49本使（つか）いました。三角形は何こつくれましたか。

□

4 「□＊△」は計算「□×△＋1の答え」を表（あらわ）すものとします。たとえば、2＊5は2×5+1=11です。**つぎの問いに答えなさい。**（4点×3）

(1) 5＊7はいくらですか。

□

(2) □＊6が43になるとき、□はいくらですか。

□

(3) □＊△が92になり、□<△であるとき、□はいくらですか。ただし□は1より大きい整数（せいすう）であるものとします。

□

算数

勉強した日〔　　月　　日〕

時間 20分	とく点
合かく 35点	50点

問題の考え方 (2)★

1 下のようにあるきまりによって数をならべました。

1、2、3、4、1、2、3、4、1、2、……

つぎの問(と)いに答えなさい。（5点×2）

(1) 50番目の数は何ですか。

(2) 100番目までの数の合計はいくらですか。

2 下のようにあるきまりによって数をならべました。

1、2、1、3、2、1、4、3、……

つぎの問いに答えなさい。（5点×2）

(1) 40番目の数は何ですか。

(2) はじめて7があらわれるのは何番目ですか。

3 下の図のようにます目にじゅん番に数を入れていきます。**つぎの問いに答えなさい。**（5点×3）

1	3	6	10	
2	5	9		
4	8			
7				

(1) いちばん左の列(れつ)の上から8番目のます目に入る数は何ですか。

(2) 左から3番目の列の上から5番目のます目に入る数は何ですか。

(3) 50は左から何番目で上から何番目のます目に入りますか。

4 ＜□＞は「□を4でわったときのあまり」を表(あらわ)すものとします。たとえば、2÷4=0あまり2なので、＜2＞=2、7÷4=1あまり3なので、＜7＞=3です。**つぎの問いに答えなさい。**（5点×3）

(1) ＜10＞はいくらですか。

(2) ＜1＞から＜50＞までの中で、1になるものはいくつありますか。

(3) ＜1＞+＜2＞+＜3＞+…+＜100＞をもとめなさい。

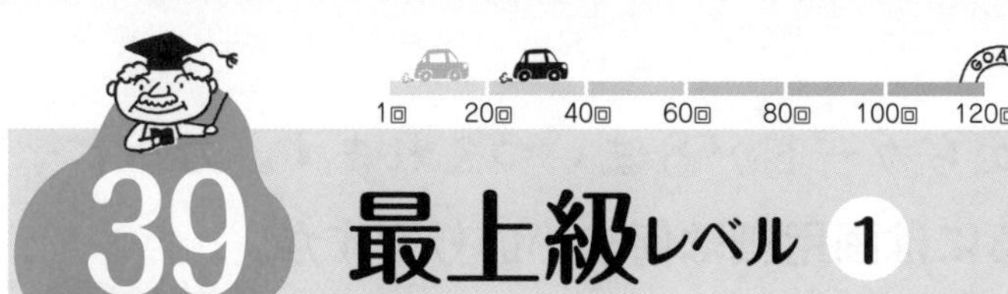

勉強した日 〔　月　日〕

39 最上級レベル 1

算数39

時間 20分	とく点
合かく 40点	50点

1 つぎの計算をしなさい。(3点×4)

(1) 358+427　(2) 63÷7

(3) 2.3+0.4　(4) $\frac{2}{7}+\frac{4}{7}$

2 つぎの□にあてはまる等号(とうごう)または不等号(ふとうごう)を書きなさい。(3点×4)

(1) 0.3 □ $\frac{4}{10}$　(2) $\frac{3}{5}$ □ $\frac{3}{7}$

(3) $\frac{1}{2}$ □ 0.5　(4) $\frac{10}{9}$ □ 1

3 数字で書きなさい。(3点×2)

(1) 1000 を 57 こ集(あつ)めた数

(2) 1000 万を 22 こ、100 万を 42 こ集めた数

4 右の表(ひょう)はまなぶさんの学校の３年生のじどうがどの町に住んでいるかを調(しら)べたものです。つぎの問(と)いに答えなさい。(4点×3)

東町	西町	南町	北町	中町
16	8	20	28	36

(1) ３年生のじどうは全部(ぜんぶ)で何人ですか。

(2) 右のグラフ用紙にぼうグラフにしたいと思います。１目もりは何人にすればよいですか。

(3) 上の表をぼうグラフにかきなさい。

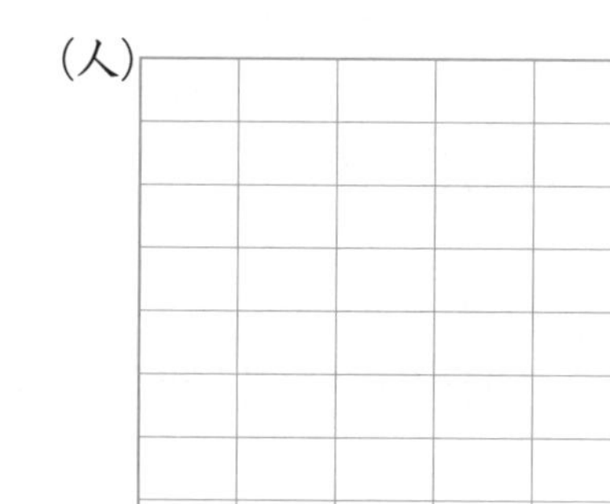

5 おじいさんの家に行くのに、午前９時 50 分にお父さんの車で家を出ました。１時間 20 分後にガソリンスタンドにより、おじいさんの家に着(つ)いたのは午後１時 20 分でした。つぎの問いに答えなさい。(4点×2)

(1) ガソリンスタンドによった時こくを書きなさい。

(2) 家からおじいさんの家まで何時間何分かかりましたか。

勉強した日〔　　月　　日〕

40 最上級レベル ②

算数㊵

時間 20分	とく点
合かく 40点	50点

1 つぎの計算をしなさい。(3点×4)

(1) 836−578　　(2) 76÷9

(3) 403×27　　(4) 5.1−0.6

2 つぎの□にあてはまる数を書きなさい。(3点×4)

(1) 3km=□m　　(2) 2分40秒＝□秒

(3) 4030g=□kg□g　　(4) 3.8t=□kg

3 重さ300gのかんに5dLの油を入れて重さをはかるとはかりの目もりは右のようになりました。つぎの問いに答えなさい。(4点×2)

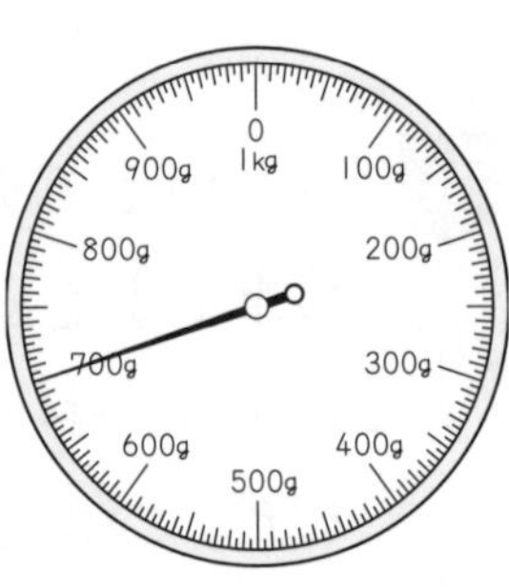

(1) 油の重さは何gですか。

□

(2) 同じかんに油を2L入れると重さは何kg何gになりますか。

□

4 1まいの画用紙からカードが8まいつくれます。カードを70まいつくるには画用紙は何まいいりますか。(4点)

□

5 右の□に整数を入れて1より大きく2より小さい分数にします。□にあてはまる数を全部書きなさい。(4点)

$\frac{\square}{7}$

□

6 右の図のように、同じ大きさの円を4こかいたら、横の長さが20cmの長方形にぴったりおさまりました。ア、イ、ウ、エは円の中心です。

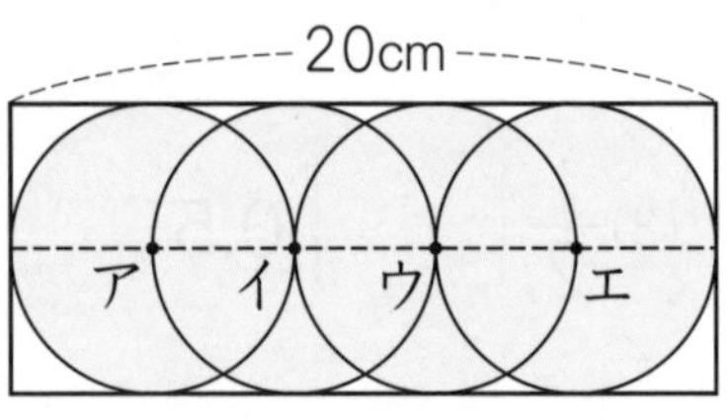

つぎの問いに答えなさい。(5点×2)

(1) 長方形のたての長さは何cmですか。

□

(2) 同じようにして円を8こかいたとき、円がぴったりおさまる長方形のまわりの長さは何cmですか。

□

1回 20回 40回 60回 80回 100回 120回 GOAL

勉強した日〔　月　日〕

時間 15分　合かく 40点　とく点 /50点

標準レベル 41 植物を調べよう

理科①

1 ビニルポットにホウセンカのたねをまき、めが出て少し成長したら、日あたりのよい花だんに植えかえます。**つぎの問いに答えなさい。**

(1) ホウセンカのたねは、つぎの**ア**～**ウ**のどれですか。（4点）

ア 　**イ** 　**ウ** 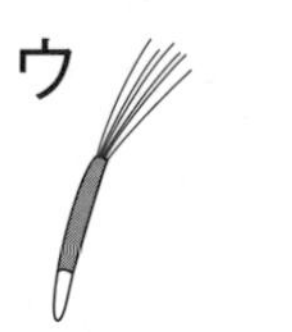

（　　）

(2) ホウセンカのめばえのようすで正しいものは、つぎの**ア**～**ウ**のどれですか。（4点）（　　）

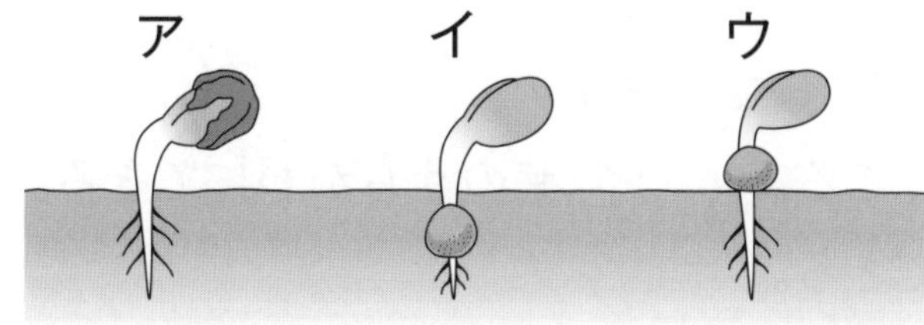

(3) ビニルポットから花だんに植えかえるとき、正しいものには○、まちがっているものには×をつけなさい。（3点×5）

① なえは、土ごと植えかえる。（　　）

② なえについた土は、水でよくあらってから植えかえる。（　　）

③ 花だんの土には、ひりょうを入れておく。（　　）

④ 花だんの土は、足でふみかためておく。（　　）

⑤ 植えかえたらすぐに水をやる。（　　）

(4) つぎの**ア**～**オ**をホウセンカの育つじゅんにならべなさい。（7点）

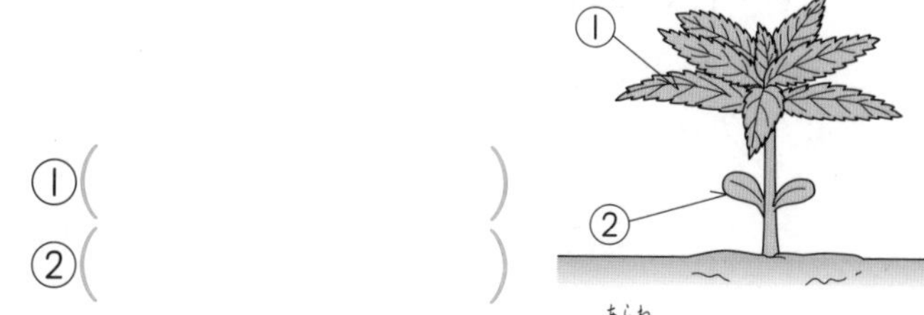

（　→　→　→　→　）

(5) 右の図は、(4)の**ア**の図を大きくしたものです。①、②の部分の名まえを書きなさい。（4点×2）

①（　　）
②（　　）

(6) 右の図は、ホウセンカのからだのつくりを表しています。①～③の部分の名まえを書きなさい。（4点×3）

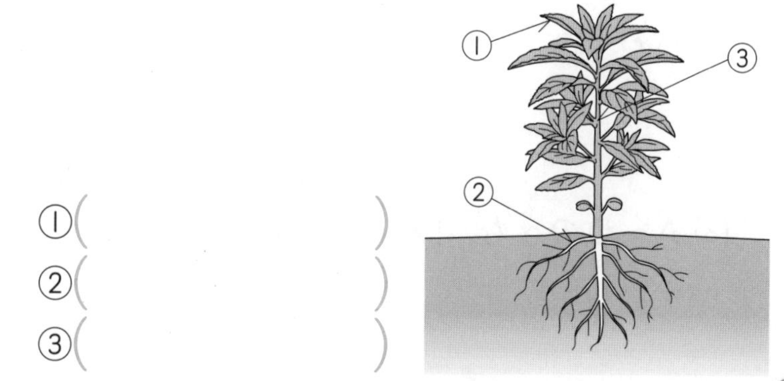

①（　　）
②（　　）
③（　　）

理科

勉強した日〔　　月　　日〕

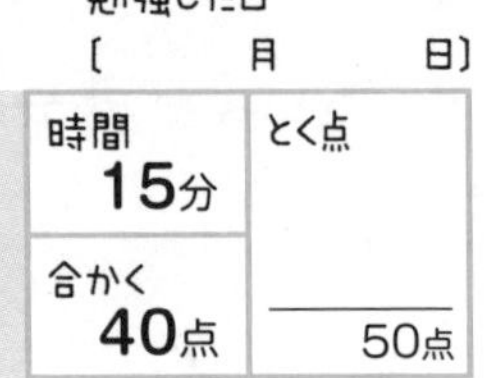

時間 15分	とく点
合かく 40点	50点

上級レベル42 植物を調べよう

理科②

1

つぎのA～Dは、たくやさんが2年生のとき、野原で見つけた草花です。つぎの問い(と)に答えなさい。

A
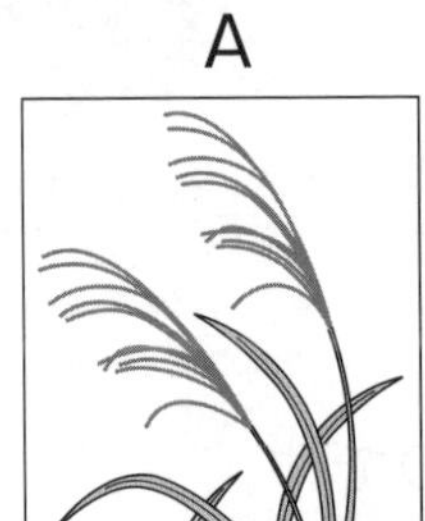
B

C

D

(1) A～Dの草花の名まえを、下の(　　)の中からえらんで書きなさい。（4点×4）

A(　　　　)　B(　　　　)
C(　　　　)　D(　　　　)

(シロツメクサ　　スミレ　　ススキ　　エノコログサ)

(2) A～Dのうち、春に見つけた草花はどれですか。2つえらびなさい。（3点×2）

(　　　)(　　　)

(3) A～Dのうち、「ねこじゃらし」とよばれる草花はどれですか。（3点）

(　　　)

2

ア～ウの中から正しいものを1つずつえらんで、それぞれ記号(きごう)で答えなさい。（5点×5）

(1) 子葉(しよう)はどのような役(やく)わりをしていますか。

ア　やがて葉(は)になって大きくなる。　(　　　)
イ　めが成長(せいちょう)するためのえいよう分をたくわえている。
ウ　くきがたおれないように、ささえている。

(2) ホウセンカの葉を上から見ると、右の図のように、重(かさ)ならないようについているのはなぜですか。　(　　　)

ア　日光をたくさん受(う)けるため。
イ　葉が大きく成長するため。
ウ　がい虫から身(み)を守(まも)るため。

(3) 花のたねは、どこにできますか。　(　　　)

ア　根(ね)の先にできる。　イ　葉のうらがわにできる。
ウ　実(み)の中にできる。

(4) アサガオの葉について、正しいものはどれですか。

ア　短(みじか)い毛がたくさん生えている。　(　　　)
イ　とげがあって、さわるといたい。
ウ　ろうをぬったように、つるつるしている。

(5) タンポポのたねはどのようにして遠くまで運(はこ)ばれますか。

ア　花についた虫が運んでくれる。　(　　　)
イ　風にとばされて運ばれる。
ウ　人の服(ふく)やズボンにくっついて運ばれる。

勉強した日〔　月　日〕

標準レベル 43 理科③

こん虫の育ち

時間 15分	とく点
合かく 40点	50点

1 モンシロチョウの育(そだ)ち方について、ア〜ウの中から正しいものを１つずつえらんで、それぞれ記号(きごう)で答えなさい。

(6点×4)

(1) モンシロチョウのたまごはどれですか。（　　）

ア　イ　ウ

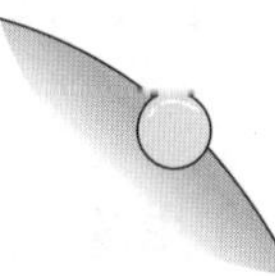

(2) モンシロチョウはどこにたまごをうみますか。（　　）

ア　ミカンの葉(は)
イ　チューリップの葉
ウ　キャベツの葉

(3) たまごから出てきたよう虫は、さいしょに何を食べますか。（　　）

ア　たまごのから
イ　たまごがついている葉
ウ　ほかの小さな虫

(4) モンシロチョウのよう虫は、どのようにして大きくなりますか。（　　）

ア　からだの皮(かわ)がのびて大きくなる。
イ　からだの皮をぬいで新しい皮と入れかえる。
ウ　大きくならない。

2 右の図は、モンシロチョウのからだの半分をかいたものです。つぎの問(と)いに答えなさい。ただし、あしはかいてありません。

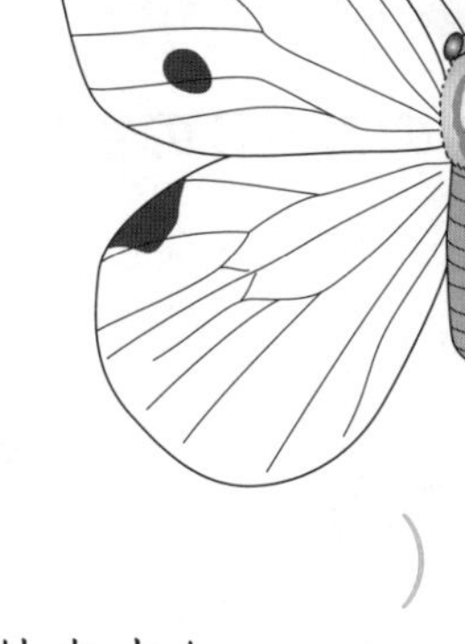

(1) A〜Cの部分(ぶぶん)の名まえを書きなさい。(2点×3)

A（　　）
B（　　）　C（　　）

(2) モンシロチョウのあしは何本ありますか。(5点)

（　　本）

(3) モンシロチョウのあしは、図のA〜Cのどの部分についていますか。(5点)

（　　）

(4) モンシロチョウ(成虫(せいちゅう))は、何を食べていますか。つぎのア〜ウからえらびなさい。(5点)（　　）

ア　アブラナの葉
イ　花のみつ
ウ　小さな虫

(5) 昼にとんでいたモンシロチョウは、夜になるとどうしていますか。つぎのア〜ウからえらびなさい。(5点)

（　　）

ア　草の葉のうらなどにとまってじっとしている。
イ　さなぎになってじっとしている。
ウ　空の高いところをとんでいる。

理科

勉強した日
〔　　月　　日〕

上級 レベル 44 理科④

こん虫の育ち

時間 15分	とく点
合かく 40点	50点

1 つぎのA～Dの生き物(もの)について、答えなさい。

A 

B 

C 

D 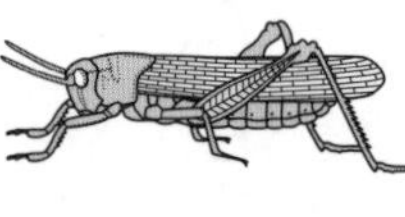

(1) つぎの①、②の場所(ばしょ)で見つかるのは、A～Dのどれですか。それぞれ記号(きごう)で答えなさい。（4点×2）

① しめった落(お)ち葉(ば)の下や石の下　(　　　)

② 草むらの中　(　　　)

(2) A、Bのよう虫は、それぞれどこにすんでいますか。かんたんに書きなさい。（4点×2）

A(　　　　　　)　B(　　　　　　)

(3) A～Dのうち、こん虫でない生き物はどれですか。（5点）

(　　　)

(4) (3)の生き物がこん虫でない理由(りゆう)を、つぎのア～ウからえらびなさい。（5点）　(　　　)

ア　あしがたくさんある。

イ　たまごをうまない。

ウ　さなぎにならない。

2 ア～ウの中から、正しいものを1つずつえらんで、それぞれ記号で答えなさい。（4点×6）

(1) アゲハのよう虫がえさにしている植物(しょくぶつ)はどれですか。　(　　　)

ア　キャベツ

イ　ミカン

ウ　アブラナ

(2) アゲハのよう虫はさなぎになる前に何回だっ皮(ぴ)しますか。

ア 2回　イ 3回　ウ 4回　(　　　)

(3) トンボのよう虫を何といいますか。　(　　　)

ア アオムシ　イ ヤ ゴ　ウ ダンゴムシ

(4) こん虫でないものをえらびなさい。　(　　　)

ア ク モ　イ ア リ　ウ ゴキブリ

(5) よう虫から成虫(せいちゅう)になると中で、さなぎにならないものをえらびなさい。　(　　　)

ア　モンシロチョウ

イ　シオカラトンボ

ウ　カブトムシ

(6) こん虫のあしは、からだのどの部分(ぶぶん)についていますか。

ア 頭　イ むね　ウ は ら　(　　　)

勉強した日 〔　　月　　日〕

標準レベル 45 理科⑤

風やゴムのはたらき・ものの重さ

時間 15分	とく点
合かく 40点	50点

1 つぎのA～Dのような同じ体積の鉄、発ぽうポリスチレン、木、アルミニウムがあります。問いに答えなさい。（6点×4）

A	B	C	D
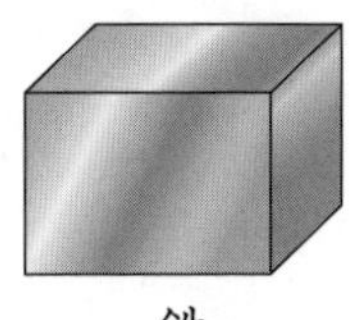	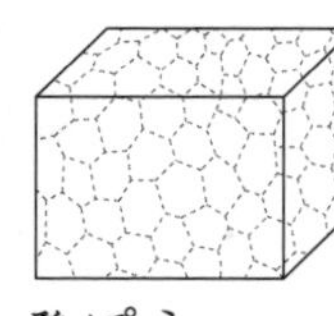	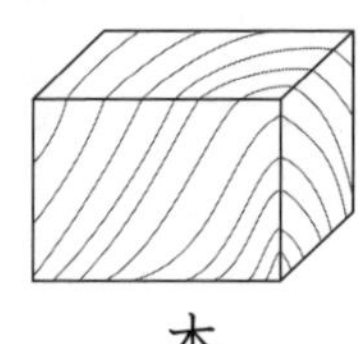	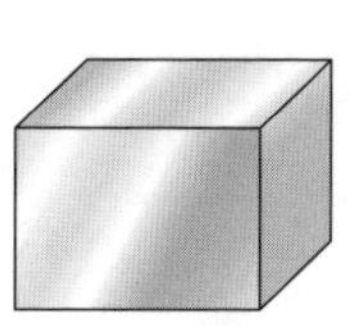
鉄	発ぽう ポリスチレン	木	アルミニウム

(1) A～Dのうち、いちばん重いのはどれですか。
（　　　　）

(2) A～Dのうち、いちばん軽いのはどれですか。
（　　　　）

(3) A～Dのうち、水にうくのはどれですか。2つえらびなさい。
（　　　　と　　　　）

(4) 同じ重さの鉄と木をくらべると、体積はどうなりますか。つぎのア～ウからえらびなさい。（　　　　）

ア 鉄が大きい

イ 木が大きい

ウ 同じ

2 右の図のような、風の力で動く車を作りました。つぎの問いに答えなさい。（6点×3）

ア　ウ　カ　キ　イ

(1) 風を受けるところは、ア～ウのどこですか。（　　　　）

(2) 車がよく動くのは、カ、キのどちらの方向から風をあてたときですか。（　　　　）

(3) 風を強くすると、車の動き方はどうなりますか。つぎのア～ウからえらびなさい。（　　　　）

ア よく動く

イ かわらない

ウ 反対の向きに動く

3 右の図のように、わゴムを使って、糸まき車を作りました。もっとよく動くようにするにはどうしたらよいですか。つぎのア～オから2つえらびなさい。（4点×2）

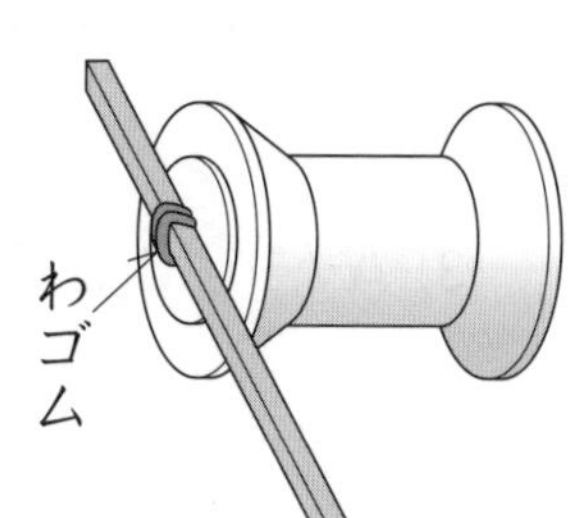

（　　　　）（　　　　）

ア わゴムを2本で5回まく。

イ わゴムを2本で20回まく。

ウ わゴムを1本にして5回まく。

エ わゴムを1本にして10回まく。

オ わゴムを3本にして10回まく。

理科

勉強した日
〔　　月　　日〕

上級レベル46　理科⑥

風やゴムのはたらき・ものの重さ

時間 15分	とく点
合かく 35点	50点

1 ちがうざいりょうでできていて、同じ大きさをしたA～Cのおもりが、つぎのようにつりあっています。**つぎの問い(と)に答えなさい。**（5点×3）

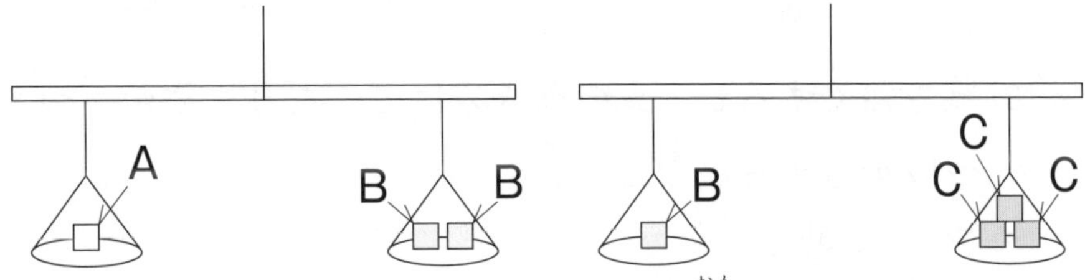

(1) Aが１ことBが１こでは、どちらが重(おも)いですか。
（　　　）

(2) Bが１ことCが１こでは、どちらが重いですか。
（　　　）

(3) Aが１ことCが何こでつりあいますか。
（　　　こ）

2 **ものの体積(たいせき)と重さについて正しいものを、つぎのア～エから2つえらびなさい。**（5点×2）（　　　）（　　　）

ア　体積が同じものは、すべて同じ重さである。
イ　同じものでは、ものの形がかわっても重さはかわらない。
ウ　鉄(てつ)と木の重さを同じ体積でくらべると、鉄のほうが重い。
エ　同じ重さの鉄と木の体積をくらべると、鉄のほうが大きい。

3 わゴムののび方を調(しら)べました。**つぎの問いに答えなさい。**
使(つか)ったわゴムやおもりはすべて同じものです。（5点×3）

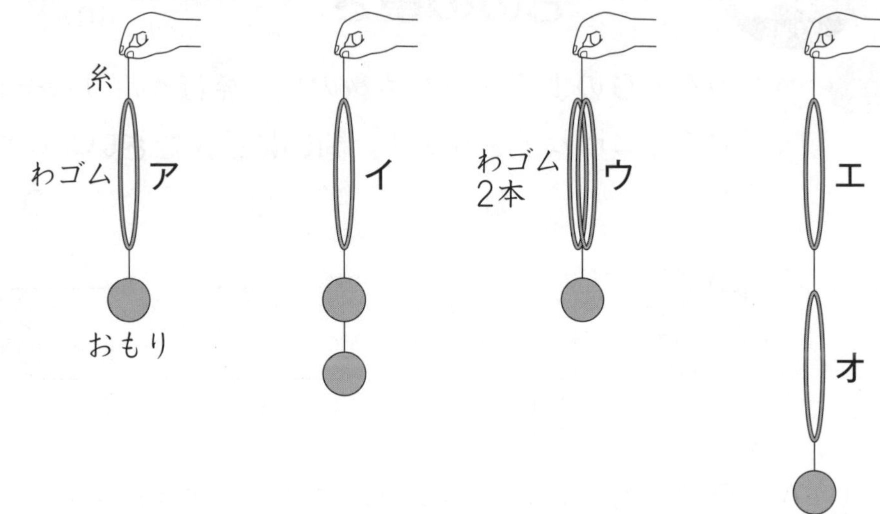

(1) いちばんよくのびるわゴムは、**ア～オ**のどれですか。
（　　　）

(2) いちばんのびないわゴムは、**ア～オ**のどれですか。
（　　　）

(3) **ア**のわゴムと同じぐらいのびるわゴムを、**イ～オ**からすべてえらびなさい。
（　　　）

4 **送風機(そうふうき)で風をまっすぐあてたとき、いちばんよく走るものをつぎのア～エからえらびなさい。**（10点）（　　　）

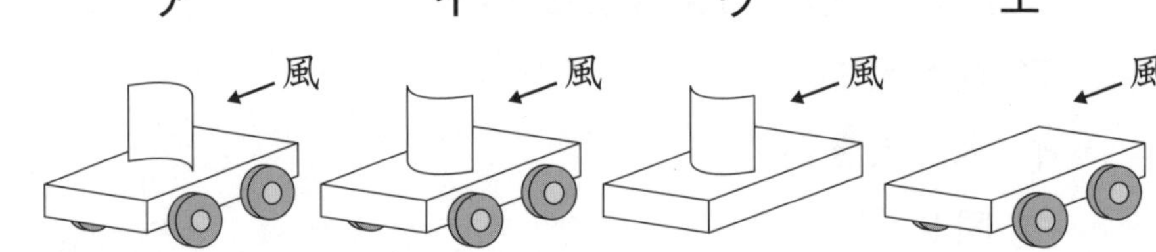

1回　20回　40回　60回　80回　100回　120回

勉強した日
〔　　月　　日〕

標準レベル 47 理科⑦

かげのでき方と太陽の光、音

時間 15分	とく点
合かく 40点	50点

1 **かげのでき方について、正しいものには○、まちがっているものには×をつけなさい。**（2点×6）

(1) かげは、太陽と同じがわにできる。（　　）

(2) かげは、太陽と反対がわにできる。（　　）

(3) かげは、夕方よりも正午ごろのほうが長い。（　　）

(4) かげは、夕方よりも正午ごろのほうが短い。（　　）

(5) 太陽が出ていない日には、かげができない。（　　）

(6) 風の強い日には、かげができない。（　　）

2 ある晴れた日に、地面にぼうを立て、Cを北に合わせてかげの動きを調べました。**つぎの問いに答えなさい。**（5点×4）

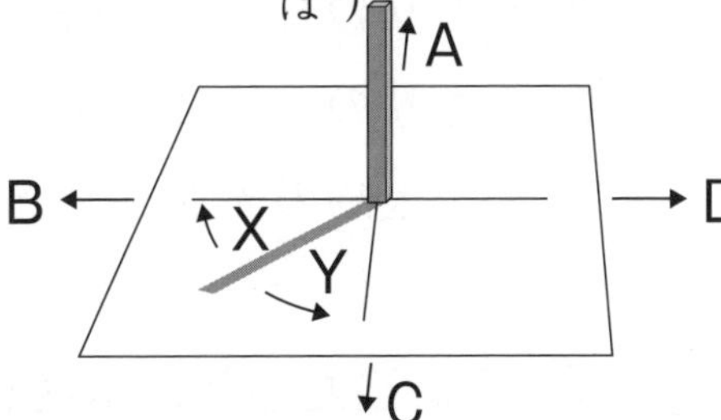

(1) Aの方位は東、南、西のどれですか。（　　）

(2) 太陽はA～Dのどの方向にありますか。
（　　と　　の間）

(3) このようなかげができるのは、1日のいつごろですか。つぎのア～ウからえらびなさい。（　　）

ア 午前9時ごろ　**イ** 正午ごろ　**ウ** 午後3時ごろ

(4) かげはこのあと、X、Yのどちらの方向に動きますか。
（　　）

3 虫めがねで太陽の光を集めて紙にあてました。**つぎの問いに答えなさい。**（3点×2）

(1) つぎの**ア**～**ウ**のうち、紙がいちばんあつくなるのはどれですか。（　　）

ア

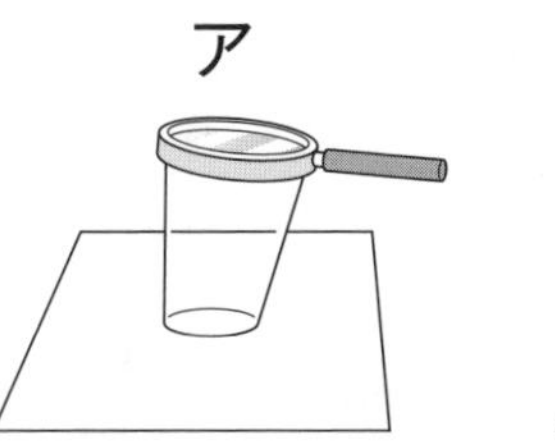

イ

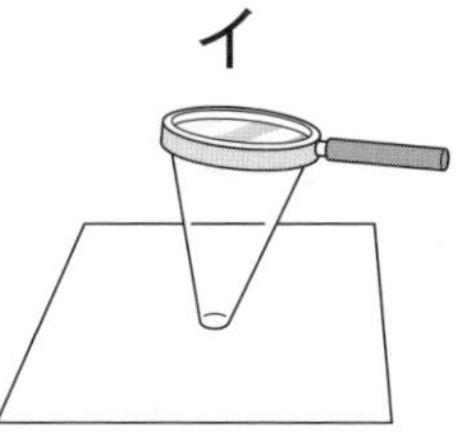

ウ

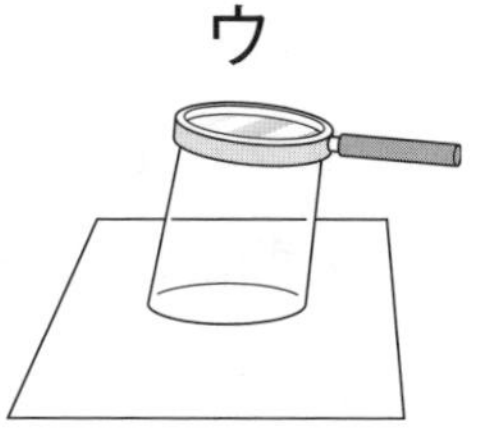

(2) 紙の色を何色にすると、紙があつくなりやすいですか。
（　　）

4 紙コップとタコ糸で糸電話をつくりました。**つぎの問いに答えなさい。**（3点×4）

(1) 糸をぴんとはって音を出したら、音がよくつたわりました。糸をつぎのようにかえたときに、音がよくつたわるものには○を、つたわりにくいものには×をつけなさい。

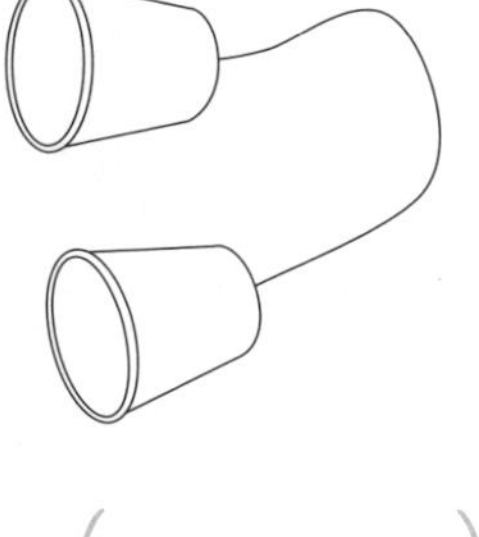

ア タコ糸を、エナメル線にかえる。（　　）

イ タコ糸を、ゴムひもにかえる。（　　）

ウ タコ糸をたるませる。（　　）

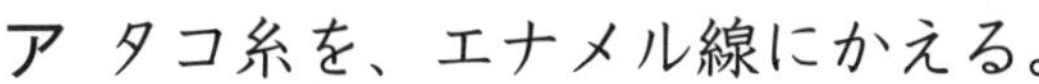

(2) 音が出ているとき、ものはどうなっていますか。
（　　）

理科

勉強した日〔　月　日〕

上級レベル 48 理科⑧

かげのでき方と太陽の光、音

時間 15分	とく点
合かく 35点	50点

1 右のグラフは、日なたと日かげの地面の温度をぼうグラフにしたものです。つぎの問いに答えなさい。（6点×3）

〔℃〕 30 20 10
午前9時　午前11時　午後1時

(1) 日なたの温度を表しているのは、白いぼう、黒いぼうのどちらですか。　（　　）

(2) 地面の温度をはかるときの正しいはかり方は、つぎのア～エのどれですか。　（　　）

ア　イ　ウ　エ

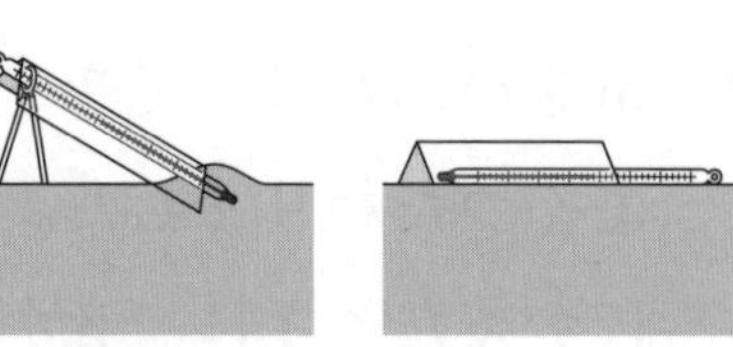

(3) 右の図は、午前11時にはかった地面の温度をしめしています。はかったのは日なたですか、それとも日かげですか。　（　　）

20 10 0

2 ア～ウの中から正しいものを1つずつえらんで、それぞれ記号で答えなさい。（5点×5）

(1) 夕方のかげが正午ごろのかげより長いのはなぜですか。

ア　夕方のほうが太陽が高いところにあるから。
イ　夕方のほうが太陽がひくいところにあるから。
ウ　夕方のほうが太陽の光が強いから。　（　　）

(2) 1日に、太陽はどのように動いていますか。（　　）

ア　東→南→西　イ　西→南→東　ウ　東→北→西

(3) いちばんあたたまりやすいのはどの色の服ですか。

ア　白色　イ　黒色　ウ　赤色　（　　）

(4) 太陽をかんさつするときにはどのようにしますか。

ア　虫めがねでかんさつする。　（　　）
イ　かた目をつぶってかんさつする。
ウ　しゃ光板を使ってかんさつする。

(5) くもりの日に、太陽が見えないのはなぜですか。　（　　）

ア　くもりの日には太陽がのぼってこないから。
イ　くもりの日には太陽が光っていないから。
ウ　雲が太陽の光をさえぎっているから。

3 「ものに当たるとはね返る」という音のせいしつを表しているのは、つぎのア～ウのうちどれですか。（7点）　（　　）

ア　たたくものをかえると、音がかわる
イ　たいこをたたくと、まくがふるえる
ウ　山で大声を出すと、こだまが聞こえる

勉強した日〔　月　日〕

標準レベル 49 理科⑨

電気で明かりをつけよう

時間 15分	とく点
合かく 40点	50点

1 豆電球(まめでんきゅう)とかん電池をつなぎました。豆電球がつくものには○、つかないものには×をつけなさい。（2点×6）

(1)
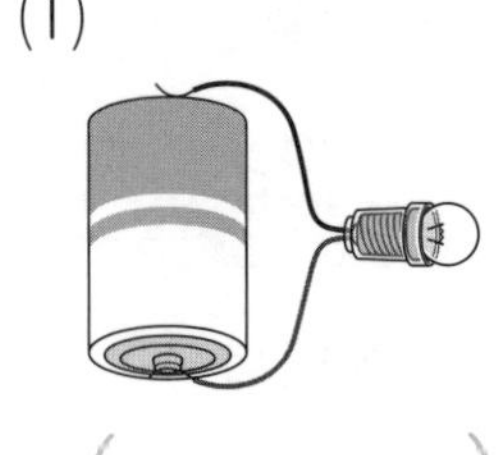
（　　　）

(2)
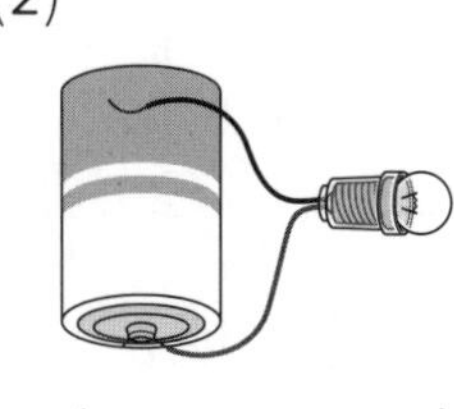
（　　　）

(3)
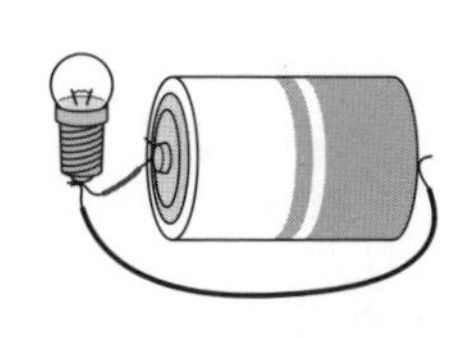
（　　　）

(4)
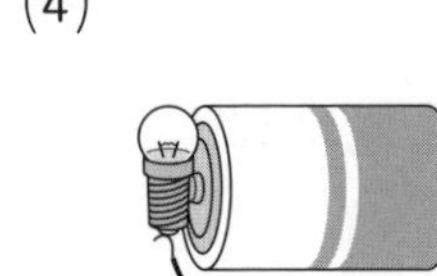
（　　　）

(5)
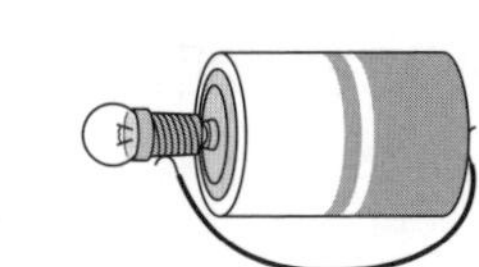
（　　　）

(6)
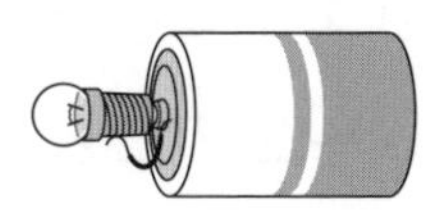
（　　　）

2 つぎのうち、電気を通すものには○、電気を通さないものには×をつけなさい。（3点×6）

(1) 鉄(てつ)のくぎ（　　　）　(2) ガラスの花びん（　　　）

(3) 理科の教科書（　　　）　(4) 10円玉（　　　）

(5) 木のはし（　　　）　(6) アルミホイル（　　　）

3 かん電池、ソケット、豆電球の図を見て、①～⑤の部分(ぶぶん)の名まえを書きなさい。（3点×5）

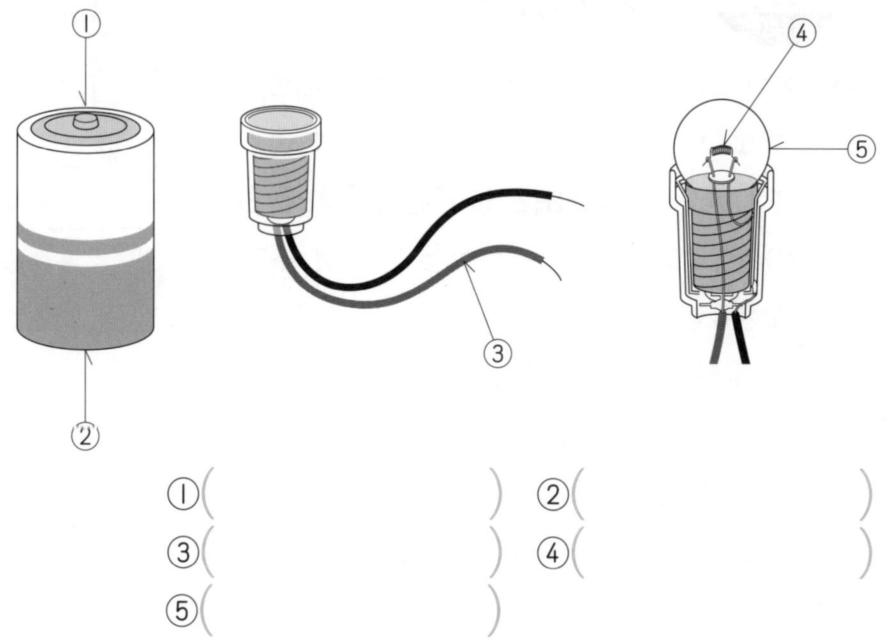

①（　　　）　②（　　　）

③（　　　）　④（　　　）

⑤（　　　）

4 スイッチをおすと豆電球がつくように、線でつなぎなさい。（5点）

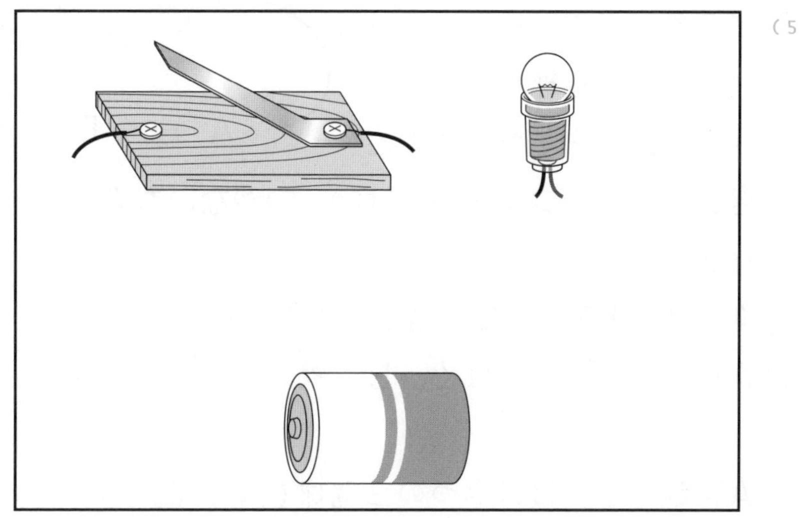

理科

勉強した日〔　月　日〕

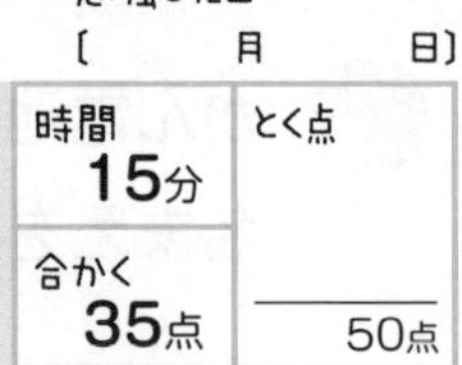

電気で明かりをつけよう

1 右の図のように、豆電球(まめでんきゅう)とかん電池をつないだところ、明かりがつきませんでした。**その理由(りゆう)として考えられるものを、つぎのア～オから２つえらびなさい。**（６点×２）

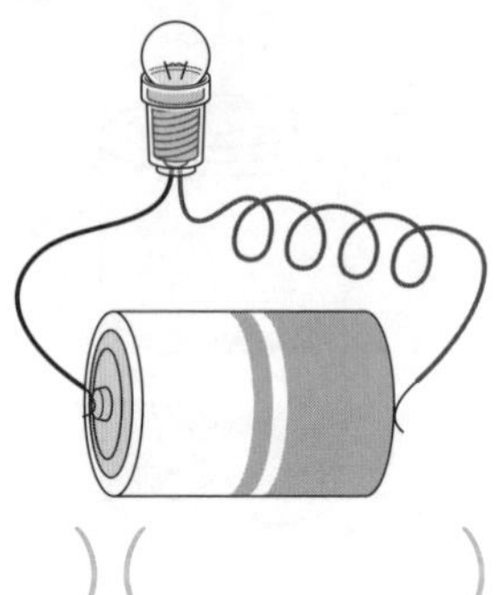

ア　豆電球がゆるんでいたから。（　　　）（　　　）

イ　どう線がねじれているから。

ウ　かん電池の電気がなくなっていたから。

エ　かん電池をケースに入れていないから。

オ　どう線のビニールを全部(ぜんぶ)はがしていないから。

2 右の図の A 、 B のところにいろいろなものをつなぎ、豆電球がつくかどうかを調(しら)べました。**このとき、豆電球がつくものには○、つかないものには×をつけなさい。**（６点×３）

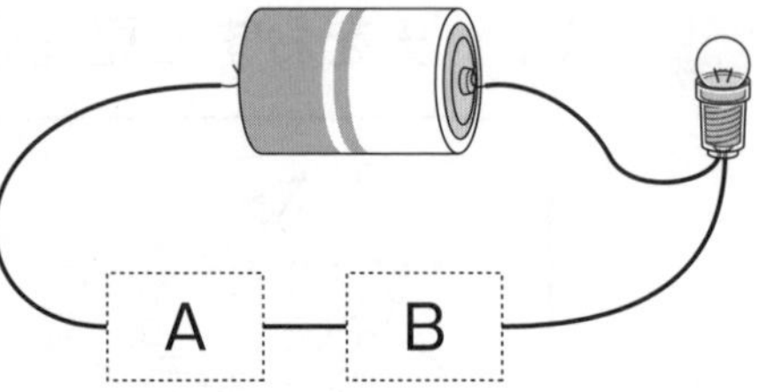

(1) Aに100円玉、Bに消(け)しゴムをつなぐ。（　　　）

(2) Aにアルミニウムはく、Bに鉄(てつ)くぎをつなぐ。（　　　）

(3) Aに鉄くぎ、Bにべつの豆電球をつなぐ。（　　　）

3 下の図のようにどう線でつなぎました。**つぎの問(と)いに答えなさい。**はじめは、スイッチは切れています。（５点×４）

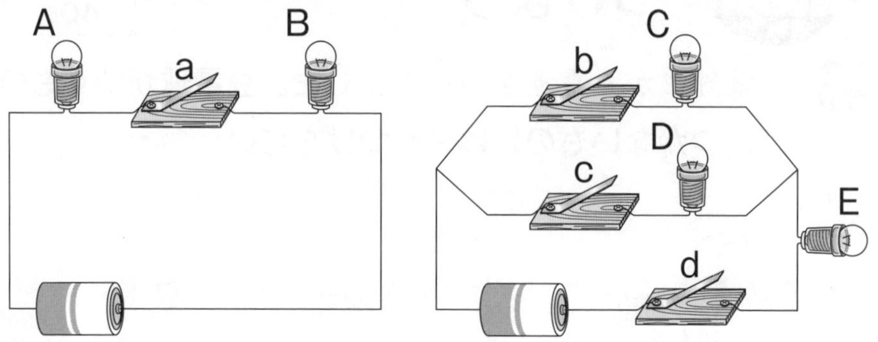

(1) スイッチaを入れたとき、明かりがつく豆電球はつぎのア～エのどれですか。（　　　）

ア　Aだけ　　イ　Bだけ　　ウ　AとBの両方(りょうほう)

エ　AもBもつかない

(2) スイッチdを入れたとき、明かりがつく豆電球はつぎのア～エのどれですか。（　　　）

ア　Eだけ　　イ　CとD　　ウ　CとDとE

エ　どれもつかない

(3) スイッチbとdを入れたとき、明かりがつく豆電球はつぎのア～エのどれですか。（　　　）

ア　Cだけ　　イ　CとD　　ウ　CとE

エ　どれもつかない

(4) A、Bの豆電球をもっと明るくつくようにするには、どうすればよいですか。（　　　）

ア　豆電球をふやす　　イ　かん電池をふやす

ウ　スイッチをふやす　　エ　どう線を長くする

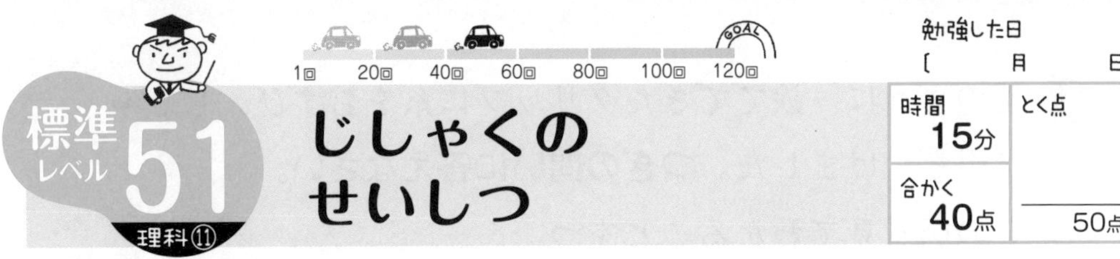

勉強した日 〔　月　日〕

標準レベル 51 理科⑪

じしゃくのせいしつ

時間 15分	とく点
合かく 40点	50点

1 つぎのうち、じしゃくにつくものには○、つかないものには×をつけなさい。（3点×6）

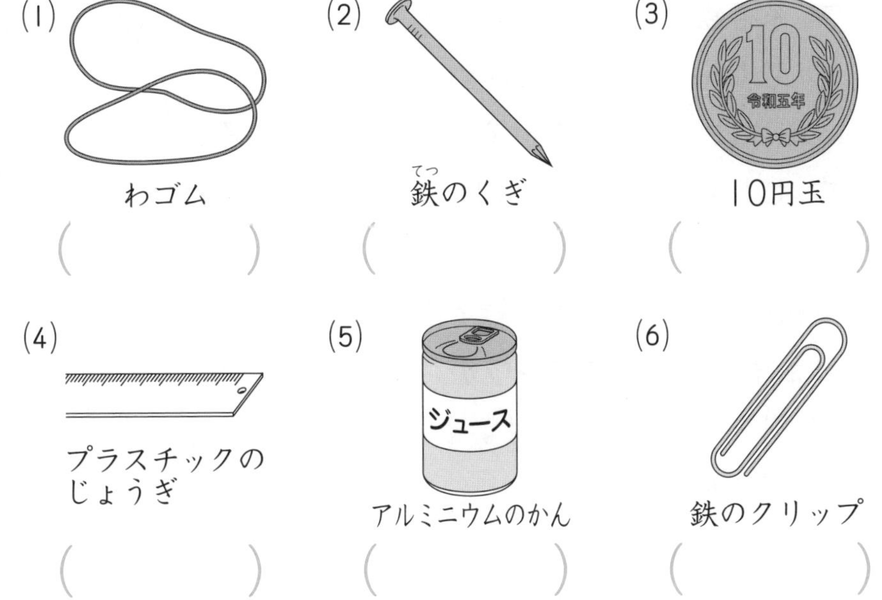

2 2つのぼうじしゃくをつぎのように近づけます。**引き合うものには○、しりぞけ合うものには×をつけなさい。**（3点×4）

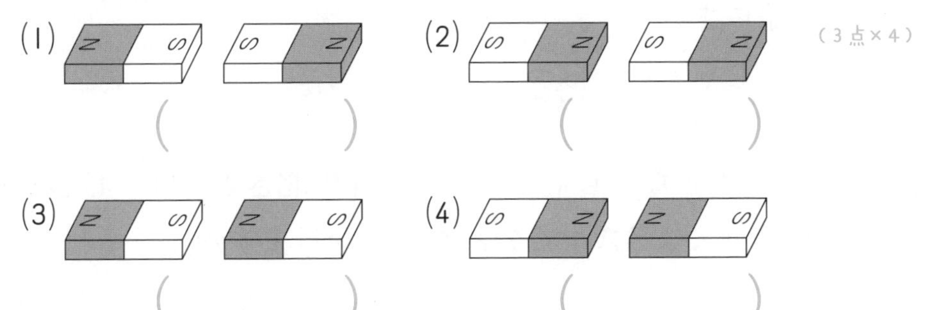

3 じしゃくのはたらきについて正しいものを、次のア～オから2つえらびなさい。（5点×2）

ア　ぼうじしゃくは、まん中のあたりがいちばんよく鉄を引きつける。

イ　U字じしゃくは、まがっているところがいちばんよく鉄を引きつける。

ウ　じしゃくは、間にじしゃくにつかないものがあっても鉄を引きつける。

エ　じしゃくについた鉄くぎは、じしゃくのはたらきをもつようになる。

オ　じしゃくでガラスをこすると、ガラスはじしゃくのはたらきをもつようになる。

（　　　）（　　　）

4 右の図のように、ぼうじしゃくの上にくぎをおいて、じしゃくのつき方を調べました。**つぎの問いに答えなさい。**（5点×2）

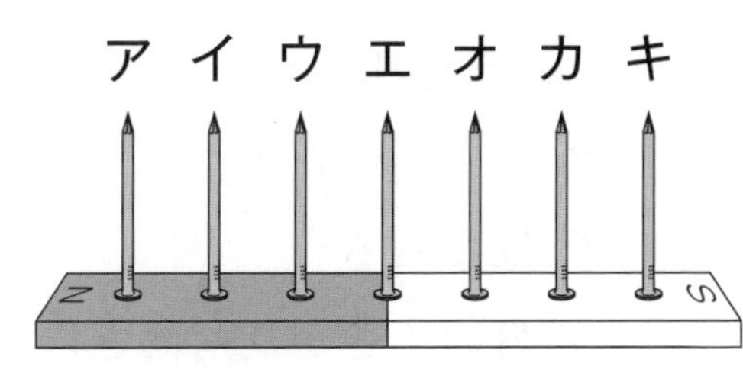

(1) いちばんよくつくくぎはア～キのどれですか。2つえらびなさい。（　　と　　）

(2) いちばんつかないくぎはア～キのどれですか。（　　　）

理科

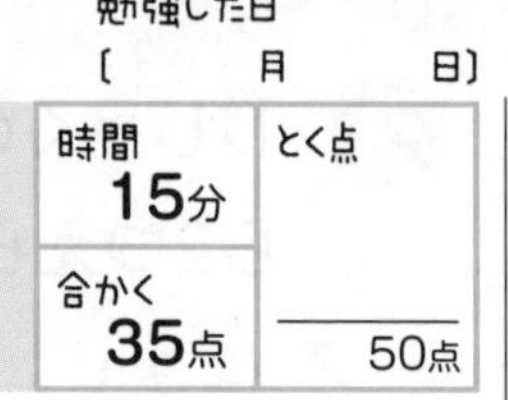

勉強した日 〔　月　日〕

上級レベル 52 理科⑫

じしゃくのせいしつ

時間 15分	とく点
合かく 35点	50点

1 右の図のように、2本のくぎA、Bをじしゃくにつけました。**次の問いに答えなさい。**（6点×5）

A　B　S　N

(1) Aのくぎの上がわは、Nきょく、Sきょくのどちらになりますか。
（　　　　きょく）

(2) Bのくぎの下がわは、Nきょく、Sきょくのどちらになりますか。（　　　　きょく）

(3) A、BのくぎをじしゃくのSきょくのほうにつけたとすると、Aのくぎの下がわは、Nきょく、Sきょくのどちらになりますか。（　　　　きょく）

(4) Aのくぎをしずかにじしゃくからはなすと、AとBのくぎはどうなりますか。つぎの**ア〜ウ**からえらびなさい。
（　　　）

ア くっついたまま

イ はなれる

ウ Bのくぎが反対向きになってくっつく

(5) Aのくぎをじしゃくからはなし、さ鉄をつけると、さ鉄はどのようにつきますか。右の**ア〜ウ**からえらびなさい。
（　　　）

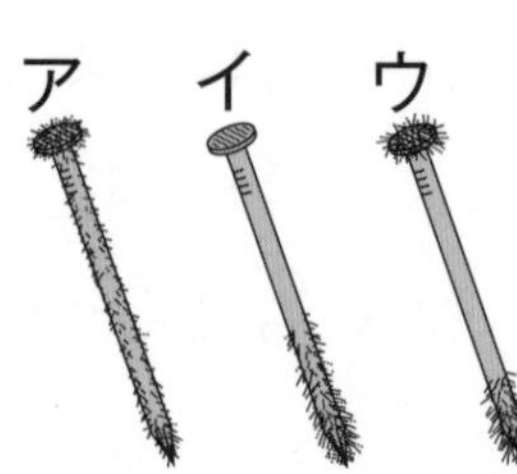

2 図のように、鉄でできたクリップに糸をむすび、じしゃくに引きつけました。**つぎの問いに答えなさい。**（5点×3）

N　クリップ　糸

(1) この図を見てわかることをつぎの**ア〜ウ**からえらびなさい。
（　　　）

ア 糸も鉄でできている。

イ じしゃくの鉄を引きつける力は、はなれていてもはたらいている。

ウ じしゃくのNきょくはSきょくよりも鉄をよく引きつける。

(2) 点線のところをうすい紙でさえぎると、クリップはどうなりますか。つぎの**ア〜ウ**からえらびなさい。（　　　）

ア 引きつけられたまま。

イ 下におちる。

ウ 上下にゆれる。

(3) 糸を持っている手をはなすと、クリップはどうなりますか。つぎの**ア〜ウ**からえらびなさい。
（　　　）

ア 下におちる。

イ 手にまきつく。

ウ じしゃくにくっつく。

3 地球も大きなじしゃくです。**地球の北きょくは、じしゃくのNきょく、Sきょくのどちらになりますか。**（5点）

（　　　　きょく）

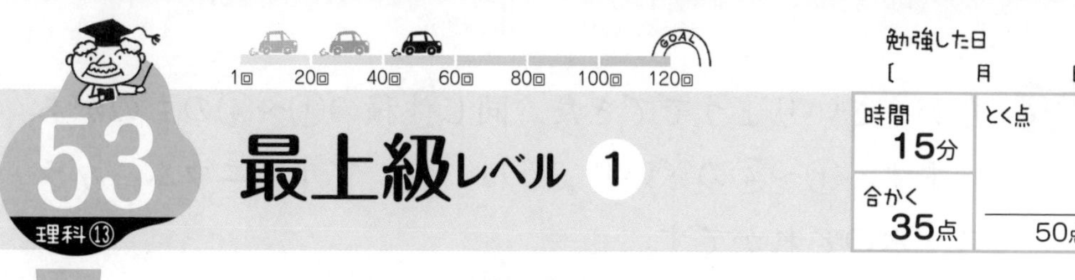

53 最上級レベル 1

理科⑬

勉強した日〔　月　日〕

時間 15分　合かく 35点　とく点 /50点

1 ヒマワリについて、答えなさい。

(1) ヒマワリのたねは、つぎのア～エのどれですか。（3点）

（　　　）

ア　イ　ウ　エ

(2) ヒマワリのめばえのようすを表しているものは、つぎのア～エのどれですか。（3点）

（　　　）

ア　イ　ウ　エ

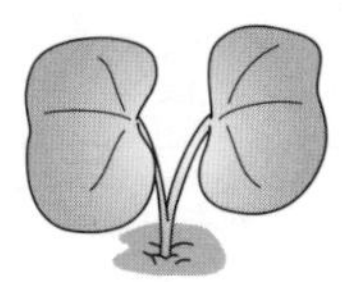

(3) (2)のア～エのような葉を何といいますか。（4点）

（　　　）

(4) ヒマワリの花は、たくさんの小さな花が集まってできています。つぎのア～エの植物のうち、ヒマワリのようにたくさんの小さな花が集まって１つの花のようになっているものをえらびなさい。（4点）

（　　　）

ア タンポポ　イ アサガオ

ウ スミレ　エ ホウセンカ

2 つぎのA～Hは、いろいろな生き物のよう虫や成虫をかいたものです。つぎの問いに答えなさい。（4点×9）

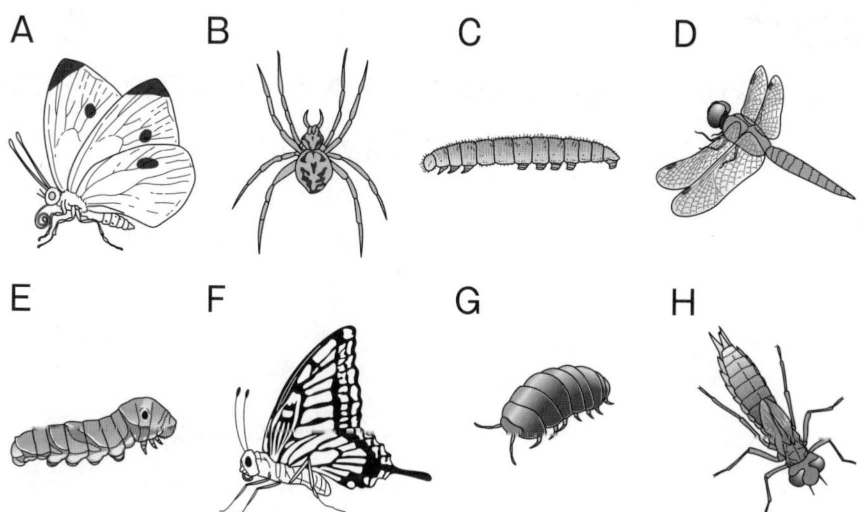

(1) A、D、Fの幼虫は、A～Hのどれですか。

A（　　　）　D（　　　）　F（　　　）

(2) こん虫でない生き物を、A～Hから２つえらびなさい。

（　　　）（　　　）

(3) こん虫のあしがついている部分を何といいますか。

（　　　）

(4) さなぎから出てくる成虫を、A～Hから２つえらびなさい。

（　　　）（　　　）

(5) おもに水中にすんでいる生き物は、A～Hのどれですか。

（　　　）

勉強した日〔　月　日〕

54 最上級レベル ②

理科⑭

時間 15分	とく点
合かく 35点	50点

1 虫めがねを使って太陽の光を集め、A～Dのように紙にあてました。**つぎの問いに答えなさい。**

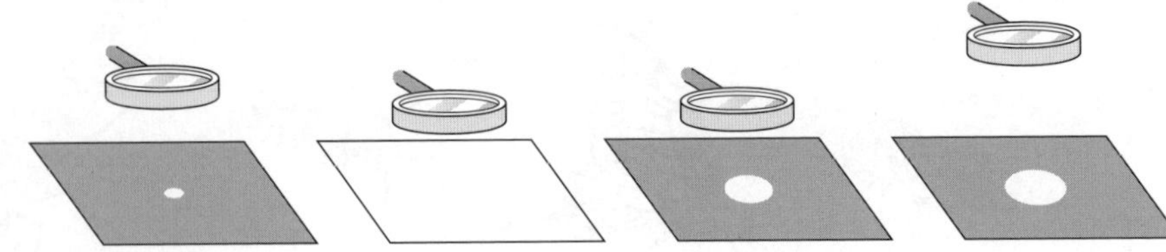

(1) 紙の温度が、いちばん高くなるのは、A～Dのどれですか。（5点）（　　）

(2) 紙が、いちばんあたたかくならないのは、A～Cのどれですか。（5点）（　　）

(3) 虫めがねのレンズを横から見ると、どんな形をしていますか。つぎのア～ウからえらびなさい。（4点）（　　）

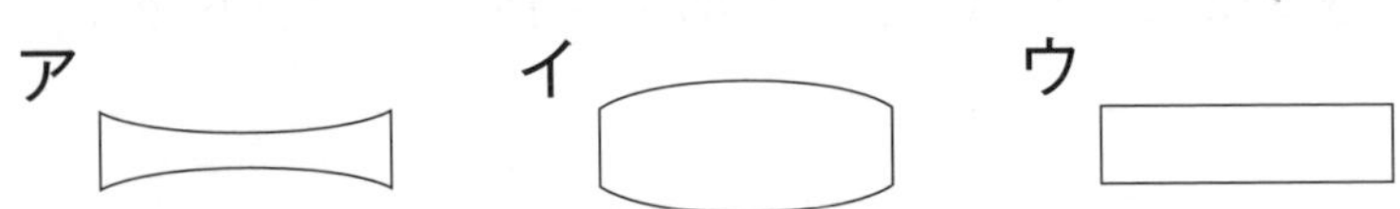

(4) 虫めがねを、図のCのところからDのところまでしだいに遠ざけていくと、明るい部分はどのようにかわりますか。つぎのア～ウからえらびなさい。（5点）（　　）

ア だんだんと大きくなる　　イ かわらない

ウ だんだんと小さくなり、とちゅうから大きくなる

2 ちがうざいりょうでできた、同じ体積の①～④のものがあります。①～④のざいりょうは、鉄、アルミニウム、ガラス、木のどれかです。

つぎの実けんから考えて、①～④のざいりょうをそれぞれ答えなさい。（4点×4）

〔実けん１〕 電気を通すかどうかを調べたら、①と④は電気を通すことがわかった。

〔実けん２〕 じしゃくにつくかどうかを調べたら、④だけがじしゃくについた。

〔実けん３〕 ②と③の重さをはかったら、③のほうが重かった。

①（　　）②（　　）

③（　　）④（　　）

3 **正しいものには○、まちがっているものには×をつけなさい。**（3点×5）

(1) 金ぞくは電気をよく通すものが多い。（　　）

(2) 太陽のかげの向きは、１日のうちに西→南→東のじゅんに動く。（　　）

(3) 100gの木より、100gの鉄のほうが重い。（　　）

(4) 地球もじしゃくのせいしつをもっていて、北きょくにNきょくがある。（　　）

(5) じしゃくは２つに切ってもじしゃくになる。（　　）

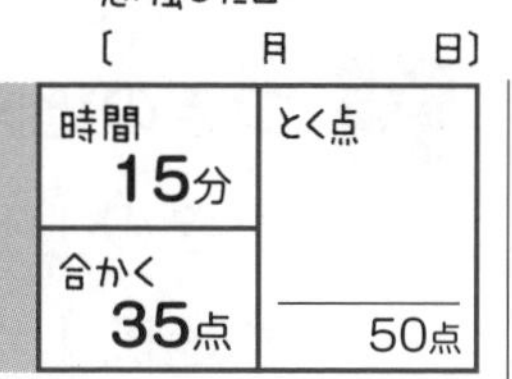

勉強した日 〔　　月　　日〕

時間 15分	とく点
合かく 35点	50点

標準レベル 55 わたしたちのまち

社会①

1 つぎの絵地図を見て、あとの問いに答えなさい。（4点×8）

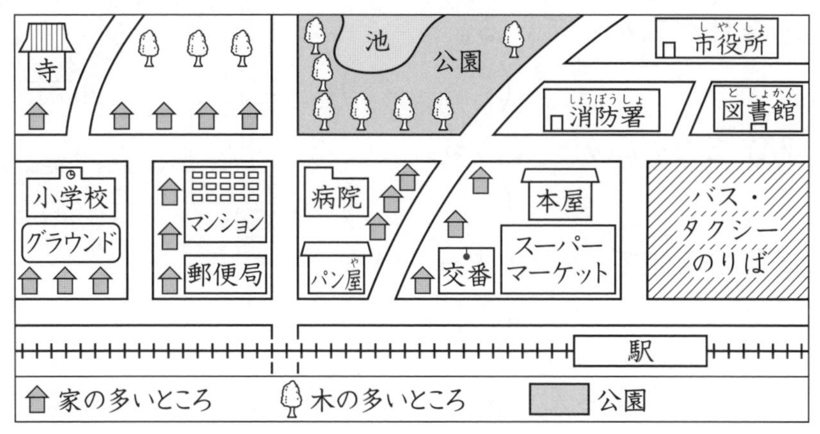

(1) 絵地図中にない建物をつぎからえらんで、記号で答えなさい。（　　）

ア 病院　イ 郵便局　ウ 駅　エ 神社

オ 寺　カ マンション

(2) つぎの①～④は、絵地図のどの建物や場所の話ですか。絵地図の中からえらびなさい。

①「本をかりに行くところです。小さいころ絵本の読み聞かせの会で話を聞くことがすきでした。」

②「遊具や緑にかこまれた池があります。先週、家族でおべんとうを持って出かけました。」

③「さまざまな食料品が売られているところです。休日に家族で食料品をよく買いに行きます。」

④「おまわりさんがいるところです。さいふを拾ったとき、とどけに行ったことがあります。」

①（　　）②（　　）

③（　　）④（　　）

(3) まちたんけんで気をつけることとして正しいものに○を、まちがっているものに×をつけなさい。

①道いっぱいに広がったり、道のまん中を歩いたりするようにする。（　　）

②気づいたことをメモできるように、えんぴつやノートを持って行く。（　　）

③まちたんけんの前に、たんけんするコースを決めずに出発する。（　　）

2 方位について、つぎの問いに答えなさい。（6点×3）

(1) 方位を調べるための右の絵の道具を何というか、名まえを答えなさい。

（　　）

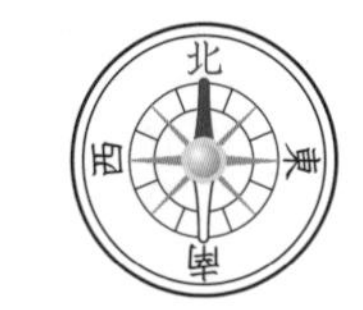

(2) つぎの文章の空らんにあてはまる方位を答えなさい。同じ番号には同じ方位があてはまります。

地図ではふつう上が（ ① ）を表します。右の絵のように（ ① ）を向いていれば、背中側は（ ② ）を表していることになります。

①（　　）②（　　）

社会

上級レベル 56 社会②

わたしたちのまち

勉強した日〔　　月　　日〕

時間 15分	とく点
合かく 35点	50点

1 地図のきまりについて、つぎの問いに答えなさい。

（2点×12）

(1) 右の図の①～④にあてはまる方位を八方位で答えなさい。

①(　　　　)
②(　　　　)
③(　　　　)
④(　　　　)

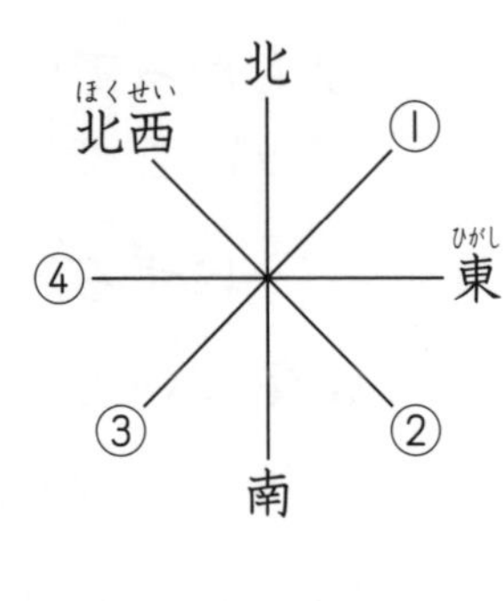

(2) つぎの地図記号が何を表しているか、それぞれあとからえらんで、記号で答えなさい。

①  (　　　　)
②  (　　　　)
③  (　　　　)
④  (　　　　)

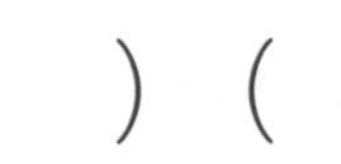

⑤ (　　　　)
⑥  (　　　　)
⑦ 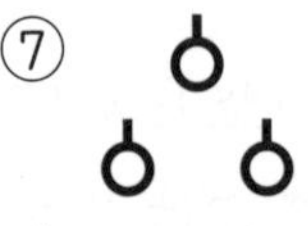 (　　　　)
⑧  (　　　　)

ア 小学校　イ 交番　ウ 警察署　エ 工場
オ 病院　カ 神社　キ 寺院　ク 消防署
ケ 図書館　コ 畑　サ 果樹園　シ 水田

2 つぎの地図1・2を見て、あとの問いに答えなさい。

(1) つぎの①～③にあてはまる地域を地図1中のア～エからえらんで、記号で答えなさい。（3点×3）

〔地図1〕

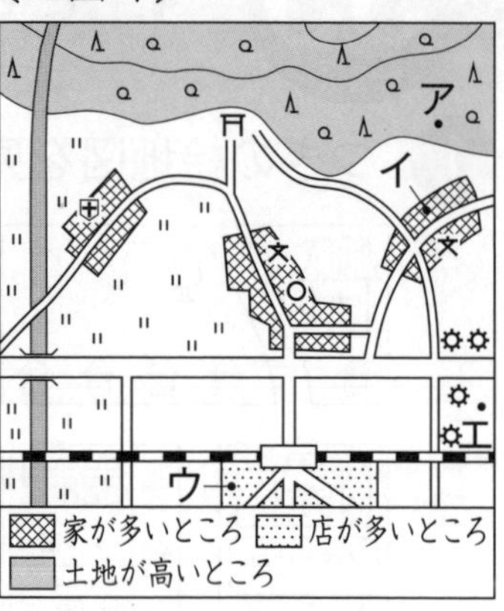

①森林が広がっている。(　　　　)

②住宅地が広がっている。(　　　　)

③駅の南側で、店が集まっている。(　　　　)

(2) つぎの文の空らんにあてはまる方位を四方位で答えなさい。

（3点×2）

地図1中の川は、（　①　）から（　②　）に流れている。

①(　　　　)　②(　　　　)

(3) 地図2中のあから見た神社の方角を八方位で答えなさい。（3点）

(　　　　)

〔地図2〕

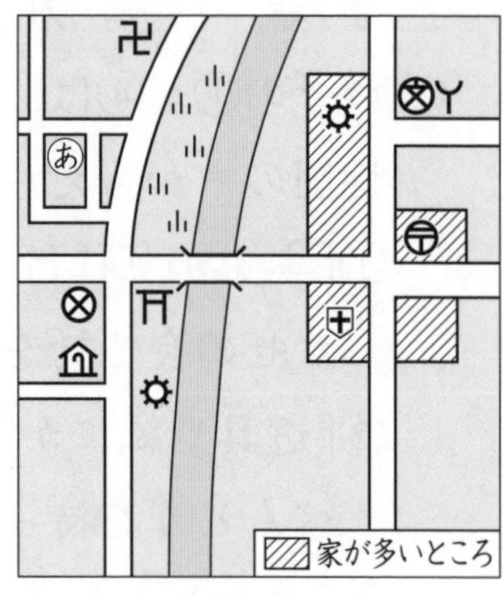

(4) 地図2を見て、正しいものには○、まちがっているものには×をつけなさい。（4点×2）

①川の西側よりも東側に家が多い。(　　　　)

②郵便局から東に歩くと橋がある。(　　　　)

1回 20回 40回 60回 80回 100回 120回 GOAL

勉強した日〔　　月　　日〕

時間 15分	とく点
合かく 35点	50点

わたしたちのまちではたらく人 (1) （お店）

1 スーパーマーケットについて、つぎの問いに答えなさい。

（5点×5）

(1) つぎの2つの絵の説明として正しいものをあとからえらんで、それぞれ記号で答えなさい。

①

（　　　）

②

（　　　）

ア　リサイクルができるようきを回収している。

イ　カートに小さな子どもを乗せて買い物ができるようにしている。

ウ　特売品が分かりやすいようにならべている。

(2) スーパーマーケットのくふうとして正しいものには○、まちがっているものには×をつけなさい。

①通路をせまくして、たくさんの品物をならべている。（　　　）

②安心して買い物ができるように、商品にはねだんだけでなく、産地も記している。（　　　）

③できたてのそうざいを売り場にならべるようにしている。（　　　）

2 さまざまな店について、つぎの問いに答えなさい。（5点×5）

(1) つぎの文はそれぞれどの店の特色ですか。□からえらんで答えなさい。

①大きなちゅう車場があり、１つの建物に食品や電気製品、洋服の売場のほかに映画館や病院が入っているところもある。（　　　　　　　　　）

② 24時間営業しているところも多く、おもに飲み物やべんとう、日用品などが売られている。（　　　　　　　　　）

③野菜やくだものなどを専門で取りあつかっていて、お店の人と相談して品物を買うことができる。（　　　　　　　　　）

コンビニエンスストア	商店街の中の店
大型ショッピングセンター	

(2) 右の絵の①の部分の数字は何を表していますか。あてはまるものをつぎからえらんで、記号で答えなさい。（　　　）

ア 内容量　　イ 商品名　　ウ ねだん

エ おいしく飲むことができる期限

(3) レジぶくろをへらすために、わたしたちが買い物に行くときにできることを答えなさい。

（　　　　　　　　　　　　　　　　　　）

社会

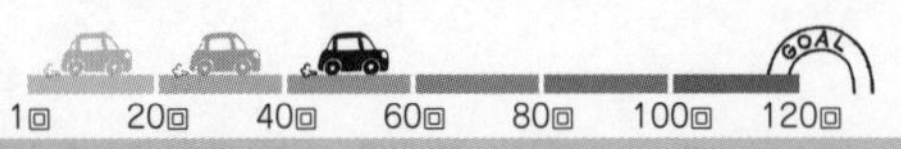

勉強した日 〔　　月　　日〕

時間 15分	とく点
合かく 35点	50点

上級レベル 58 わたしたちのまちで はたらく人 (1) (お店)

社会④

1

つぎの図はコンビニエンスストアを上から見たものです。商品のたなやサービスについて説明した文として正しいものには○、まちがっているものには×をつけなさい。

（5点×4）

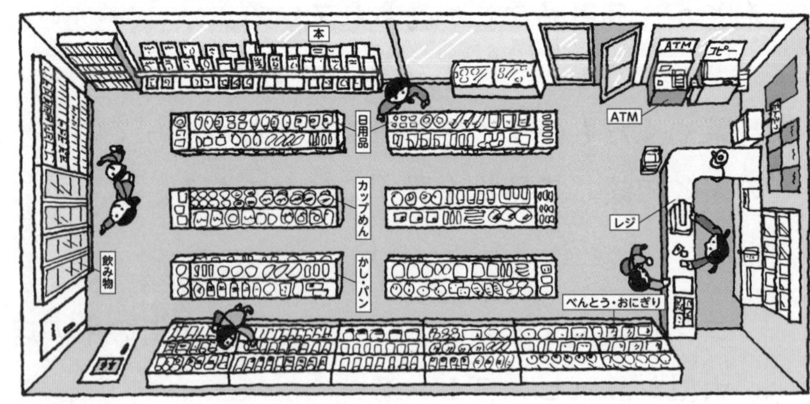

① 銀行からお金を引き出したり、銀行にお金をあずけたりするきかいがおかれている。　（　　　）

② 買う人が多い飲み物のたなは、入り口のとなりにおかれている。　（　　　）

③ レジからはなれたところに、1日に何度か運ばれてくるべんとうやおにぎりのたながある。　（　　　）

④ お客さんが長時間いることが多い本のたなは、外から見えるところにおかれている。　（　　　）

2

スーパーマーケットについて、つぎの問いに答えなさい。

（5点×6）

(1) つぎの①～③の絵は、スーパーマーケットではたらく人のようすを表しています。①～③の人の話としてあてはまるものをあとからえらんで、記号で答えなさい。

①（　　　）　②（　　　）　③（　　　）

ア 「いろいろな大きさに切ってお客さんがひつような量を買えるようにしています。」

イ 「お客さんが見やすいように品物をたなにならべています。」

ウ 「品物を大切にあつかうこととおつりをまちがえないことに気をつけています。」

(2) 品物の仕入れ先について、右の図を見て答えなさい。

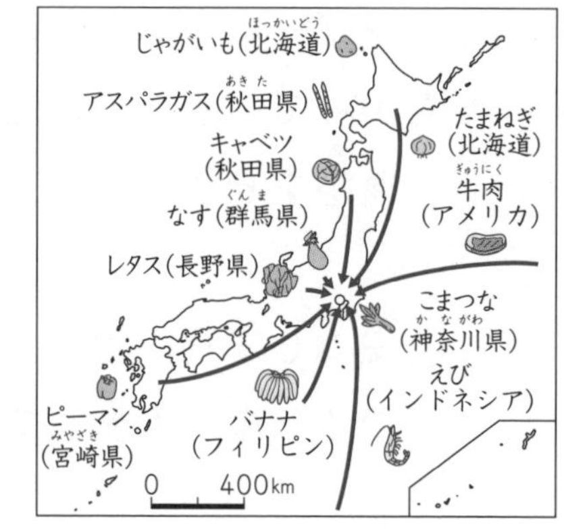

① 長野県から何が運ばれてきますか。

（　　　　　）

② えびとバナナはどの国から運ばれてきますか。国名を書きなさい。

えび（　　　　　）　バナナ（　　　　　）

勉強した日
〔　　月　　日〕

標準レベル **59** 社会⑤

わたしたちのまちではたらく人 (2)　(農家)

1 つぎのしりょうを見て、あとの問いに答えなさい。

（4点×2）

〔堺市の農地面積の変化〕

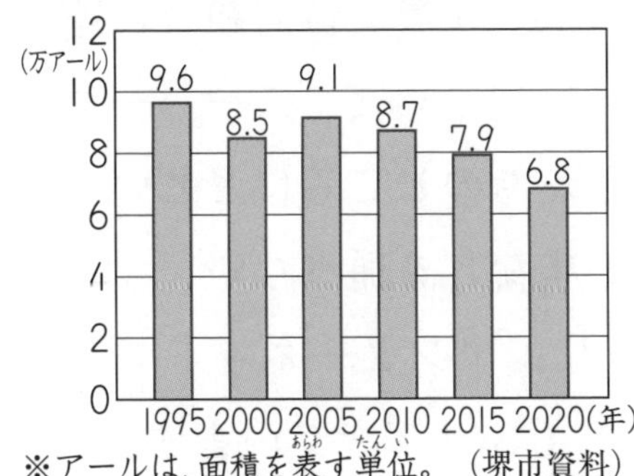

※アールは, 面積を表す単位。（堺市資料）

〔堺市の農業をする人の数の変化〕

年	1995	2000	2005	2010	2015	2020
人数（人）	3566	2091	1909	1519	1471	1664

（堺市資料）

(1) 堺市の農業をする人の数は、2020年では何人ですか。つぎからえらんで、記号で答えなさい。（　　）

ア やく4500人　　イ やく3500人
ウ やく2000人　　エ やく1700人

(2) しりょうから1995年と2020年をくらべて読み取れることとして正しいものを、つぎからえらんで、記号で答えなさい。（　　）

ア 農業をする人が多くなり、農地面積が不足している。
イ 農業をする人が少なくなり、農地面積もへっている。
ウ 農業をする人が多くなり、農地面積もふえている。
エ 農業をする人が少なくなり、農地面積はふえている。

2 農家について、つぎの問いに答えなさい。（6点×7）

(1) つぎの農家の人の話の空らんにあてはまることばとして正しいものをあとからえらんで、答えなさい。

> わたしは、野菜の（　①　）に合わせて作業をします。土づくりから始まり、最後の（　②　）まで、川の水・日光など（　③　）のめぐみをいかしながら野菜を大切に育てています。

自然　　しゅうかく　　生育

①（　　）②（　　）③（　　）

(2) 寒いきせつに野菜やくだものを育てるための右のしせつを何というか、カタカナで答えなさい。

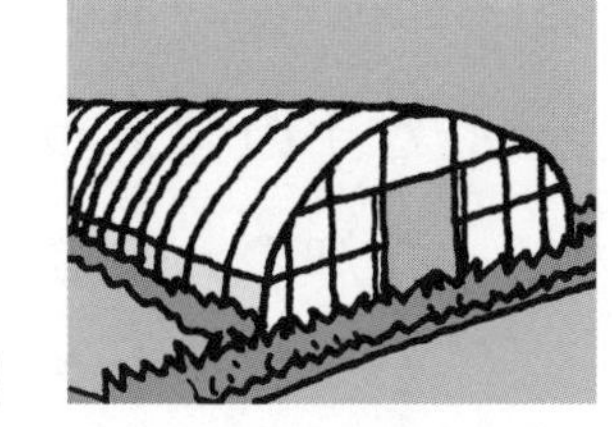

（　　）

(3) 右の図を見て、読み取れるものに○を、読み取れないものには×をつけなさい。

月	4～10	11	12	1	2	3
作業	土づくり	種まき ------>			しゅうかく ------>	
	たいひを土にまぜる。	7～10日おきに種をまく。	間引きをする。		葉が20cmほど育ったらとり入れる。	

① 1年間にどのような作業があるか。（　　）
② 畑の大きさはどれくらいか。（　　）
③ 1日何時間、畑ではたらいているか。（　　）

社会

勉強した日 〔　　月　　日〕

上級レベル 60 社会⑥

わたしたちのまちではたらく人 (2) （農家）

時間 15分　合かく 35点　とく点　　/50点

1 なす農家について、つぎの問いに答えなさい。（5点×10）

(1) つぎの作業を作業順にならべかえ、記号で答えなさい。

（　　→　　→　　→　　）

ア 植えつけ　　イ なえづくり
ウ 種まき　　エ しゅうかく

(2) なす農家が土をたがやすために使う右のきかいの名まえをカタカナで答えなさい。

（　　　　）

(3) なすの植えつけをする、右の絵のような畑の土をもりあげた場所を何というか、答えなさい。

（　　　　）

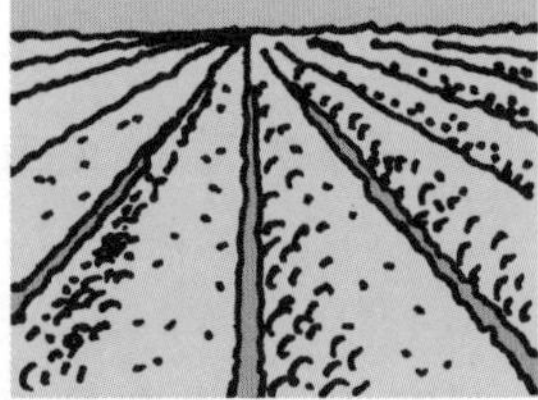

(4) なすづくりについて正しく説明しているものをつぎからえらんで、記号で答えなさい。（　　）

ア　同じ畑で何年もくり返しなすをつくっている。
イ　なす農家はすべての作業をきかいでしている。
ウ　おいしいなすをつくるためのくふうはしていない。
エ　農薬は、なすの病気や虫がつくのをふせぐために使用されている。

(5) 農家の人は農薬の使用回数をへらす努力をしています。その理由を答えなさい。

（　　　　　　　　　　　　　　）

(6) なすの出荷について説明したつぎの文章を読んで、あとの問いに答えなさい。

> 箱づめされたなすの多くは、㋐農業協同組合に運ばれ、そこから中央卸売（　㋑　）をへて、スーパーマーケットなどに行き、わたしたちのところにとどいています。最近では農家の人が店などを通さない（　㋒　）にもちこんではん売したり、インターネットを利用してはん売したりすることもふえてきています。

①下線部㋐の略称をアルファベット２字で答えなさい。
（　　　）

②空らんにあてはまることばをつぎからえらんで、記号で答えなさい。　㋑（　　　）　㋒（　　　）

ア 八百屋　　イ 市　場　　ウ 直売所

③地域で生産されたものを、地域の人が消費することを何というか、答えなさい。　（　　　　）

(7) 野菜づくりについて、つぎの２つの文で正しいものをえらんで、記号で答えなさい。ただし、両方正しい場合はウと答えなさい。　（　　）

ア　野菜は天候によってしゅうかく量がかわる。
イ　野菜は旬があるが、きせつをずらしてさいばいできる。

勉強した日〔　月　日〕

標準レベル 61 社会⑦

わたしたちのまちではたらく人 (3) （工場）

時間 15分　合かく 35点　とく点　／50点

1 かまぼこ工場について、つぎの問いに答えなさい。

〔かまぼこができるまで〕

(1) かまぼこの主な原料をつぎからえらんで、記号で答えなさい。（5点）　（　　）

ア　イ　ウ　エ

(2) 工場で行われるつぎの作業を作業順にならべかえ、記号で答えなさい。（10点）

（　→　→　→　→　）

ア　原料をさばく　　イ　形をつくる

ウ　むす　　　　　　エ　ほうそうする

オ　きかいでねり合わせる

(3) 右の絵は、工場ではたらく人の制服です。この絵を参考にして、つぎの文章の空らんにあてはまることばをあとからえらんで、答えなさい。（5点×4）

よい原料を使い、形や味がよくても（ ① ）面の対策が不十分ではいけません。そこで、工場ではよごれが（ ② ）ように（ ③ ）を着用し、かみの毛が落ちないように全員が帽子をかぶっています。そのほかにも長靴の（ ④ ）をするなどさまざまな取り組みをして、せいけつにしています。

白衣　衛生　消毒　見えない　目立つ

①（　　）②（　　）

③（　　）④（　　）

(4) かまぼこづくりのくふうについて説明した文として正しいものには○、まちがっているものには×をつけなさい。（5点×3）

①かまぼこひとつひとつの形やむし具合をかくにんしている。（　）

②すべての作業をていねいに手作業で行っていて、きかいは使わない。（　）

③原料本来の味をいかすため、味つけをしない。（　）

社会

勉強した日〔　　月　　日〕

時間 15分	とく点
合かく 35点	50点

わたしたちのまちではたらく人 (3) （工場）

1 かまぼこ工場ではたらいている人について、つぎの問いに答えなさい。

〔しりょう１　はたらく人の時間〕

	午前								午後							
	4時	5	6	7	8	9	10	11	12	1	2	3	4	5	6	7
かまぼこをつくる人																
じむの人																

▩…交代で休けい（１人１時間）

〔しりょう２　通きん方法〕

(1) しりょう１・２から読み取れることとして正しいものをつぎからえらんで、記号で答えなさい。（10点）（　　　）

ア　この工場で、かまぼこをつくる人とじむの人は１日あたり同じ時間はたらいている。

イ　この工場では、じむの人は午前７時から午後４時まではたらいている。

ウ　この工場では、かまぼこをつくる人は、交代で24時間作業している。

エ　この工場では、かまぼこをつくる人とじむの人の通きん方法がちがう。

(2) しりょう２を見て、かまぼこ工場への通きん方法でもっとも人数が多いのは何で来る人か、答えなさい。（8点）

（　　　　　で来る人）

2 パン工場のしりょうを見て、問いに答えなさい。（8点×4）

〔外国から送られてくる原料〕

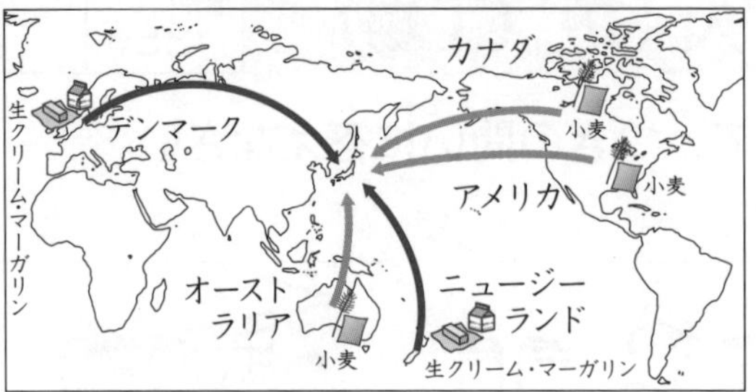

〔製品の送り先〕

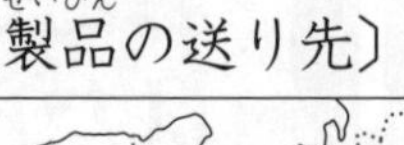

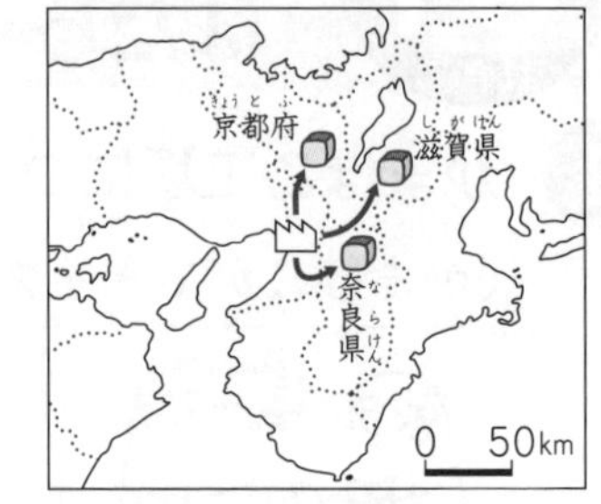

(1) この工場では小麦粉を使いますが、小麦はカナダとどこの国から運ばれてきますか。

（　　　　　）（　　　　　）

(2) ２つのしりょうを見て、読み取れることとして正しいものをつぎからえらんで、記号で答えなさい。（　　　）

ア　原料の仕入れ先も製品の送り先も外国である。

イ　製品の送り先は１県だけである。

ウ　原料の仕入れを通じて外国とつながっている。

(3) 工場見学で気をつけることとして、まちがっているものをつぎからえらんで、記号で答えなさい。（　　　）

ア　きかいや道具は勝手にさわらないようにする。

イ　工場ではできるだけばらばらに分かれて見学するようにする。

ウ　工場の人の話を聞き、わからないことは質問するようにする。

エ　工場ではたらいている人の作業のじゃまにならないようにする。

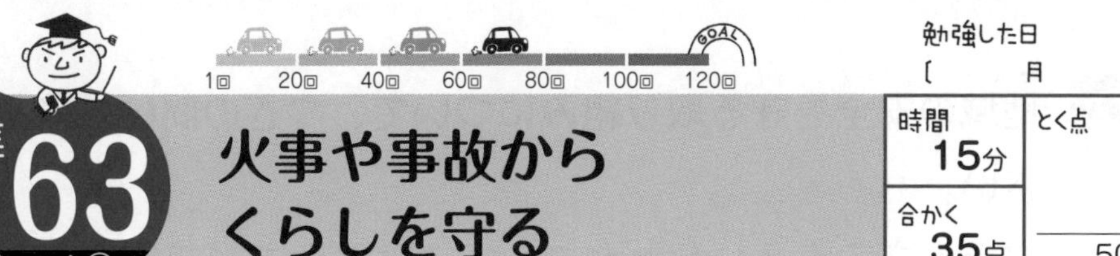

勉強した日〔　　月　　日〕

時間	とく点
15分	
合かく 35点	50点

標準レベル 63 火事や事故からくらしを守る

社会⑨

1 災害や火事について、つぎの問いに答えなさい。（5点×6）

(1) 火事が発生したときに通報する電話番号を3けたの数字で答えなさい。（　　　）

(2) 消防署の仕事やくふうについて説明した文として正しいものには○、まちがっているものには×をつけなさい。

①いつ火事が発生してもすぐに出動し、消火を行えるように、ふだんから点検や訓練を行うことは、消防署の仕事である。（　　　）

②火事の現場で素早く動き、消火や救助が行えるように、防火服やマスクは軽いそざいでできている。（　　　）

③深夜に発生した火事の現場に出動するときには、近所の住民のめいわくにならないように、消防車はサイレンの音を消して現場に向かう。（　　　）

(3) 火事の現場にかけつける車としてふさわしくないものをつぎからえらんで、記号で答えなさい。（　　　）

ア

イ

ウ

エ

(4) 火事や災害が発生したとき、消防署の人と協力して活動する、まちの人びとがつくった組織を何というか、つぎからえらんで、記号で答えなさい。（　　　）

ア 消防隊　　イ 消防団　　ウ 警　察　　エ 救急救命士

2 事故や事件からくらしを守る取り組みについて、つぎの問いに答えなさい。（5点×4）

(1) つぎの絵を見て、空らんにあてはまることばを答えなさい。

A　　B　　C

A：保護者による登下校時の（　①　）のようす

B：保護者による（　②　）でのパトロールのようす

C：まちにある（　③　）110番の家やお店の目じるし

①（　　　）②（　　　）③（　　　）

(2) 右下の絵は警察官がはたらいているようすです。何の仕事をしているようすをかいたものか、つぎからえらんで、記号で答えなさい。（　　　）

ア スピードい反の取りしまり

イ ちゅう車い反の取りしまり

ウ 事故現場の交通整理

エ 道案内

社会

勉強した日〔　月　日〕

上級レベル 64 火事や事故からくらしを守る

社会⑩

時間 15分	とく点
合かく 35点	50点

1 消火や消防せつびについて、つぎの問いに答えなさい。（6点×5）

(1) 火事発生後の動きについて説明したつぎの文章の空らんにあてはまることばを答えなさい。

> 119番通報があると、消防本部の（　①　）から現場に近い（　②　）にれんらくが入り、そこから消防車や（　③　）が出動します。また、火事の現場付近の車や人の整理をするために（　④　）にもれんらくが入ります。ほかにも、ガス会社や電力会社、水道局、病院にれんらくがいき、人々が協力して、消火しています。

①（　　　　）②（　　　　）
③（　　　　）④（　　　　）

(2) つぎの文はあとの3つの消防せつびの絵の説明です。説明されている順に絵をならべかえ、記号で答えなさい。

（　　→　　→　　）

◎けむりやねつを感知し、音や音声で火事を知らせる。
◎消火に使用するための水をためている。
◎ホースをつなぎ消火にひつような水をポンプ車に送る。

ア

イ

ウ

2 地域の安全を守る取り組みについて、つぎの問いに答えなさい。（5点×4）

(1) 安全を守るために行われていることとして、正しくないものをつぎからえらんで、記号で答えなさい。（　　）

ア　何かあったときに子どもたちが助けをもとめられるように、「こども110番」の家や店がある。
イ　火事や自然災害が発生したときにひなんするための場所やひなん経路をしめした地図を作成している。
ウ　登下校時の立ち番やパトロールの結果、子どもが関係する事故はほとんど起こらなくなっている。
エ　ちゅうりんスペースのない歩道や駅前に止められた自転車はきけんなので、てっ去されることがある。

(2) 事故を防止するために警察が行っていることとして、正しいものには○を、まちがっているものには×をつけなさい。

①自動車だけではなく、自転車の交通い反の取りしまりもしている。（　　）
②交番では、事故の情報を集めて、発表したり取材にこたえたりしている。（　　）

(3) 右の図は事故が起きたときの情報の伝達のようすを表しています。事故でけがをした人を運ぶ車は図の中のどこから出動するか、図の中のことばで答えなさい。（　　　　）

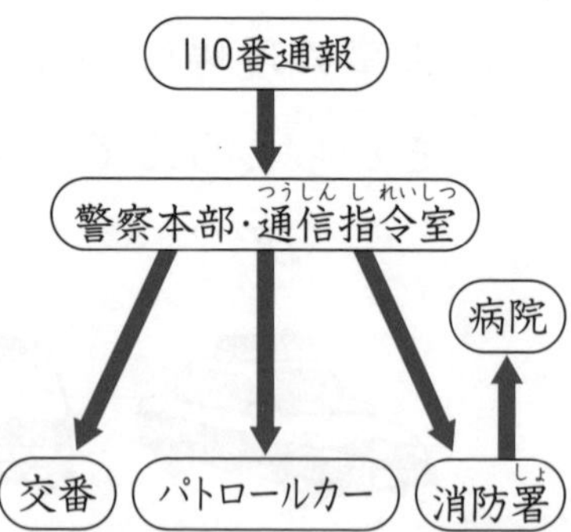

標準レベル 65 社会⑪

市のようすのうつりかわり

勉強した日〔　　月　　日〕

時間 15分	とく点
合かく 35点	50点

1 つぎの地図1・2を見て、あとの問いに答えなさい。

（8点×4）

〔地図1〕1965年の市のようす

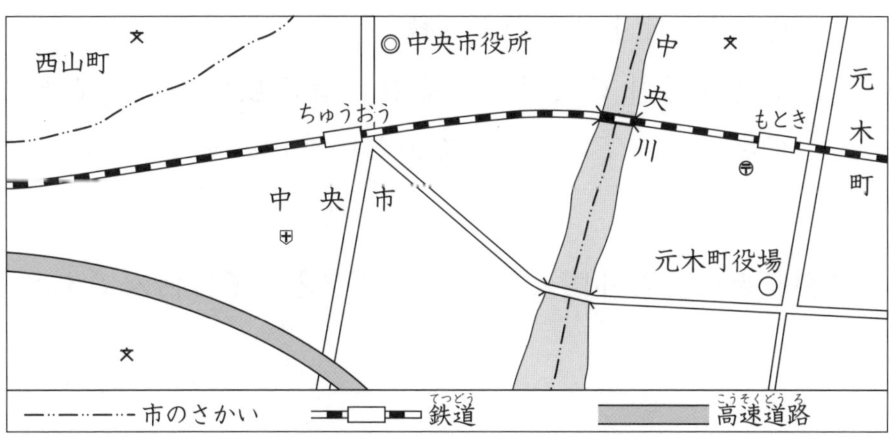

〔地図2〕2020年の市のようす

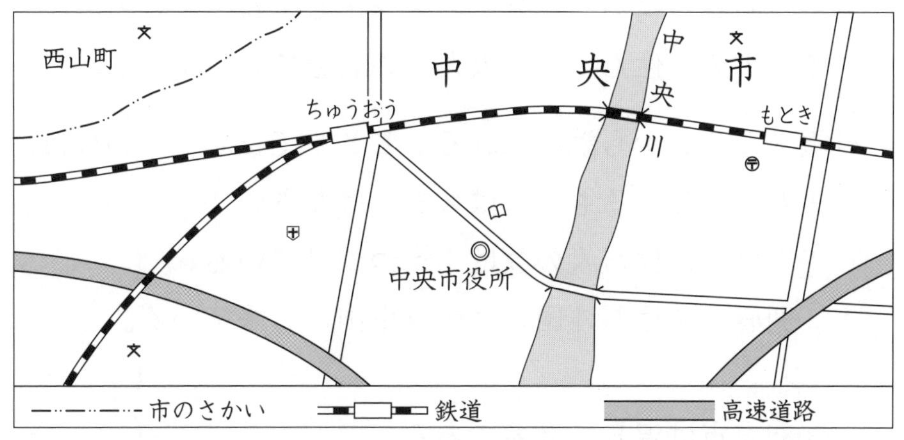

(1) 1965年と2020年をくらべて、場所がかわった建物を、つぎからえらんで、記号で答えなさい。（　　　）

ア　市役所　　イ　病院　　ウ　郵便局

(2) 地図1・2から1965年と2020年をくらべて正しいものには○、まちがっているものには×をつけなさい。

①市のはんいが広くなった。（　　）

②新しい駅ができた。（　　）

③新しい高速道路ができた。（　　）

2 みどり市のようすのうつりかわりをまとめた年表について、つぎの問いに答えなさい。（6点×3）

〔みどり市のうつりかわり〕

年	できごと
1960（昭和35）	西山村と北山町が合ぺいして、みどり市がたん生
ア	
1980（昭和55）	地下鉄みどり線が開業
イ	
1995（平成7）	みどり市体育館が完成
ウ	
2005（平成17）	みどり市役所が、前の東町の場所にうつる
エ	
2020（令和2）	みどり市じ童図書館が完成

(1) 年表の「昭和」、「平成」、「令和」などのことを何というか、答えなさい。（　　　）

(2) つぎのできごとが入る場所をそれぞれ年表中のア～エからえらんで、記号で答えなさい。

① 1990年にみどり西小学校ができた。（　　）

② 2003年にみどり市と東町が合ぺいし、新しいみどり市になった。（　　）

社会

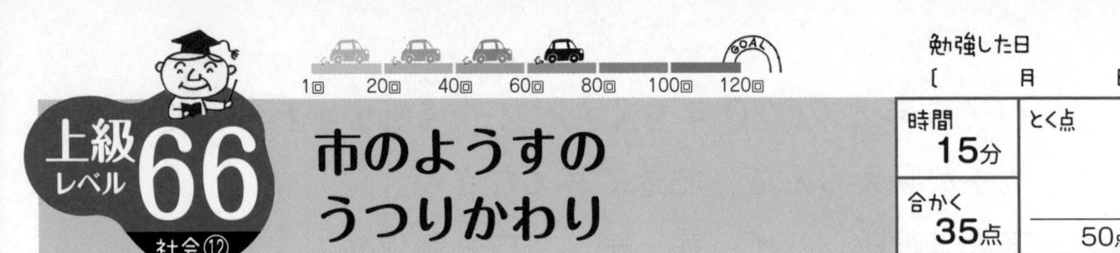

勉強した日〔　月　日〕

時間 15分	とく点
合かく 35点	50点

市のようすのうつりかわり

1 別府市のうつりかわりについて調べたことをまとめたつぎのしりょう1〜3を見て、あとの問いに答えなさい。

〔しりょう1　別府市の年れいべつの人の数の変化〕

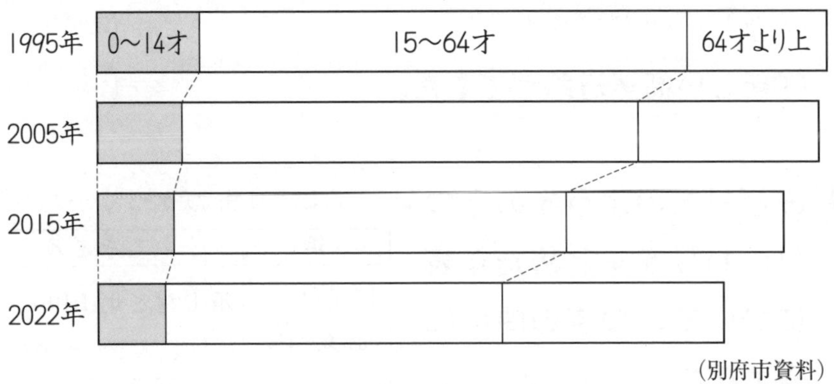

(別府市資料)

〔しりょう2　別府市に住む外国人の数の変化〕

1995年	2005年	2015年	2022年
754人	3439人	4168人	4443人

12月末の人数(別府市資料)

〔しりょう3　別府市に住む留学生の話〕

わたしは、別府市にある大学に通うために、2年前に中国から来ました。大学が休みの日には、市の図書館で勉強しています。別府市は温泉で有名なので、日本にいるあいだに、温泉に行きたいです。

(1) しりょう1の年れいべつの人の数の変化について、つぎの問いに答えなさい。(8点×2)

① 1995年と2022年をくらべて、人数がふえているものをつぎからえらんで、記号で答えなさい。(　　)

ア　0才から14才の人の数

イ　15才から64才の人の数

ウ　64才より上の人の数

②しりょう1のように、高れい者の数にくらべて子どもの数がへっていくことを何というか、答えなさい。

(　　　　　　)

(2) 別府市に住む外国人の数は、2022年では何人ですか。(5点)

(　　　　人)

(3) 市の図書館について、正しいものをつぎからえらんで、記号で答えなさい。(5点)　(　　)

ア　同じ市にある会社がお金を出してたてている。

イ　市が、住んでいる人たちのお金でたてている。

(4) 調べたことから読み取れることとして正しいものには○を、まちがっているものには×をつけなさい。(8点×3)

①別府市に住む人の数はふえつづけている。(　　)

②別府市に住む外国人は全員中国から来ている。(　　)

③別府市は温泉で有名である。(　　)

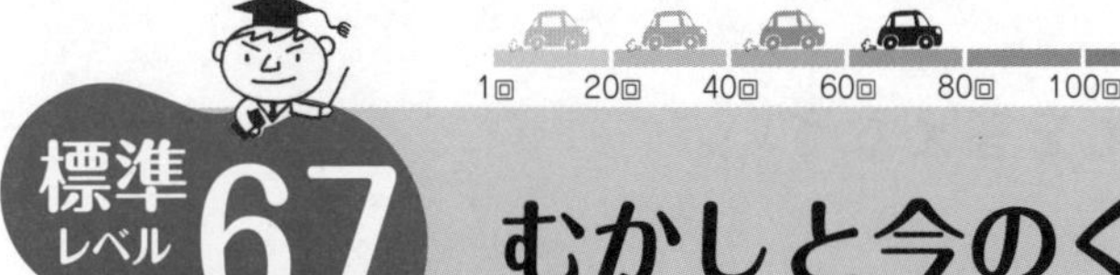

勉強した日〔　　月　　日〕

標準レベル 67 社会⑬

むかしと今のくらし

時間 15分	とく点
合かく 35点	50点

1 つぎの①～③のむかしの道具の絵を見て、あとの問いに答えなさい。

① 
② 
③ 

(1) ①～③の道具の名まえをつぎからえらんで、それぞれ記号で答えなさい。（4点×3）

①(　　　)　②(　　　)　③(　　　)

ア ランプ　イ いろり　ウ かまど　エ ひばち

(2) ①～③の道具の使い方の説明として正しいものには○、まちがっているものには×をつけなさい。（5点×3）

①コードをコンセントにつなぎ、明かりをともす。(　　　)

②寒い日に、炭を使って部屋をあたためる。(　　　)

③部屋の中央にあり、家族でかこんで食事などをする。(　　　)

(3) 右の道具と使用目的が同じものを①～③からえらんで、番号で答えなさい。（5点）

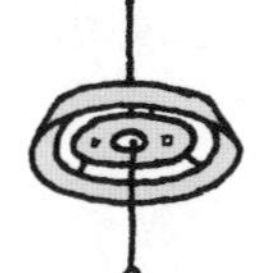

(　　　)

2 つぎのむかしと今の道具の絵を見て、あとの問いに答えなさい。（3点×6）

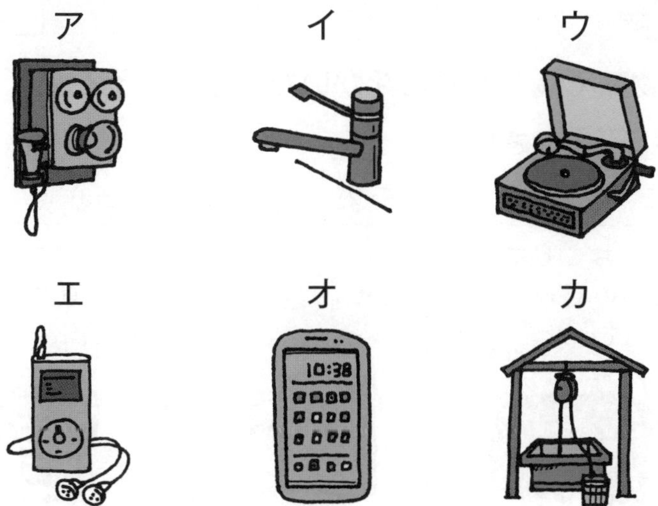

(1) つぎの①～③の目的で使ったむかしの道具をア～カからえらんで、記号で答えなさい。

①音楽をきく。(　　　)

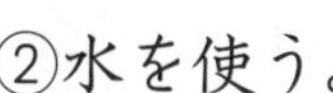②水を使う。(　　　)

③電話をかける。(　　　)

(2) 上の絵ウ、カについて、つぎの問いに答えなさい。

①ウ、カの道具の名まえを答えなさい。

ウ(　　　　　)　カ(　　　　　)

②カの道具と同じ目的で使われる道具を、ア～オからえらんで、記号で答えなさい。

(　　　)

勉強した日 〔　　月　　日〕

時間 15分	とく点
合かく 35点	50点

上級レベル 68 むかしと今のくらし

社会⑭

1 博物館で調べたことをかいたつぎのメモを見て、あとの問いに答えなさい。（5点×5）

メモ①

火をおこして、食事のじゅんびをしていた。

メモ②

上のだんに氷を入れて、使用していた。

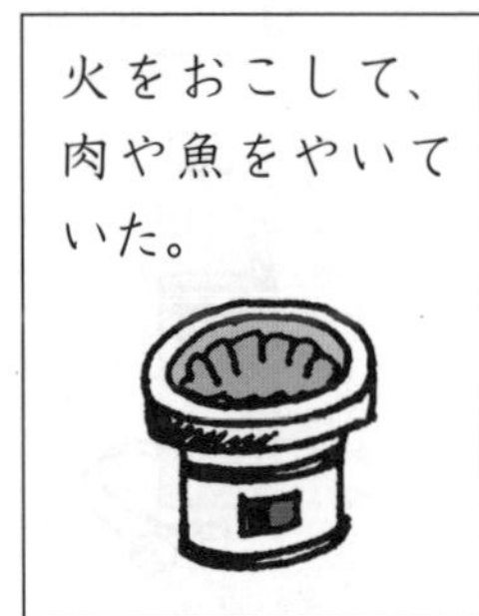

メモ③

火をおこして、肉や魚をやいていた。

(1) 博物館で調べ物をするときの注意としてまちがっているものをつぎからえらんで、記号で答えなさい。

（　　　）

ア　てんじ物をさわってよいかどうかかくにんする。

イ　わからないことは質問をするようにする。

ウ　道具の体験をするときは使い方を聞かないようにする。

エ　見学がおわったとき、係の人にお礼を言う。

(2) メモ①・③の道具のねんりょうとして正しいものをつぎからえらんで、記号で答えなさい。

①（　　　）　③（　　　）

ア　石油　　イ　木炭　　ウ　まき

エ　ガス　　オ　石炭

(3) メモ③の道具の名まえを答えなさい。

（　　　）

(4) メモ①～③は料理に関係のある道具ですが、もう１まい同じテーマでメモをつくるとき、ふさわしいものをつぎからえらんで、記号で答えなさい。（　　　）

ア 
イ 
ウ 
エ 

2 道具のうつりかわりについて、つぎの問いに答えなさい。

（5点×5）

(1) つぎの道具を古いものから順にならべかえ、記号で答えなさい。（　　→　　→　　→　　）

ア 
イ 
ウ 
エ 

(2) つぎの文で正しいものには○、まちがっているものには×をつけなさい。

①新しい道具が発明され、家事の時間が長くなった。

②むかしの道具は木や石、鉄でできているものが多い。

③むかしの道具は使うときにこつがいるものが多い。

④道具を調べても、生活の変化についてはわからない。

①（　　　）　②（　　　）

③（　　　）　④（　　　）

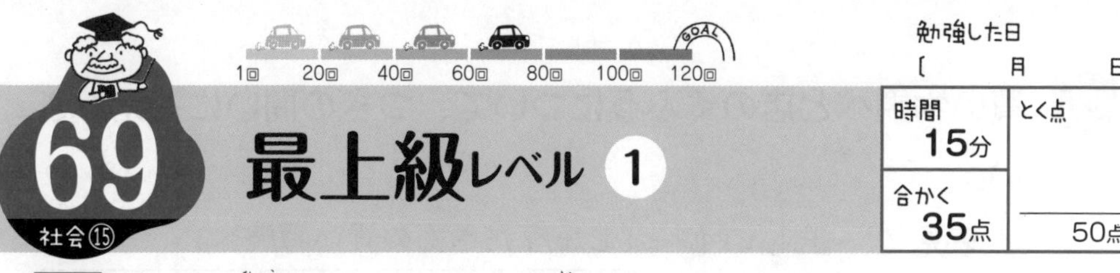

勉強した日〔　　月　　日〕

時間 15分	とく点
合かく 35点	50点

69 最上級レベル ①

社会⑮

1 つぎの表を見て、あとの問いに答えなさい。（6点×3）

〔 ① の道具のうつりかわり〕

やく 80〜60 年前	②やく 60〜40 年前	今

(1) 表の ① にふさわしいことばをつぎからえらんで、記号で答えなさい。（　　　）

ア だんぼう　　イ せんたく　　ウ 明かり　　エ 調　理

(2) 表の下線部②のくらしのようすとしてふさわしいものをつぎからえらんで、記号で答えなさい。（　　　）

ア　インターネットを利用する人がふえた。

イ　大きな戦争があり、いなかにそかいした。

ウ　けいたい電話を使う人がふえた。

エ　電気製品が広く使われるようになった。

(3) 表のように道具がうつりかわるとともに、くらしはどのように変化しましたか。「べんり」「時間」ということばを使って説明しなさい。

〔　　　　　　　　　　　　　　　　〕

2 キャベツ農家について、つぎの問いに答えなさい。（6点×2）

(1) キャベツは、畑のうねで育てられています。その理由を説明しなさい。

（　　　　　　　　　　　　　　　　）

(2) 右の農事ごよみのようにキャベツが少しずつ時期をずらしてつくられている理由として正しいものをつぎからえらんで、記号で答えなさい。（　　　）

〔キャベツの農事ごよみ〕

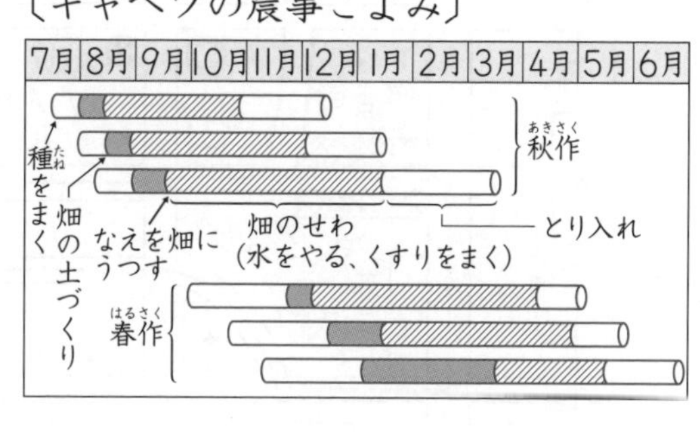

ア　とり入れの期間を長くできるから。

イ　虫がつくのをふせぐことができるから。

ウ　土づくりの作業がはぶけるから。

エ　作業をしない日をふやせるから。

3 つぎの工場でつくられるものを、あとからえらんで、記号で答えなさい。（5点×4）

①食品工場（　　　）　②きかい工場（　　　）

③金属工場（　　　）　④布・いるい工場（　　　）

ア 

イ 

ウ 

エ 

オ 

社会

勉強した日〔　月　日〕

70 最上級レベル ②

社会⑯

時間 15分	とく点
合かく 35点	50点

1 つぎの地図を見て、あとの問いに答えなさい。（5点×7）

(1) 地図中にある㋐と㋑の地図記号の意味をそれぞれ答えなさい。　㋐(　　　　　)　㋑(　　　　　)

(2) ゆりさんの家から、学校を見たときの方角を八方位で答えなさい。(　　　　)

(3) 地図中のたんけんしたコースについて説明したつぎの文章を読んで、正しい方にそれぞれ○をつけなさい。

> わたしたちは、学校を出て①{東・西}に進み、病院の前を通りすぎると、公民館のある角で②{右・左}に曲がりました。いちょう通りと商店街を通り、神社のある角で③{右・左}に曲がり、学校にもどってきました。

(4) たんけんで方位じしんを使います。色のついたはりはどこにあわせて使いますか。四方位で答えなさい。(　　　　)

2 買い物調べと店のくふうについて、つぎの問いに答えなさい。（5点×3）

(1) 表を見て、正しいものをつぎからえらんで、記号で答えなさい。(　　　　)

〔しょうたさんの買い物調べ〕

店＼品物	米	魚・肉	野菜	かし	洋服	本	電気製品	家具
スーパーマーケット	○	○	○				○	
デパート					○			○
コンビニエンスストア				○		○		
商店街の店		○	○					

ア　スーパーマーケットで食品以外は買っていない。

イ　デパートで洋服を買っている。

ウ　米は表内のどの店でも買っている。

(2) スーパーマーケットがお客さんを集めるためにしていることをつぎからえらんで、記号で答えなさい。(　　　　)

ア　広いはんいにちらしを配り、せんでんしている。

イ　野菜や魚の売り場で温度管理をしている。

ウ　せいけつな服を着て、調理の作業をしている。

エ　ねふだに産地をわかりやすくしめしている。

(3) スーパーマーケットのくふうとしてあやまっているものをつぎからえらんで、記号で答えなさい。(　　　　)

ア　リサイクルコーナーをもうけて、しげんを大切にする取り組みをしている。

イ　売り場の看板で、どこにどの商品があるかお客さんにわかりやすくしている。

ウ　食品表示を見るとお客さんが不安になるので、表示しないようにしている。

勉強した日
〔　　月　　日〕

アルファベットの練習 (1) (大文字)

1 アルファベットの大文字を書きなさい。はじめに見本を見て、うすい文字をなぞりなさい。そのあとは▢の中に自分で書きなさい。（3点×4）

A A A A ▢　

2 下の表(ひょう)の中にアルファベットと数字がならんでいます。BからDのアルファベットの数を数えて、下の（　　）に書きなさい。（4点×3）

5	A	7	8	9	3	C	1
4	C	A	D	8	B	7	C
C	3	B	C	1	6	2	5
D	A	3	0	B	9	D	A
2	7	C	A	5	4	8	B

(例)A：5こ

(1) B：（　　　　）こ　(2) C：（　　　　）こ

(3) D：（　　　　）こ

3 アルファベットの大文字を書きなさい。はじめに見本を見て、うすい文字をなぞりなさい。そのあとは▢の中に自分で書きなさい。（3点×6）

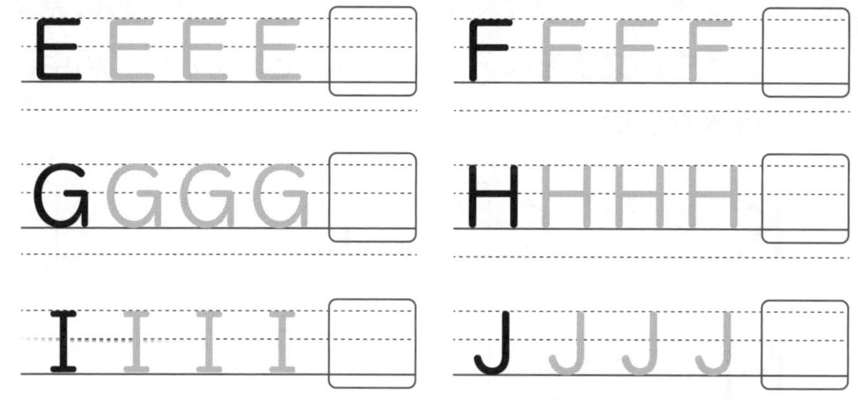

4 アルファベットが上と下でバラバラになってしまいました。線でむすんであげれば元通りにできます。できたアルファベットを＿＿に書きなさい。（2点×4）

(1)　(2)　(3)　(4)

(1)＿＿　(2)＿＿　(3)＿＿　(4)＿＿

英語

勉強した日〔　　月　　日〕

アルファベットの練習 (1) (大文字)

1 アルファベットの大文字を書きなさい。はじめに見本を見て、うすい文字をなぞりなさい。そのあとは▢の中に自分で書きなさい。（2点×3）

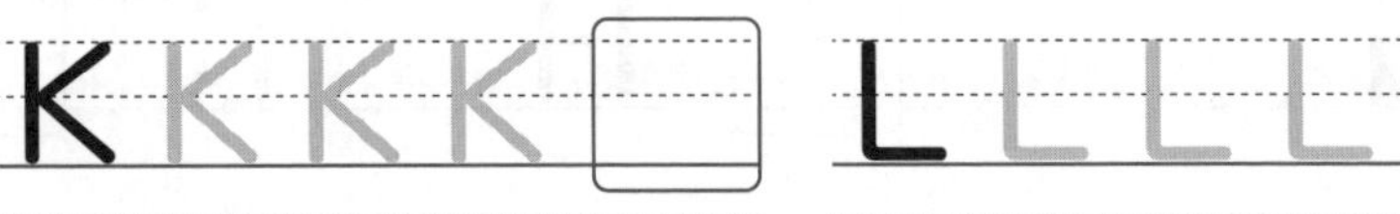

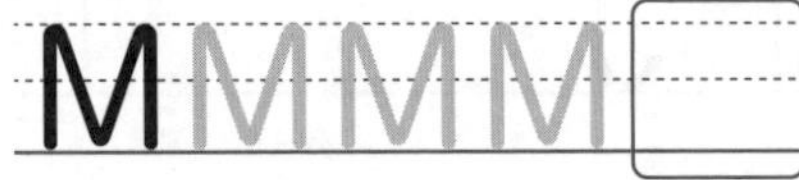

2 下の絵の中に、くだものの名前がアルファベットで書かれています。バナナとぶどうの最初(さいしょ)のアルファベットがよごれて見えません。＿＿に書きなさい。（6点×2）

＿＿ANANA　　＿＿RAPE

3 つぎのアルファベットを正しいアルファベットの順番(じゅんばん)にならべかえて、＿＿に答えを書きなさい。（8点×2）

J I H K M L

(1) ＿＿＿＿＿＿＿＿＿＿

D A G B E C F

(2) ＿＿＿＿＿＿＿＿＿＿

4 つぎの(1)~(4)のアルファベットのつぎに続(つづ)くものを、下のアルファベットから選(えら)び、線でむすびなさい。（4点×4）

(1)	(2)	(3)	(4)
F	C	I	L
D	M	G	J

勉強した日
〔　　月　　日〕

標準レベル 73 英語③

アルファベットの練習 (2) (大文字)

時間 20分	とく点
合かく 40点	50点

1 アルファベットの大文字を書きなさい。はじめに見本を見て、うすい文字をなぞりなさい。そのあとは□の中に自分で書きなさい。（3点×4）

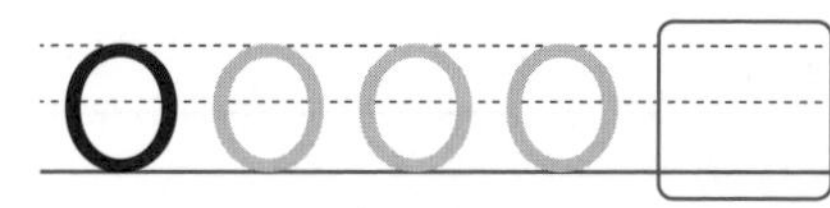

2 アルファベットが上と下でバラバラになってしまいました。線でむすんであげれば元通りにできます。元通りになったアルファベットを ＿＿ に書きなさい。（2点×4）

(1)　(2)　(3)　(4)

(1) ＿＿　(2) ＿＿　(3) ＿＿　(4) ＿＿

3 アルファベットの大文字を書きなさい。はじめに見本を見て、うすい文字をなぞりなさい。そのあとは□の中に自分で書きなさい。（3点×6）

4 カードに5つのアルファベットが順番(じゅんばん)にならんでいたけれど、カードがやぶれてしまいました。元通りにするために、(1)～(3)に入るアルファベットを ＿＿ に書きなさい。（4点×3）

(1)	A	B		D	E
(2)	I	J	K	L	
(3)		R	S	T	U

(1) ＿＿　(2) ＿＿　(3) ＿＿

英語

勉強した日〔　月　日〕

上級レベル 74 英語④

アルファベットの練習（2）（大文字）

時間 20分	とく点
合かく 40点	50点

1 アルファベットの大文字を書きなさい。はじめに見本を見て、うすい文字をなぞりなさい。そのあとは▢の中に自分で書きなさい。（2点×3）

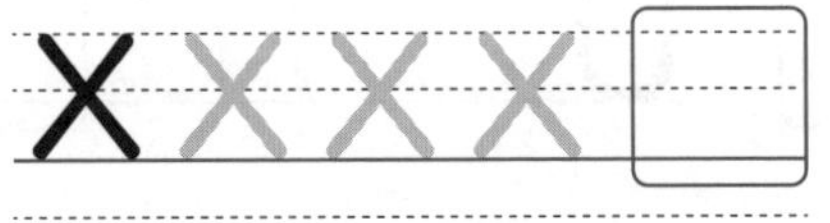
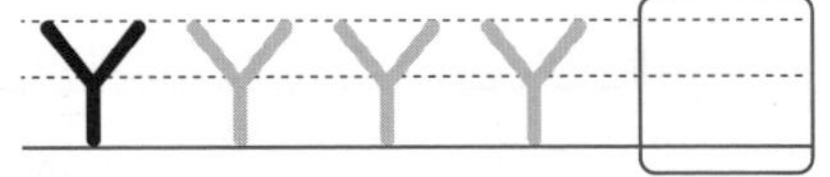
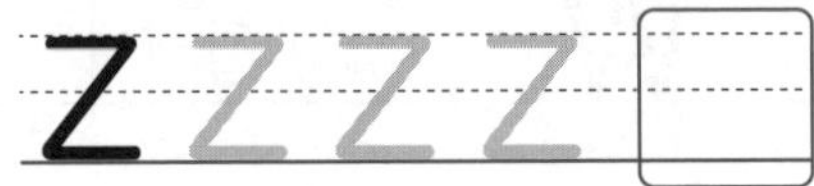

2 下の絵の中に、アルファベットが3つ書かれています。それを見つけて、下の ＿＿ に書きなさい。（4点×3）

3 つぎのアルファベットを正しいアルファベットの順番（じゅんばん）にならべかえて、答えを ＿＿ に書きなさい。（8点×2）

X　U　Y　Z　W　V

(1) ＿＿＿＿＿＿＿＿

Q　N　O　S　R　P　T

(2) ＿＿＿＿＿＿＿＿

4 つぎの(1)～(4)のアルファベットのつぎに続（つづ）くものを、下のアルファベットから選（えら）び、線でむすびなさい。（4点×4）

(1)	(2)	(3)	(4)
Q	T	M	V
W	N	R	U

勉強した日
〔　　月　　日〕

標準レベル 75 英語⑤

アルファベットの練習（3）（小文字）

時間 20分　合かく 40点　とく点　／50点

1 アルファベットの小文字を書きなさい。はじめに見本を見て、うすい文字をなぞりなさい。そのあとは□の中に自分で書きなさい。（3点×4）

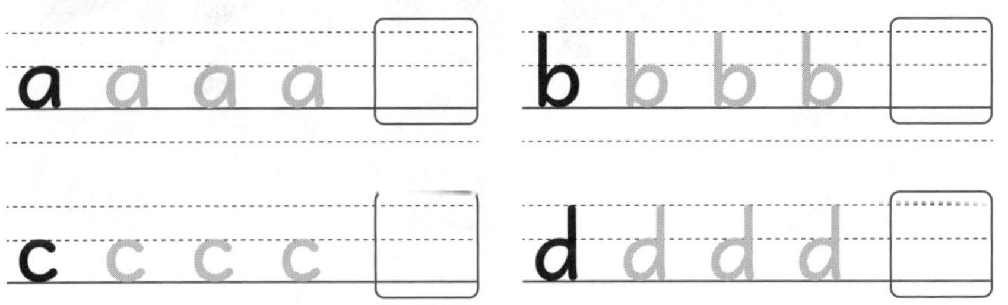

2 アルファベットの小文字を書きなさい。はじめに見本を見て、うすい文字をなぞりなさい。そのあとは□の中に自分で書きなさい。（3点×6）

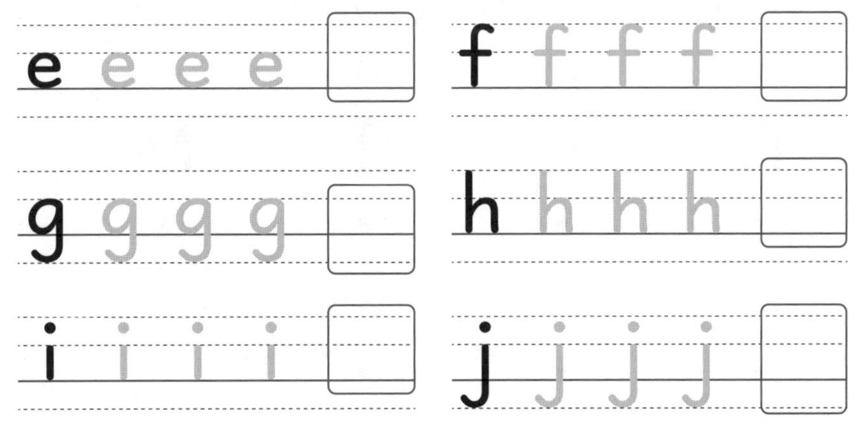

3 アルファベットが上と下でバラバラになってしまいました。線でむすんであげれば元通りにできます。できたアルファベットを＿＿に書きなさい。（2点×4）

(1)　(2)　(3)　(4)

(1)＿＿　(2)＿＿　(3)＿＿　(4)＿＿

4 つぎの大文字と小文字がまざっている表（ひょう）の中から、A、B、H、Jの小文字を選（えら）んでアルファベットを＿＿に書きなさい。（3点×4）

f	i	b	a
F	j	A	D
g	G	B	h
d	J	H	I

＿＿　＿＿　＿＿　＿＿

英語

1回 20回 40回 60回 80回 100回 120回 GOAL

勉強した日
［　　月　　日］

上級レベル 76 英語⑥

アルファベットの練習（3）（小文字）

時間 20分	とく点
合かく 40点	50点

1 アルファベットの小文字を書きなさい。はじめに見本を見て、うすい文字をなぞりなさい。そのあとは□の中に自分で書きなさい。（3点×3）

k k k k □　　l l l l □

m m m m □

2 つぎのアルファベットを正しいアルファベットの順番（じゅんばん）にならべかえて、答えを ＿＿ に書きなさい。（8点）

k m h g j i l

3 5人の男の子と女の子がアルファベットが書かれたふくを着（き）ています。左からアルファベットの順番（じゅんばん）になるように、(1)～(3)に入る小文字のアルファベットを書きなさい。

（3点×3）

(1) ＿＿ → (2) ＿＿ → (3) ＿＿

4 つぎの(1)～(4)のアルファベットの大文字と同じアルファベットの小文字を線でむすびなさい。（6点×4）

(1)	(2)	(3)	(4)
D	L	I	M
・	・	・	・
・	・	・	・
i	d	m	l

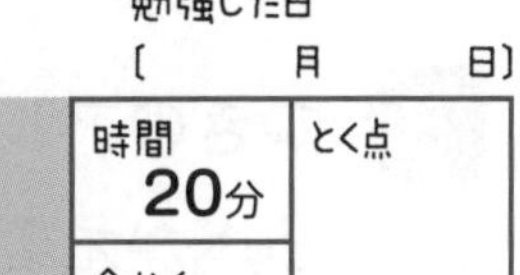

勉強した日
〔　　月　　日〕

標準レベル 77 アルファベットの練習（4）（小文字）

英語⑦

時間 20分	とく点
合かく 40点	50点

1 アルファベットの小文字を書きなさい。はじめに見本を見て、うすい文字をなぞりなさい。そのあとは□の中に自分で書きなさい。（3点×4）

n n n n □　　o o o o □

p p p p □　　q q q q □

2 アルファベットが上と下、左と右でバラバラになってしまいました。線でむすんであげれば元通りにできます。できたアルファベットを ＿＿ に書きなさい。（2点×4）

(1)　(2)　(3)　(4)

(1) ＿＿　(2) ＿＿　(3) ＿＿　(4) ＿＿

3 アルファベットの小文字を書きなさい。はじめに見本を見て、うすい文字をなぞりなさい。そのあとは□の中に自分で書きなさい。（3点×6）

4 カードに4つのアルファベットが順番（じゅんばん）にならんでいたけれど、カードがやぶれてしまいました。元通りにするために、(1)〜(3)に入るアルファベットを ＿＿ に書きなさい。

（4点×3）

(1)	k	l	m	
(2)	p	q	r	
(3)		u	v	w

(1) ＿＿　(2) ＿＿　(3) ＿＿

英語

1回 20回 40回 60回 80回 100回 120回 GOAL

勉強した日〔　　月　　日〕

上級レベル 78 英語⑧

アルファベットの練習（4）（小文字）

時間 20分	とく点
合かく 40点	50点

1 アルファベットの小文字を書きなさい。はじめに見本を見て、うすい文字をなぞりなさい。そのあとは▢の中に自分で書きなさい。（2点×3）

x x x x ▢　y y y y ▢

z z z z ▢

2 下の(1)～(3)のアルファベットの大文字を小文字にかえて、アルファベットを小文字だけにしなさい。かえた小文字を＿＿に書きなさい。（4点×3）

n	o	(1) Q
w	(2) R	t
v	u	(3) P

(1) ＿＿＿＿

(2) ＿＿＿＿

(3) ＿＿＿＿

3 つぎのアルファベットを正しいアルファベットの順番（じゅんばん）にならべかえて、答えを書きなさい。（8点×2）

p s r n o q t

(1) ＿＿＿＿＿＿＿＿

z v x u w y

(2) ＿＿＿＿＿＿＿＿

4 つぎの(1)～(4)のアルファベットの大文字と同じアルファベットの小文字を線でむすびなさい。（4点×4）

(1)	(2)	(3)	(4)
T	N	R	Y
r	n	t	y

勉強した日
〔　　月　　日〕

標準レベル 79 英語⑨

単語の練習

時間 20分	とく点
合かく 40点	50点

1 絵を表す単語の１文字がぬけています。［　］内から入る文字を選んで ＿＿ に書きなさい。

（(1)～(5) 各4点、(6)～(11) 各5点）

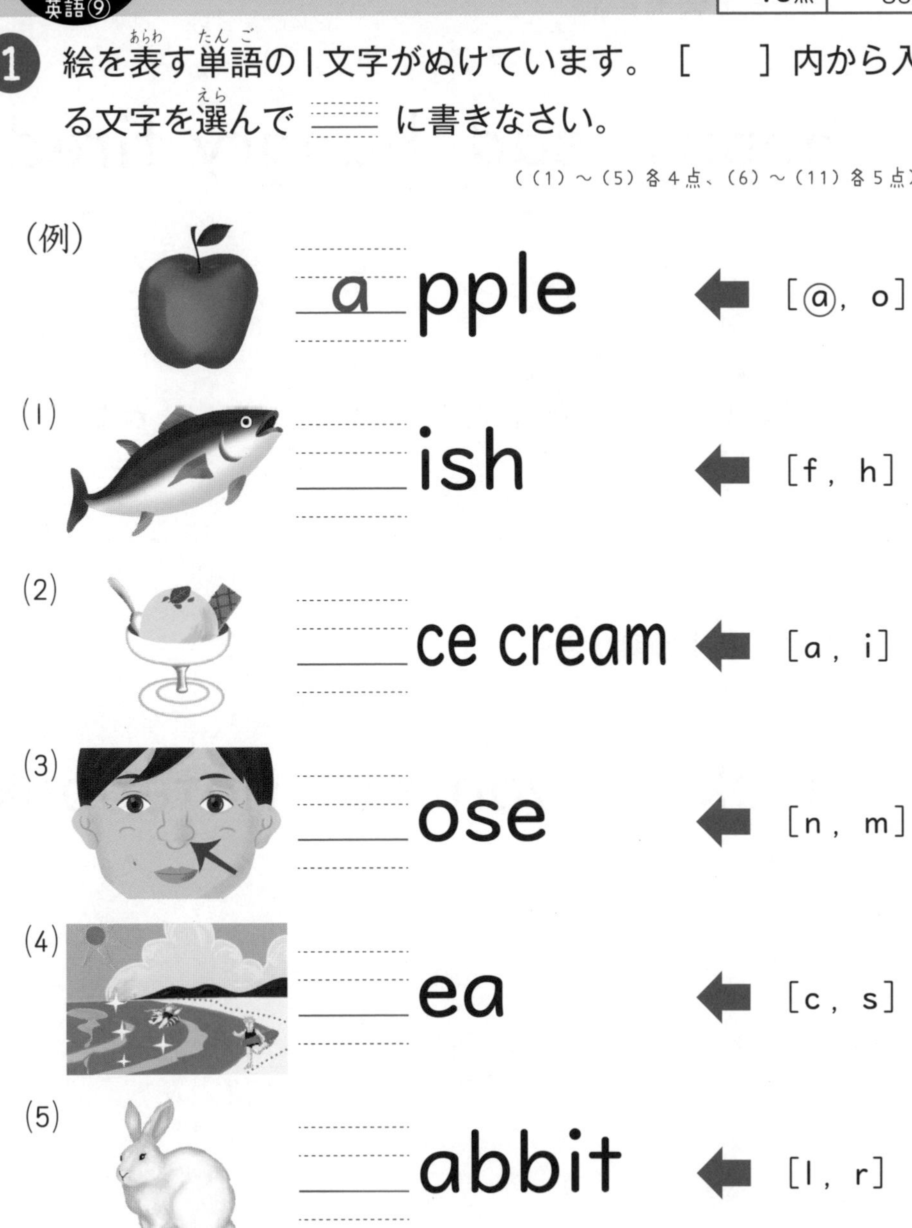

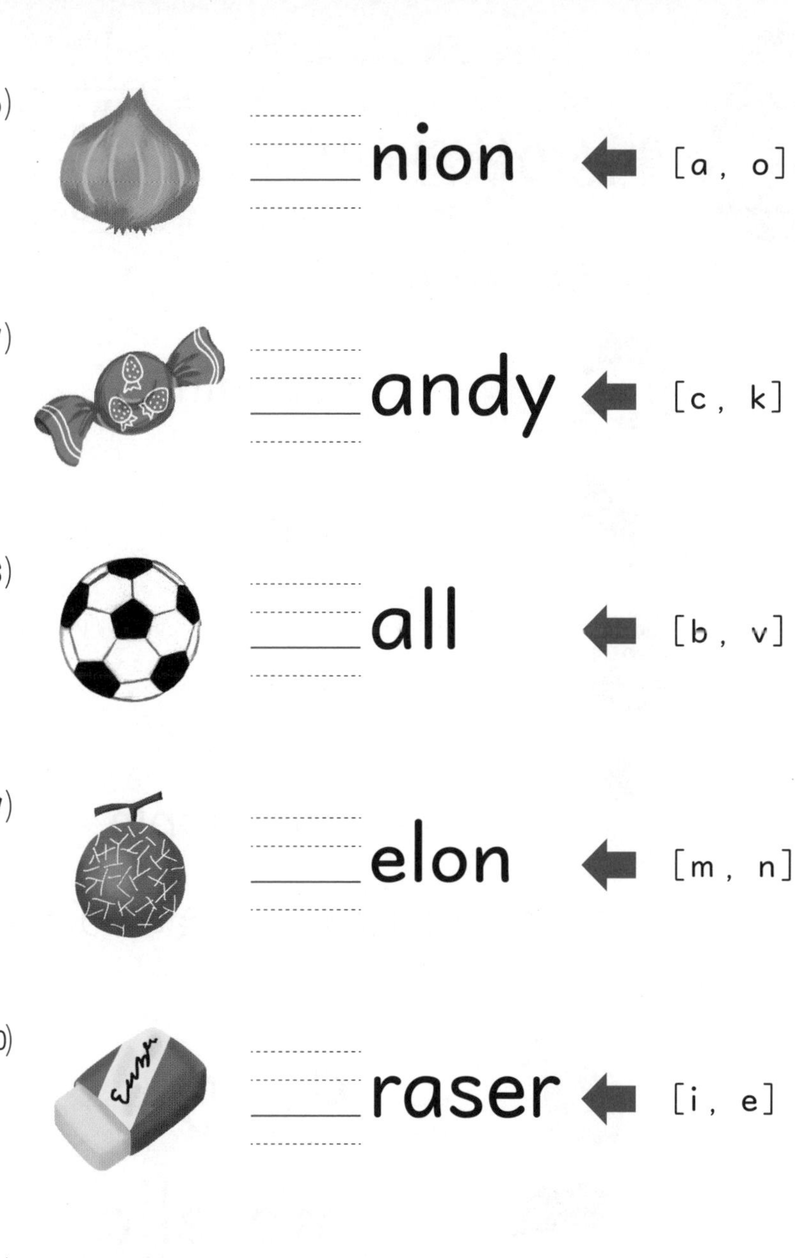

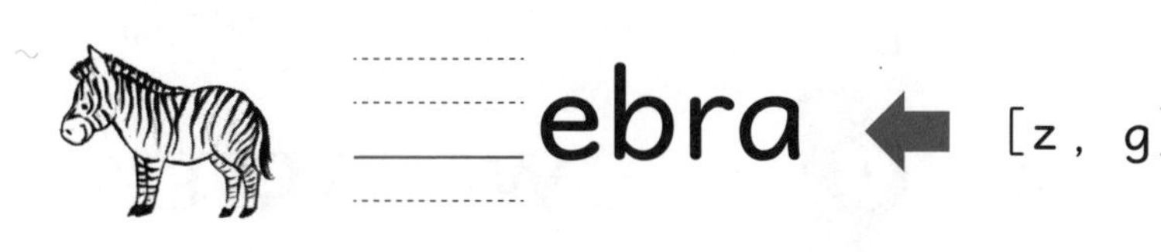

英語

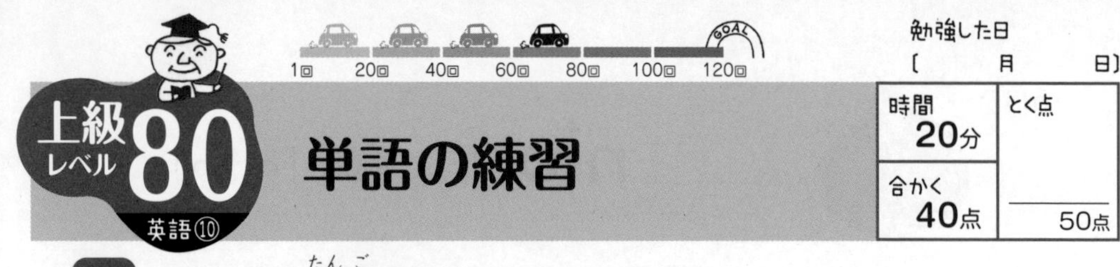

勉強した日〔　　月　　日〕

単語の練習

時間 20分	とく点
合かく 40点	50点

1 絵と合う単語を線でむすびなさい。（10点）

 •　　　• pudding

 •　　　• milk

 •　　　• cake

 •　　　• pineapple

2 ＿＿にアルファベットを１文字書いて絵に合う単語にしなさい。（4点×3）

3 日本語と単語の正しい組み合わせを線でむすびなさい。

（(1) 4点×4、(2) 3点×4）

(1) 気持ちを表す言葉

happy　sad　hungry　tired

うれしい　つかれた　おなかがすいた　かなしい

(2) ものを表す言葉

book　crayon　hat　notebook

本　クレヨン　ノート　ぼうし

標準レベル 81 国語①

漢字の読み (1)

時間 15分
合かく 40点
とく点 　／50点

勉強した日〔　月　日〕

1 ――の漢字の読み方を書きましょう。（一問1点×9）

① 美しい（　）写真（　）を見る（　）。
② 重大（　）な事実（　）を知る（　）。
③ 高速道路（　）を走る（　）車（　）。
④ 深夜（　）まで開いて（　）いる店（　）。
⑤ 姉（　）は暗算（　）がとくいだ。
⑥ 家（　）に手紙（　）を送る（　）。
⑦ 港（　）まで荷物（　）を運ぶ（　）。
⑧ この島（　）に生えて（　）いる植物（　）を調べる（　）。
⑨ きびしい暑さ（　）から身（　）を守る（　）。

2 ――の漢字の読み方を書きましょう。（一問1点×9）

① 体育館（　）を使用（　）する。
② 先生（　）に申し上げる（　）。
③ 新聞（　）を毎朝（　）読む（　）。
④ 近所（　）の歯科（　）に通う（　）。
⑤ 目薬（　）を買い（　）に薬局（　）に行く（　）。
⑥ 酒屋（　）さんで調理（　）に使う（　）お酒（　）を買う（　）。
⑦ 筆記用具（　）を持って（　）校庭（　）に出る（　）。
⑧ ペガサスは空想（　）上の動物（　）だ。
⑨ 図工（　）で使う（　）道具（　）を先生（　）が指定（　）する。

3 ――の漢字の読み方を書きましょう。（一問1点×7）

① ビルの屋上。家の屋根。（　）（　）
② 海岸ぞいの道。岸に上がる。（　）（　）
③ 鉄橋をわたる。橋をかける。（　）（　）
④ 石油を運ぶ。油をさす。（　）（　）
⑤ 宿題をする。宿にとまる。（　）（　）
⑥ 汽笛が鳴る。笛をふく。（　）（　）
⑦ 実力をはっきする。さくらんぼが実る。（　）（　）

4 ――の漢字の読み方を書きましょう。（一問5点×5）

① 相手を指名する。指をのばす。北の方を指す。（　）（　）（　）
② 本の表紙。表とうら。図に表す。（　）（　）（　）
③ 代打の選手が出る。選手が交代する。友だちの代わりに出る。（　）（　）（　）
④ 負たんがふえる。足にきずを負う。試合に負ける。（　）（　）（　）
⑤ 幸福な一時をすごす。幸いにもけがはなかった。幸せな人生を送る。（　）（　）（　）

上級レベル 82 国語②

漢字の読み（1）

時間 15分　合かく 40点　とく点 ／50点

勉強した日（　月　日）

1 ――の漢字の読み方を書きましょう。（一問2点×8）

① 世界の国々について勉強する。（　）（　）
② 太平洋に面する日本列島。（　）（　）
③ 市の中央にある市役所。（　）（　）
④ 運動場で　朝礼が行われる。（　）（　）
⑤ 起立の号令をかける。（　）（　）
⑥ 遊園地のそばの洋食の店に行く。（　）（　）
⑦ 橋の上で写真をとる。（　）（　）
⑧ ラジコンの動かし方を習う。（　）（　）

2 次の漢字の読み方を二つずつ書きましょう。（一問1点×10）

① 育（　）つ（　）む
② 放（　）す（　）る
③ 負（　）ける（　）う
④ 全（　）て（　）く
⑤ 消（　）える（　）す
⑥ 重（　）い（　）ねる
⑦ 幸（　）い（　）せ
⑧ 着（　）る（　）ける
⑨ 苦（　）しい（　）い
⑩ 明（　）るい（　）らか

3 次の漢字の音読みと訓読みを書きましょう。送りがながあるものはつけて書きましょう。（一問1点×12）

	音読み	訓読み
① 根	（　）	（　）
② 暑	（　）	（　）
③ 横	（　）	（　）
④ 君	（　）	（　）
⑤ 飲	（　）	（　）
⑥ 急	（　）	（　）
⑦ 湖	（　）	（　）
⑧ 泳	（　）	（　）
⑨ 歯	（　）	（　）
⑩ 送	（　）	（　）
⑪ 寒	（　）	（　）
⑫ 運	（　）	（　）

4 次の漢字の読み方を書きましょう。（1点×12）

① 昭和（　）
② 温度（　）
③ 農家（　）
④ 行列（　）
⑤ 練習（　）
⑥ 道路（　）
⑦ 荷物（　）
⑧ 面談（　）
⑨ 形式（　）
⑩ 深海（　）
⑪ 重点（　）
⑫ 悪化（　）

標準レベル 83 国語③

漢字の読み（2）

時間 15分 合かく 40点 とく点 ／50点

勉強した日〔　月　日〕

1 ――の漢字の読み方を書きましょう。（1点×16）

① 町名の由来を調べる。（　）（　）（　）
② 一面に花畑が広がる。（　）（　）（　）
③ 打球が場外へとんでいく。（　）（　）
④ 学校の宿題が終わる。（　）（　）（　）
⑤ 湖の水がすき通っている。（　）（　）
⑥ 新聞の記事を見る。（　）（　）（　）

2 ――の漢字の読み方を書きましょう。（1点×17）

① 旅人を宿にとめる。（　）（　）
② 言葉の意味を調べる。（　）（　）（　）
③ 水泳の練習を根気よくつづける。（　）（　）（　）
④ 船の汽笛が注意をうながす。（　）（　）（　）
⑤ 世界の昔話を読む。（　）（　）（　）
⑥ 合宿で住所と電話番号を聞く。（　）（　）（　）

3 ――の漢字の読み方を書きましょう。（1点×7）

① はりがねを曲げる。（　）
② 空きかんを拾う。（　）
③ りんごがたわわに実る。（　）
④ 急（いそ）いで走り去る。（　）
⑤ みんなの意見を問う。（　）
⑥ 後世に名をのこす。（　）
⑦ この犬のかい主をさがす。（　）

4 ――の漢字の読み方を書きましょう。（1点×10）

① 重い荷物（にもつ）をつみ重ねる。（　）（　）
② 薬局（きょく）で薬をかう。（　）（　）
③ 始発（はつ）の電車が動き始める。（　）（　）
④ 休み時間の間も勉強（べんきょう）する。（　）（　）
⑤ 消ぼう車がやってきて火を消した。（　）（　）

上級レベル 84 国語④

漢字の読み (2)

時間 15分
合かく 40点
とく点 　／50点

勉強した日（　月　日）

1 ――の漢字の読み方を書きましょう。（1点×13）

① 身の回りのことについて、先生に助言してもらう。
② 真心をこめて、暑中見まいを出す。
③ 家族で旅にいくとき、お父さんが車を運転します。
④ 次のページをめくり、物語のある場面を朗読する。
⑤ 夏休みに、湖へ遊びに行きます。

2 ――の漢字の読み方を書きましょう。（1点×13）

① 遠足の　計画を　練る。
② 庭に　花を　植える。
③ 息を　止めて　泳ぐ。
④ 同級生といっしょに動物園へ行く。
⑤ ぼくの父は役所で仕事をしている。

3 次の漢字の音読みを二つ書きましょう。（一問1点×12）

① 画
② 右
③ 定
④ 下
⑤ 由
⑥ 代
⑦ 守
⑧ 形
⑨ 木
⑩ 板
⑪ 豆
⑫ 登

4 同じ音読みをもつ漢字を――でむすびましょう。（一問1点×12）

① 医	・	・ 集
② 相	・	・ 委
③ 習	・	・ 秒
④ 深	・	・ 進
⑤ 病	・	・ 速
⑥ 有	・	・ 洋
⑦ 院	・	・ 消
⑧ 息	・	・ 遊
⑨ 福	・	・ 送
⑩ 昭	・	・ 服
⑪ 羊	・	・ 員
⑫ 湯	・	・ 等

標準レベル 85 国語⑤

漢字の書き (1)

時間 15分 合かく 40点 とく点 　50点

勉強した日〔　月　日〕

1 次の言葉を漢字で書きましょう。（一問2点×6）

① □(つぎ)の□(し)を読む。
② □(みずうみ)で□(およ)ぐ。
③ □(ひら)たい□(さら)。
④ □(さけ)を□(の)む。
⑤ □(にわ)の□(はたけ)。
⑥ □(てつ)を□(あつ)める。

2 次の言葉を漢字で書きましょう。（一問2点×6）

① □□(でんちゅう)の□□(こうじ)をする。
② □□(あんぜん)を□□(だいいち)に考える。
③ □□(どうぶつ)の□□(びょういん)。
④ □□(やきゅう)の□□(れんしゅう)。
⑤ □□(かんじ)の□□(しょしゃ)。
⑥ □□(こんき)よく□□(たいわ)する。

3 次の言葉を漢字で書きましょう。（一問3点×6）

① □(みじか)い□□(じかん)。
② □□(ぶんしょう)を読む。
③ □□(ひめい)が聞こえた。
④ □□(てんし)のように□(うつく)しい。
⑤ □(み)のまわりを□□(せいり)する。
⑥ □□(おんがく)の□(みやこ)ウィーン。

4 次の音読みをもつ漢字をあとからえらんで、書きましょう。（1点×8）

① いく □
② し □
③ きゅう □
④ しゅう □
⑤ ほう □
⑥ よう □
⑦ しん □
⑧ とう □

等　育　級　葉
放　習　始　深

漢字の書き (1)

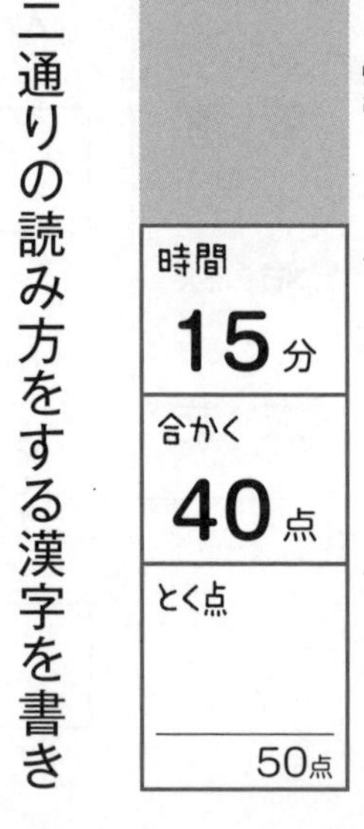

1 次(つぎ)の言葉(ことば)を漢字(かんじ)で書きましょう。（一問3点×6）

① □(にが)い□(くすり)。
② ごま□(あぶら)を□(つか)う。
③ □(なが)れ星。
④ □(ふか)い□(みずうみ)。
⑤ □(ふく)を□(き)ている。
⑥ □(はや)く□(うご)く。

2 次の言葉を漢字で書きましょう。（一問2点×6）

① □□(かぞく)と□□(りょこう)する。
② □□(れっしゃ)で□□(くうこう)へ行く。
③ □□(やきゅう)の□□(とうしゅ)。
④ □□(どうわ)の□□(せかい)。
⑤ □□(かいがん)の□□(しゃしん)。
⑥ □□(すいえい)の□□(ようい)。

3 次の二通りの読み方をする漢字を書きましょう。（2点×6）

① こん・ね □
② たん・すみ □
③ ひょう・こおり □
④ は・なみ □
⑤ おう・よこ □
⑥ ひん・しな □

4 次の読み方をする漢字を書きましょう。（一問2点×4）

① ショ　残(ざん)□　□名
② トウ　半□　□ふ
③ イ　□者　□見　□員
④ シュ　□人　洋□

標準レベル 87 国語⑦

漢字の書き (2)

時間 15分　合かく 40点　とく点 　/50点

勉強した日〔　月　日〕

1 まちがっている漢字(かんじ)をさがし、正しく直して書きましょう。(2点×6)

① 品物(しなもの)の大金をはらう。
② 木々が太洋の光をあびている。
③ 先生に市名される。
④ 口をとじ、花で息(いき)をする。
⑤ ちょうを負いかける。
⑥ かりていたノートを帰す。

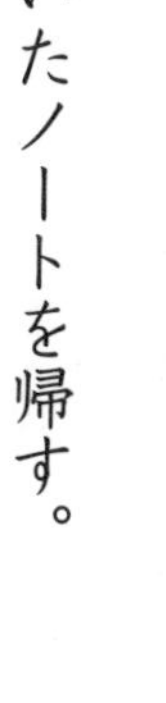

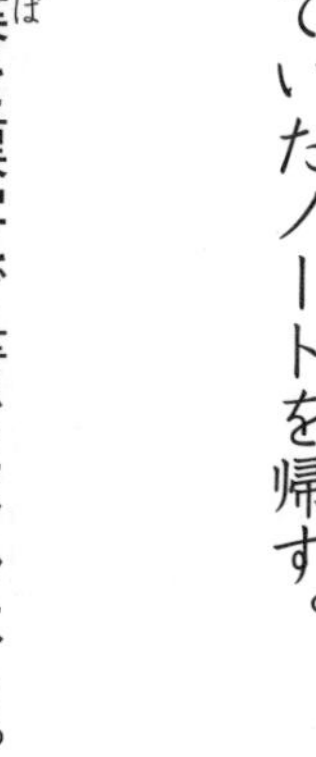

2 次(つぎ)の言葉(ことば)を漢字で書きましょう。(一問2点×6)

① □(えきまえ)の□(しょうてん)。
② 新しい□(ふでばこ)。
③ □(かぞく)で□(しごと)をする。
④ □(どうろ)で犬を□(ひろ)う。
⑤ □(がっきゅう)目標(もくひょう)を□(き)める。
⑥ □(りょうて)の□(にもつ)。

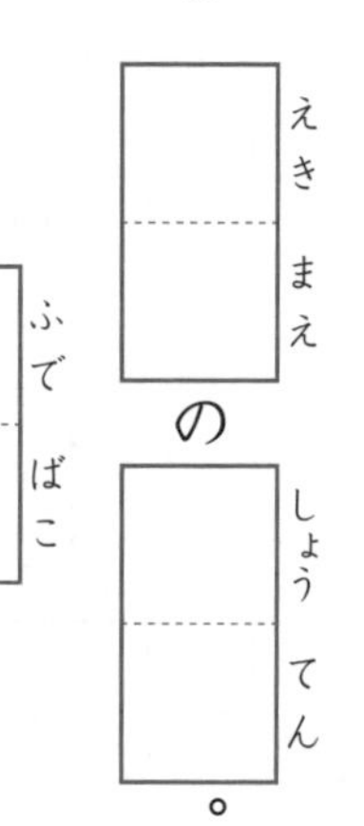

3 ――の言葉を漢字で書きましょう。(2点×6)

① いしゃになりたい。
② あくいをいだく。
③ あんごうをとく。
④ パンをはんぶんにする。
⑤ たいとうな関係(かんけい)。
⑥ 公園のびか。

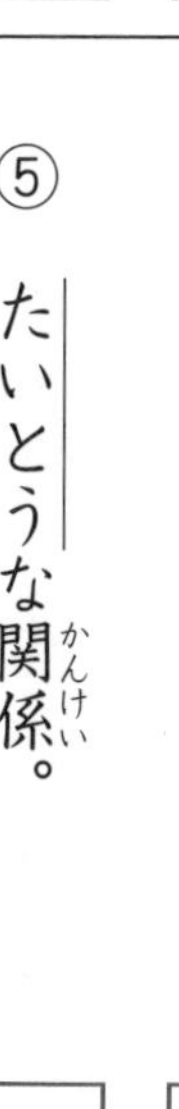

4 ――の言葉を漢字と送(おく)りがなで書きましょう。(2点×7)

① みじかいロープ。
② あたたかい飲(の)み物(もの)。
③ 道をいそぐ。
④ おもいカバン。
⑤ ふかいプール。
⑥ くるしい練習(れんしゅう)。
⑦ ボールをなげる。

上級レベル 88 国語⑧

漢字の書き（2）

時間 15分　合かく 40点　とく点 ／50点

勉強した日（　月　日）

1 反対の意味や組になるように、漢字を書きましょう。（一問4点×5）

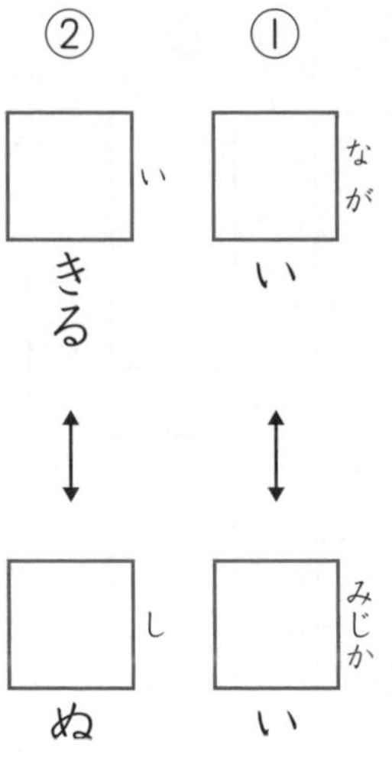

① なが□い ↔ みじか□い

② い□きる ↔ し□ぬ

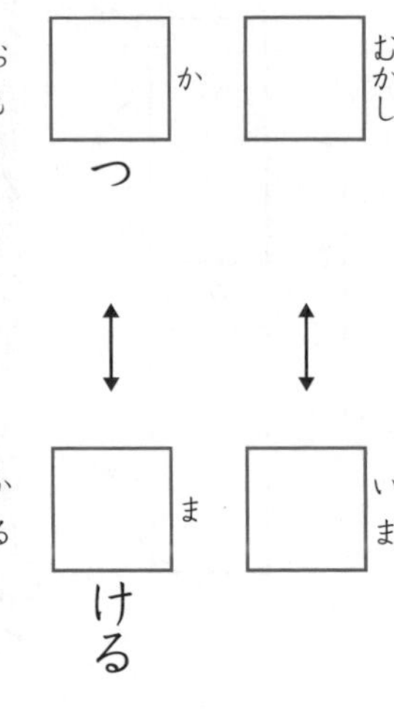

③ むかし□ ↔ いま□

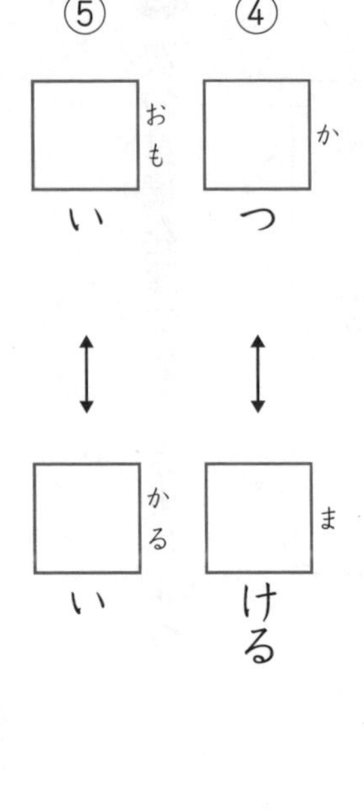

④ か□つ ↔ ま□ける

⑤ おも□い ↔ かる□い

2 次の言葉を漢字で書きましょう。（一問2点×6）

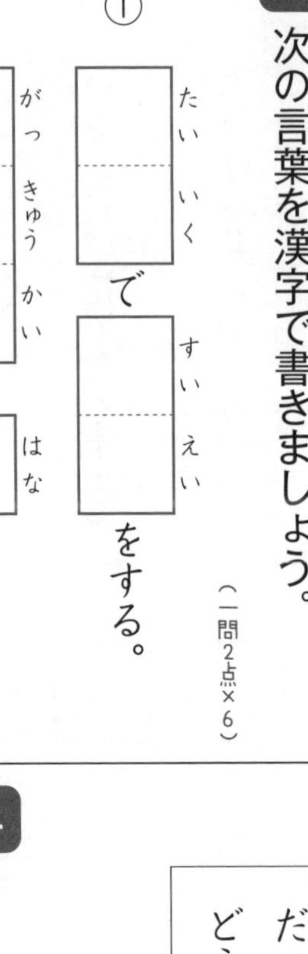

① たいいく□□で すいえい□□をする。

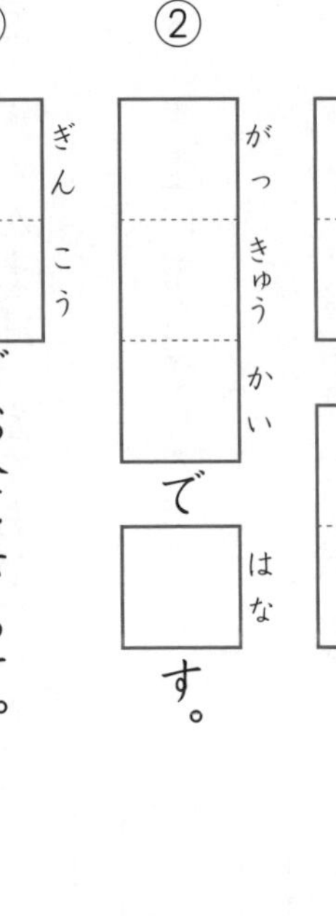

② がっきゅうかい□□□で はな□す。

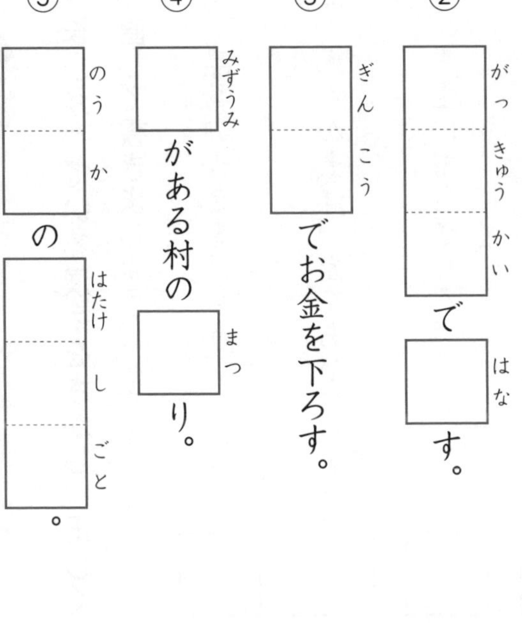

③ ぎんこう□□でお金を下ろす。

④ みずうみ□がある村の まつ□り。

⑤ のうか□□の はたけしごと□□□。

⑥ とんや□□から しなもの□□をおろす。

3 あてはまる言葉をあとからえらんで、漢字に直して書きましょう。（2点×6）

① 旅行に□□する。

② □□がさかえる。

③ 辞書を□□にしまう。

④ □□を読む。

⑤ □□がとどかない。

⑥ □□でみそを作る。

こうぎょう	ほんばこ
だいず	でんぱ
どうわ	しゅっぱつ

4 ――の言葉を、漢字と送りがなで書きましょう。（2点×3）

① 川の水がながれる。

② 形をととのえる。

③ 計画をすすめる。

標準レベル 89 国語⑨

言葉の意味

1 ――の言葉の意味をえらんで、○を書きましょう。（4点×4）

① 初めて会う人の前でねこをかぶる。
（　）あいそをふりまく。
（　）自分をよく見せようとする。
（　）おとなしいふりをする。

② これまでのことを水に流す。
（　）なかったことにする。
（　）ぜんぶを明らかにする。
（　）ふりかえって思い出す。

③ ほめられると、すぐに図に乗る。
（　）いちだんとどりょくする。
（　）いい気になって調子づく。
（　）きもちを引きしめる。

④ 道にまよって、とほうにくれる。
（　）日がしずむ。
（　）どうしたらよいか分からなくなる。
（　）気にさわって、はらを立てる。

2 ――の言葉の使い方が正しいほうに○を書きましょう。（4点×4）

①
（　）泣きたいのをじっとこらえる。
（　）先生にひみつをこらえる。

②
（　）このへんの地理にあかるい。
（　）知らない場所にあかるい。

③
（　）ぼくはかぜをひくことがめったにありません。
（　）ぼくはかぜをひくことがめったにあります。

④
（　）わたしは思うぞんぶんケーキを食べたい。
（　）妹は、思うぞんぶん絵がうまかった。

3 ――の漢字の表す意味をえらんで、○を書きましょう。（3点×6）

① 名品
（　）すばらしい
（　）人数

② 出口
（　）ことば
（　）出入りするところ

③ 明白
（　）次の
（　）はっきりしている

④ 生活
（　）くらすこと
（　）生かすこと

⑤ 意味
（　）わけ
（　）思い

⑥ 回復
（　）まわる
（　）もどる

時間 15分
合かく 40点
とく点　　　/50点

勉強した日〔　月　日〕

言葉の意味

勉強した日〔　月　日〕

時間	15分
合かく	40点
とく点	/50点

1 絵の様子にあてはまる言葉をえらんで、○を書きましょう。（3点×4）

①  
（　）馬が合う
（　）おうむがえし
（　）うなぎのぼり

② 

（　）かさにきる
（　）引くに引かれぬ
（　）かぶとをぬぐ

③ 
（　）息をつく
（　）息が合う
（　）息をのむ

④ 
（　）あぶらが乗る
（　）油を売る
（　）油をしぼる

2 （　）に当てはまる言葉をあとからえらんで、記号で答えましょう。ただし、同じ言葉を二度用いてはいけません。（3点×3）

① とっくに終わってもいいのに、（　）おくれているようだ。

② 大勢が集まっているようで、さっきから（　）やっている。

③ 待っていてもちっとも来ないので、さっきから（　）している。

ア わいわい
イ じりじり
ウ ずるずる

3 ——の言葉の意味をあとからえらんで、記号で答えましょう。（3点×5）

① あんぐりと口を開ける。……（　）

② 弟がせっぱつまった声でよぶ。……（　）

③ しきりに近ごろ出歩いている。……（　）

④ おしわけるようにして、友だちの中に入る。……（　）

⑤ 目をまるくしてながめる。……（　）

ア おどろく。
イ どうにもならなくなる。
ウ むらがっているものをかき分ける。
エ 短い間に何度もくり返すようす。
オ おどろいたり、あきれたりする様子。

4 次の言葉を使って、短い文を作りましょう。（7点×2）

① もどかしい
（　　　　）

② さながら
（　　　　）

標準レベル 91 国語⑪

かなづかい・送りがな

時間 15分　合かく 40点　とく点 ／50点

勉強した日〔　月　日〕

1 かなづかいの正しいほうに○を書きましょう。（1点×4）

① テニス｛（　）を／（　）お｝楽しむ。

② せんせ｛（　）い／（　）え｝と話す。

③ 学校｛（　）え／（　）へ｝向かう。

④ こんにち｛（　）は／（　）わ｝と言う。

2 次の言葉を正しく直しましょう。（2点×10）

① みぢかい（　　）

② ぢめん（　　）

③ ちじむ（　　）

④ つずく（　　）

⑤ づこう（　　）

⑥ はなじ（　　）

⑦ いもおと（　　）

⑧ かたずける（　　）

⑨ むづかしい（　　）

⑩ ちかずく（　　）

3 かなづかいがまちがっている文字に——を引きましょう。（4点）

秋も深まってきたようで、夜おそくなると、とてもしづかになります。こおろぎがやさしい音を出して、鳴いています。

4 反対の意味や対になる言葉をあとからえらんで、記号で答えましょう。（2点×5）

① あつい（　　）

② すてる（　　）

③ かなしい（　　）

④ あかるい（　　）

⑤ たつ（　　）

ア うれしい　イ さむい　ウ すわる　エ ひろう　オ くらい

5 次の言葉を漢字と送りがなで書きましょう。（2点×6）

① そらす

② あつめる

③ あじわう

④ ながれる

⑤ たすける

⑥ ととのえる

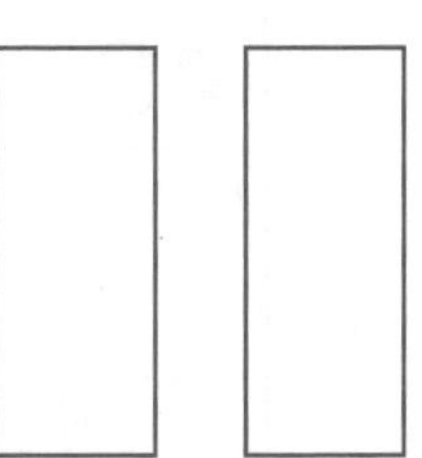

国語

上級レベル 92 国語⑫

かなづかい・送りがな

時間 15分
合かく 40点
とく点 /50点
勉強した日〔 月 日〕

1 次の文章にはかなづかいと送りがなのまちがいが一つずつあります。まちがっているかなづかいの文字と、送りがながまちがっている言葉に――を引きましょう。また、正しく直しましょう。（一問4点×4）

① さいきんの学校は、むかしより一クラスの人数が少い。しかし、せのおうきなこどもが多くなりました。

かなづかい……（　）（　）
送りがな……（　）（　）

② 学校の帰えりに幼稚園の前を通ったら、こどもたちが、運動会のおおえんのれんしゅうをしていました。

かなづかい……（　）（　）
送りがな……（　）（　）

③ 買ったばかりのスカートがちぢんでしまったので、着られなくなりました。しかたがないので、短じかくてもだいじょうぶな妹にあげました。

かなづかい……（　）（　）
送りがな……（　）（　）

④ 明かるい太陽の日ざしをうけて、湖のこうりがきらきらかがやいているけしきがすきです。

かなづかい……（　）（　）
送りがな……（　）（　）

2 あとの言葉につづくように、書きましょう。（一問5点×2）

① 寒い
けさは（　）た。
今日は（　）なる。
（　）ときは家にいる。

② 返す
本を（　）なければならない。
わたしは本を（　）ます。
本を（　）ときに会おう。
きみは本を（　）ばいい。

3 反対の意味や対になるように、あとの漢字を組み合わせて、書きましょう。（4点×6）

① 登校
② 下山
③ 同調
④ 先方
⑤ 立体
⑥ 全体

反	分	校	平	登	面
部	発	方	下	当	山

標準レベル 93 国語⑬

詩(1)

1 次の詩を読んで、答えなさい。

村の人口　原田　直友

村の林にゃ小鳥が八十羽
いやいや　お昼ごろ
ひなが三羽かえったそうだから八十三羽
村の小川と池にゃ魚がちょうど五百ぴき
村の野原と畑にゃもぐらが六十七ひき
それに虫が五万二千とんで一ぴき
犬が四ひきねこが三びき
ねずみが一けんに二ひきとして四十ぴき
村の人は九十六人
あわせて村の人口は
ただ今　五万二千七百九十四

(1) この詩にあてはまるものをえらびましょう。(10点)
ア 村のけしきがくわしく書かれている。
イ 数字を使って楽しく書かれている。
ウ 小さいものから順に書かれている。
(　　)

(2) 村には、小鳥が全部で何羽いますか。(5点)
(　　)羽

(3) 村の中で一番多いものは、何ですか。(5点)
(　　)

(4) 「村の人口」とは、何を表していますか。(5点)
ア 村にいるものすべての数。
イ 村に住んでいる人の数。
ウ 村の中にある家の数。
(　　)

2 次の詩を読んで、答えなさい。

春　原田　直友

ヒバリは歌をうたうし
お日さまはぽかぽか
せなかをあたためるし
土手のじぞうさまは
さっきから
こっくり
こっくり

(1) 作者は何を聞いていますか。(5点)
(　　)

(2) 作者のせなかはどうなっていますか。(10点)
(　　)

(3) 土手のじぞうさまは、どのように見えていますか。(10点)
(　　)

勉強した日〔　月　日〕

時間 20分　合かく 40点　とく点　/50点

上級レベル 94 国語⑭

詩(1)

時間 20分　合かく 40点　とく点 ／50点

勉強した日〔　月　日〕

1 次の詩を読んで、答えなさい。

なわ一本
高木　あきこ

なわ一本
てっちゃんが見つけた　なわ一本
①地面にくるり　宇宙船になった
てっちゃん乗せて　月までとんだ

なわ一本
②まこちゃんが見つけた　なわ一本
まほうつかいの　ふしぎなベルト
おなかにむすぶと　王女様になれる

なわ一本

なわ一本
なわとび　ぶらんこ　つなひきオーエス
おさるのしっぽに　ぞうさんのお鼻
おすもうハッケヨイ　だいじな土俵
電車ごっこじゃ　特急ひかり

なわ一本
③あき地におちてる　なわ一本
夕日が消えた　夕方も
だれかをまってる　なわ一本
なにかになりたい　なわ一本

(1) この詩の中で何度もくり返されている言葉を書きましょう。(5点)
（　　　　）

(2) 「①地面にくるり　宇宙船になった」とは、どんなことを表していますか。(5点)
ア てっちゃんがなわを飛ぶと、宇宙船が飛んできたということ。
イ てっちゃんは、宇宙船の絵がえがかれているなわを回したということ。
ウ てっちゃんが回すなわが、まるで宇宙船のように見えたということ。
（　　）

(3) 「②まこちゃん」は、なわを使って、どんなことをしていますか。(5点×3)
まほうつかいの［　　　］のように［　　　］にむすんで
したり、［　　　］になったりした。

(4) この詩の第四連には、なわを使った遊びの名前が五つ書かれています。すべてぬき出しましょう。(3点×5)
（　　　）（　　　）（　　　）
（　　　）（　　　）

(5) 「③あき地におちてる　なわ一本」は、どんな様子ですか。(5点×2)
なにかに［　　　］と思って、
［　　　］をまっている様子。

物語（1）

勉強した日（　月　日）

時間	20分
合かく	40点
とく点	/50点

1 次の文章を読んで、答えなさい。

―わしは、ほんとにサンタだよ。サンタは、うそはつかないよ。

―だって、サンタさんなら、クリスマスにいらっしゃるはずよ。

かあさんライオンがいいました。

―いままで、みちくさくってたんさ。

おじいさんは、①ちょっとあかくなってこたえました。

―みちくさ？

―そうさ。クリスマスがすめば、わしらは北の空にもどる。だけど、わしはそりもトナカイも、こどもたちにやっちまったのさ。

―まあ！

―ちょっと②きまえがよすぎたわいと、いまになっておもうよ。なにしろ、北の空まで、こうして、あるいてもどらにゃならんからな。

―だけどですなあ。

とうさんライオンが、くちをはさみました。

―サンタさんってひとりのはずですがなあ。

―とんでもない！

③おじいさんは手をふりました。

―なんびゃく、なんぜん、なんまんというサンタがいるんじゃよ。

―なんまんですって！

（今江祥智「ぽけっとにいっぱい」）

(1) この文章で「おじいさん」と話しているのは、だれですか。二人書きましょう。（5点×2）

（　　　）（　　　）

(2) 「①ちょっとあかくなって」とは、どんな様子を表していますか。（10点）

ア 心からあやまっている様子。
イ たいへんこまっている様子。
ウ 少しはずかしがっている様子。

（　　）

(3) 「②きまえがよすぎた」というのは、どんなことについて言った言葉ですか。（10点）

（　　　　　　）

(4) 「③おじいさんは手をふりました」とは、どんな様子を表していますか。（10点）

ア 強くちがうとつたえている様子。
イ よろこび、おどろいている様子。
ウ ひどくうんざりしている様子。

（　　）

(5) 「おじいさん」に当てはまるものをえらびましょう。（10点）

ア 本当にサンタかどうかわからない。
イ 本当にサンタだとはっきりわかる。
ウ 本当はサンタでなかったとわかる。

（　　）

物語（1）

時間 20分　合かく 40点　とく点　／50点

勉強した日（　月　日）

1 次の文章を読んで、答えなさい。

（「林子」は男の子たちと山登りに行きましたが、山に慣れていないために、どんどんとおくれてしまいました。）

つかれると目がまわって、立っているのもやっとの状態になってきた。

それでもだれも、林子のことを気にしてふり向いてくれないのだ。

①くやしくて泣きそうになりながら、とうとう、

「いっちゃん、どこ？　まって……」

となさけない声をだしたとき、

「林子ちゃん、そこで②ドーンとすわってろ！」

と、山の中から一太の声がした。

「よし、みんな、採れたら林子ちゃんのところへもどれ」

とべつの声がいうと、返事のかわりに林子のまわりでざわざわと木がゆれて、あっちからもこっちからもピョコンピョコンと、男の子たちがとびだしてきた。

「ほら」

「木いちごじゃ」

「くわの実もあるぞ」

林子の前に、いくつもつきだされた手のひらの上には、③ぽちっと丸い紅い実や、むらさきのつぶつぶがのっていた。

④「あたしに？」

⑤みんながいっぺんにうなずいた。

「食べていいの？」

みんながもういちどうなずいた。

（福　明子「天風の吹くとき」）

(1) ①「くやしくて泣きそうになりながら」とありますが、林子が泣きそうになったのは、なぜですか。（10点）

（　　　　　）

(2) ②「ドーンと」とありますが、これと同じ種類の言葉をえらびましょう。（10点）

ア　つかれると　イ　とびだしてきた

ウ　ピョコンピョコンと

（　　）

(3) ③「ぽちっと丸い紅い実や、むらさきのつぶつぶ」とは、何のことですか。（一問10点）

［　　　　］や［　　　　］

(4) ④「あたしに？」と言ったときの林子の気持ちをえらびましょう。（10点）

ア　ふしぎなことが起こって、ひどく恐れている気持ち。

イ　思ってもいないことが起こって、おどろいている気持ち。

ウ　気に入らないことが起こって、とまどっている気持ち。

（　　）

(5) ⑤「みんながいっぺんにうなずいた」とありますが、これは、どんなことを表していますか。（10点）

ア　ためらいを感じていること。

イ　あわててしまっていること。

ウ　気持ちがそろっていること。

（　　）

標準レベル
97
国語⑰
説明文(1)

勉強した日〔　月　日〕

時間 20分　合かく 40点　とく点 ／50点

1 次の文章を読んで、答えなさい。

花がさいたあとには、実がなります。実の中には、たねができます。たねは、子孫をふやします。

リンゴやカキ、スイカなどのくだものには、みんなたねがあります。しかし、①わたしたちが食べる黄色いバナナには、たねがありませんね。

バナナも実ですから、②もともとは、たねがありました。人が食べるときじゃまなので、たねができないように、人間がかえてしまったのです。いまでも、しぜんにはえているバナナの実には、たくさんの黒い小つぶのたねが見つかります。

ところが、あるとき、たくさんのバナナの木の中に、たねのないバナナのなる木が見つかったのです。たねのないバナナは、食べやすく、人びとによろこばれました。この木がだいじにそだてられて、いまのバナナのもとになったのです。

たねのないバナナは、③どうやってふやすのでしょう。

バナナは、親の木の根もとから、子どもの芽がでます。その芽をとってうえると、たねのない、実だけのバナナができるのです。

ちかごろは、④たねなしブドウや、たねなしスイカが売られていますが、これは、バナナにたねがないのとは、ちがいます。実ができはじめるとき、くすりをつかって、実がそだっても、たねができないようにしてしまうのです。

（久道健三「科学なぜどうして 三年生」〈偕成社〉）

(1) ①「わたしたちが食べる黄色いバナナには、たねがありません」とありますが、人間は、なぜバナナのたねができないようにしたのですか。(10点)

（　　　　　　　　　　）

(2) ②「もともとは、たねがありました」とありますが、どんなたねですか。(10点)

□□□□□□□□

(3) ③「どうやってふやすのでしょう」とありますが、それについて、どのように言っていますか。(10点)

親の□□□□□から出る、子どもの□をうえてそだてる。

(4) ④「たねなしブドウや、たねなしスイカ」は「たねのないバナナ」とは、どんな点がちがいますか。(10点)

（　　　　　　　　　　）

(5) この文は何について説明していますか。(10点)

くだものの□□について。

説明文（1）

時間 20分　合かく 40点　とく点 ／50点

勉強した日〔　月　日〕

1 次の文章を読んで、答えなさい。

たまごからかえったばかりのザリガニの子どもは、まだ、ほそい糸のようなもので、たまごのからとつながっています。しっぽをふって、その糸をきると、ちいさな①ザリガニのたんじょうです。

あるきだした②ザリガニの子どもたちは、母親のヒゲやせなか、大きなハサミの上などであそびます。

母親は、子どもたちがけがをしないように、ゆっくりとうごきます。

なにかきけんをかんじたりすると、子どもたちは母親のおなかの下に、さっともぐりこんでかくれます。

ひとりあるきできるようになったザリガニの子どもたちは、とてもくいしんぼうです。ザリガニの子どもたちは、親とおなじで、動物でも植物でも、なんでもたべます。

まだ、あるきだしたばかりで、からだがちいさいころは、やわらかい水草や、魚の死がいなどをたべていますが、すこし大きくなってくると、うごきのおそいオタマジャクシなどを、自分でつかまえることが、できるようになります。そして、うすかったからだの色も、しだいに赤くなってきます。

ザリガニは、ちいさくきゅうくつになったからをぬぎながら、大きくなっていきます。

（飯村茂樹「でっかいぞアメリカザリガニ」）

---

(1) 「①ザリガニのたんじょう」とありますが、そのためにザリガニは何をするのですか。（10点）

（　　　　）

(2) 「②ザリガニの子どもたち」とありますが、きけんをかんじると、子どもたちはどうしますか。（10点）

（　　　　）

(3) あるきだしたばかりのザリガニは、何を食べますか。二つ書きましょう。（一問10点）

（　　　　）（　　　　）

(4) あるきだしたばかりのザリガニの体は、その後どうなりますか。（一問10点）

からだの色が□なり、からだが大きくなると、□をぬぎすてる。

(5) 文章中に書かれているザリガニの様子をえらびましょう。（10点）

ア 母親がいないと、よくけがをする。
イ 動物でも植物でもなんでも食べる。
ウ オタマジャクシより泳ぐのが速い。

（　　）

標準レベル **99** 国語⑲

主語・述語・修飾語

時間 15分　合かく 40点　とく点 ／50点

勉強した日〔　月　日〕

1 次の文の主語、述語、修飾語をぬき出して、書きましょう。ただし、一つだけとはかぎりません。（一問4点×5）

① ぼくは　賞を　もらいました。

主語（　　）
述語（　　）
修飾語（　　）

② 弟が　すたすたと　歩く。

主語（　　）
述語（　　）
修飾語（　　）

③ ぼくは　手紙を　引き出しに　入れた。

主語（　　）
述語（　　）
修飾語（　　）

④ すばやい　鳥が　虫を　つかまえた。

主語（　　）
述語（　　）
修飾語（　　）

⑤ たぶん　来週には　品物が　とどくだろう。

主語（　　）
述語（　　）
修飾語（　　）

2 次の文のしゅるいを、あとからえらんで、記号で答えましょう。（4点×5）

① 子犬が　走る。（　　）

② あなたは　まじめだ。（　　）

③ この　クラスは　明るい。（　　）

④ これは　父の　本だ。（　　）

⑤ 細かい　雨が　毎日　ふる。（　　）

ア 何（だれ）は　何だ。
イ 何（だれ）は　どうする。
ウ 何（だれ）は　どんなだ。

3 次の文の――の修飾語がくわしくしている言葉をぬき出して、書きましょう。（2点×5）

① 小鳥の　うつくしい　声が　聞こえる。（　　）

② 木の　めが　ぐんぐん　のびた。（　　）

③ きらきらと　ほしが　かがやく。（　　）

④ 山の　上から　見事な　景色を　見られる。（　　）

⑤ まどを　開けると　そよそよと　風が　ふいた。（　　）

上級レベル 100 国語⑳

主語・述語・修飾語

時間 15分
合かく 40点
とく点 ／50点

勉強した日（　月　日）

1 次の文の主語に——を、述語に═══を引きましょう。（一問2点×8）

① ぼくは　お母さんと　図書館へ　行きました。

② あさがおの　たねが　めを　出した。

③ すなはまは　やけるように　あつい。

④ わたしは　毎日　庭に　水を　まく。

⑤ 青空に　白い　雲が　ぽっかり　うかぶ。

⑥ うちの　犬は　とても　おとなしい。

⑦ この　体操服は　じょうぶだ。

⑧ ふるさとは　緑の　多い　ところだ。

2 次の文の修飾語すべてに——を引きましょう。（一問2点×2）

① 赤い　花が　たくさん　さいた。

② 家に　犬が　二ひき　いる。

3 次の文の主語には——を、述語には═══を引きなさい。ただし、主語もしくは述語がないこともあります。（一問3点×10）

① 朝日が　きらきらと　かがやく。

② 新しく　うまれた　子ねこは　五ひきでした。

③ 友だちの　家の　へいは　高い。

④ 寺の　かねの　大きな　音が　町中に　ひびきます。

⑤ 食事の　ときに、よく　母さんから　しかられます。

⑥ 次の　日曜日は　待ちに　待った　運動会です。

⑦ あたたかな　風に　春を　感じました。

⑧ 元気いっぱいの　姉が　わたしの　うでを　強く　引っぱりました。

⑨ ぼくは、いつもより　ごはんを　たくさん　食べました。

⑩ 自転車で　遠くの　町まで　でかけました。

標準レベル 101 国語㉑

つなぎ言葉とかざり言葉

1 （　）にあてはまる言葉をあとからえらんで、書きましょう。（3点×8）

① 雨がふったら教室で本を読みます。（　　　）、体育館でドッジボールをします。

② 山田さんは足が速い。（　　　）、なわとびもとくいだ。

③ おなかがいたい。（　　　）、おかしを食べすぎたからだ。

④ あの人はわたしの父の妹です。（　　　）、おばさんです。

⑤ 小川さんがかぜで休んだ。（　　　）、わたしがかわりに日直になった。

⑥ これからサッカーをします。（　　　）、二つのチームに分かれてください。

⑦ 遠足におやつを持ってきてもかまいません。（　　　）、三百円までです。

⑧ 待ち合わせの場所まで走った。（　　　）、やくそくの時間におくれてしまった。

つまり	けれども	では
または	そこで	ただし
また	なぜなら	

2 □の言葉がかざっている言葉に——を引きましょう。（4点×5）

① けさ [かわいい] 犬を おばさんから もらいました。

② [赤い]、そして 大きな 夕日を 友だちと 見ました。

③ ノートには、おさなくて [かわいらしい] 文字が ならんで いました。

④ [この]、丸い はこに 入って いる ゆびわは、母の ものです。

⑤ [あの] 本だなの 上に ある、古い 絵を 見て ください。

3 □の言葉をかざっている言葉に——を引きましょう。二つ以上あるときはすべて引きましょう。（一問2点×3）

① 学校の 校庭で、友だちと 夕方まで [遊びました]。

② まどに うつった ランプの [光を] 見て いると、とても 安らかな 気持ちに なります。

③ 夏休中に、森の 中で 黒光りした [かぶとむしを] つかまえました。

国語

勉強した日（　月　日）

時間 15分

合かく 40点

とく点 　／50点

つなぎ言葉とかざり言葉

勉強した日（　月　日）

時間 15分　合かく 40点　とく点　／50点

1 20 40 60 80 100 120（回）

1 前後がうまくつながるほうに○を書きましょう。（3点×7）

① けさは早くおきました。｛（　）それでも／（　）そのため｝いつもより学校に早く着きました。

② この人はお父さんのお兄さんです。｛（　）つまり／（　）けれども｝、わたしのおじさんです。

③ 急いでいたので、ずっと走ってきました。｛（　）だから／（　）ところが｝息が切れてしまいました。

④ 黒い雲がたくさんわきました。｛（　）けれども／（　）ところで｝雨にはなりませんでした。

⑤ 先生から習字をほめられました。｛（　）すなわち／（　）さらに｝、お母さんからもほめられました。

⑥ つかれてきたので、そろそろ休けいしますか。｛（　）それとも／（　）それでは｝もう少しつづけますか。

⑦ 天気よほうでは、今日は雨でした。｛（　）しかし／（　）だから｝、雨はふりませんでした。

2 れいにならって、あとから適当なつなぎ言葉をえらび、次の二つの文を一つの文にして書きましょう。（5点×4）

（れい）いそがしかった。行けなかった。
→いそがしかったから、行けなかった。

① だれかがわたしをよんだ。わたしはふり返った。

（　　　　　　　　）

② あわてて駅に向かった。間に合わなかった。

（　　　　　　　　）

③ 姉はバイオリンが得意だ。勉強もよくできる。

（　　　　　　　　）

④ 夜になる。おじさんがやってくるだろう。

（　　　　　　　　）

ば　うえに　ので　ものの

3 「じっくり」を用いて、短い文を作りましょう。（9点）

（　　　　　　　　）

詩 (2)

1 次の詩を読んで、答えなさい。

すいれんのはっぱ　浦　かずお

すいれんの　まるいはっぱが
さっきから
そこだけ①波もんをたてている。
さては、いたずらふなっこめ
はっぱのじくを　かじっているな。

②風もないのにおかしいと
ぼくが見ているの　しらないな。

まてよ、それとも四、五ひきで
わっしょわっしょとやっててんのかな。
まるいはっぱが顔しかめ
いやいやしてるの　しらないな。

どこも明るい　まっぴるま
すいれんの
はっぱのひとつがゆれている。

(1) ①「波もんをたてている」とは、「すいれんのはっぱ」のどんな様子を表していますか。(10点)

ア ぐるぐる回っている様子。
イ はげしくうきしずみしている様子。
ウ ゆったりゆらゆらゆれている様子。

（　　）

(2) 「すいれんのはっぱ」が「波もんをたてている」のはなぜだと、思っていますか。(10点)

（　　）

(3) ②「風もないのにおかしい」とは、ぼくのどんな気持ちを表していますか。(10点)

ア かってに波もんがたつのを、おもしろく思う気持ち。
イ 波もんがたつのがふしぎに思う気持ち。
ウ 波もんがたち、こまったことになったといら立つ気持ち。

（　　）

(4) 「すいれんのはっぱ」の気持ちを想像して書いている行を二つぬき出しましょう。(一問10点)

（　　）（　　）

(5) この詩に当てはまるものをえらびましょう。(10点)

ア 人をおどろかせるようなかわったできごとが書かれている。
イ だれにも言えない悲しい気持ちがよく感じられる。
ウ 明るいひるまのおだやかなようすがよく伝わってくる。
エ 風がふいてざわざわとさわがしいようすが読み取れる。

（　　）

時間 20分　合かく 40点　とく点　　/50点

勉強した日（　月　日）

上級レベル 104 国語㉔

詩（2）

時間 20分　合かく 40点　とく点　50点

勉強した日（　月　日）

1 次の詩を読んで、答えなさい。

えんそく　　小野十三郎

おひるについた山の上
くまなくすんだ青い空
①うごくともなくうごいてる
遠い小さなレンズ雲
すすきっぱらの風の中
ああいいなあと先頭で
歩みをとめた先生の
②びっくりするような声がした

(1) えんそくでは、どこに行きましたか。（5点）
□の上。

(2) ①「うごくともなくうごいてる」とは、どんな様子を表していますか。（5点）
ア ゆっくりと少しずつうごく様子。
イ まったくうごきがつかめない様子。
ウ かなり速いスピードでうごく様子。
（　　）

(3) 先生が言った言葉をぬき出しましょう。（5点）
（　　）

(4) ②「びっくりするような声」とは、どんな声ですか。（10点）
ア おびえた声
イ 大きな声
ウ おどすような声
（　　）

2 次の詩を読んで、答えなさい。

おならは　えらい　　まど・みちお

おならは　えらい

でてきた　とき
きちんと
①あいさつ　する

②こんにちは　でもあり
③さようなら　でもある
あいさつを…

せかいじゅうの
どこの　だれにでも
わかる　ことばで…

えらい
まったく　えらい

（水内喜久雄編『教室でよみたい詩12か月―小学校5・6年』）

(1) ①「あいさつ」とありますが、それは何を表していますか。漢字一字で書きましょう。（5点）
おならがでるときの□のこと。

(2) ②「こんにちは」、③「さようなら」とは、それぞれ何に対するあいさつですか。（10点×2）
ア おならをだした人の体
イ おならからにげていく人
ウ 人の体の外の世界
・「こんにちは」…（　　）
・「さようなら」…（　　）

物語（2）

勉強した日（　月　日）

時間 20分　合かく 40点　とく点　／50点

1 次の文章を読んで、答えなさい。

学校でプールの時間になってから、

①「あっ」と気がついた。

プールカードに、熱はなん度か、書いていない。

ぼくは＊良とちがって、熱をだしたことがない。プールのときしか、熱をはかったことがない。となりの席の洋太にきいてみた。

「プールカードもってきた？」

「あったりまえ」

洋太はカードをひらひらさせた。のぞくと、熱のところに、26度5分と書いてあるみたいに見えた。

ぼくはこっそりとカードに書き入れた。

②「熱――26度5分」

先生がカードを集めてチェックした。

「ん？」

先生は、ぼくのおでこに手をあてて、③首をかしげた。

「熱、26度5分って、修平が書いたのか？」

④ぼくはつばをのみこんだ。ゴクンと、大きな音がした。

「36度5分のまちがいかな」

「そ、そう。36度5分のまちがい」

先生はもういちど、ぼくの□に手をあてて「ハハハ」とわらった。

（広瀬寿子「そして、カエルはとぶ」〈国土社〉）

＊良＝「ぼく」の弟。

(1) ①「『あっ』と気がついた」とありますが、どんなことに気がついたのですか。(10点)

（　　　　）

(2) プールに入るために「ぼく」が、②「熱――26度5分」と書いたのは、なぜですか。理由を二つ書きましょう。(5点×2)

（　　　　）

（　　　　）

(3) ③「首をかしげた」とありますが、先生がそのようにしたのは、なぜですか。(10点)

ア うそをついていると知っていたから。

イ 頭の熱が高すぎると思ったから。

ウ 書いてあることがへんだったから。

（　　）

(4) ④「ぼくはつばをのみこんだ」とは、どんな様子を表していますか。(10点)

ア 思わずきんちょうしている様子。

イ たいへんうれしがっている様子。

ウ 早くしたいとあせっている様子。

（　　）

(5) □に当てはまる言葉をぬき出しましょう。(10点)

物語（2）

時間 20分　合かく 40点　とく点 /50点

勉強した日（　月　日）

1 次の文章を読んで、答えなさい。

「みねさん、うまれるのかい」

さくのそとから声をかけたのは、今野つねさんです。つねさんは、西の小屋の前の土手に、巣あなをほってくらしている、きつね一家のおくさんです。後路さん一家とは、親しく近所づきあいをしています。

「いまうまれるところ」

かねさんが、①声をひそめてこたえました。

「みねさん、しっかりね」

つねさんも、そっといいました。

「なあに、うしだって、あかんぼは、ちゃんとひとりでうめるものさ」

おいちさんが、だれにいうでもなく、つぶやきました。

もう、あかちゃんの前足が、すこしでてきていました。

②あらい息をするみねさんのおなかが、なみをうちました。すこし休んでは、ウーウーと、くるしそうに声をあげました。

しばらくすると、あかちゃんの頭がでてきました。みねさんが、呼吸をととのえ、もういちど、ウモーとうなって力をいれると、あかちゃんの体がぜんぶ、スルッとぬけでてきました。

③「やったぁ。おめでとう、みねさん」

かねさんが、いいました。

（いわむらかずお「ゆうひの丘のなかま　後路みね」）

---

(1) 次の名まえは、何の名まえですか。（5点×2）

つねさん――（　　）

みねさん――（　　）

ア 人間　イ 牛　ウ あかんぼ　エ きつね

(2) ①「声をひそめて」とありますが、「かねさん」がそのようにしたのは、なぜですか。（10点）

ア みねさんに安心させておくため。

イ みねさんのことを知られないため。

ウ みねさんのじゃまをしないため。

（　　）

(3) ①「声をひそめて」と同じ意味を表している言葉をぬき出しましょう。（10点）

□□□

(4) ②「あらい息をする」とありますが、それは「みねさん」のどんな様子を表していますか。（10点）

（　　　　）

(5) ③「やったぁ。おめでとう」と「かねさん」が言ったのは、なぜですか。（10点）

（　　　　）

説明文(2)

時間 20分　合かく 40点　とく点 ／50点

勉強した日（　月　日）

1 次の文章を読んで、答えなさい。

コーラを飲んだことのない人は少ないでしょう。でも、その中には何が入っているか知っている人は、まずいません。

もとの液はアメリカで作られ日本に運ばれてきて、水でうすめられてできあがるそうです。中味やその割合は、アメリカの会社の金庫の中にしまわれていて、秘密にされています。

コーラの中味はわからなくても、コーラの名前の由来は、はっきりしています。それは植物の名なのです。

コーラはアオギリ科の樹木で、にぎりこぶしぐらいの実がなり、中にクリほどの種子が白い皮につつまれて、10粒ほどつまっています。色は普通赤褐色です。

コーラは西アフリカが原産地です。その地や周辺の人々は、昔からコーラの種子を生のままかじって食べていました。少し苦くて、おいしいとはいえませんが、かむと頭がすっきりしてきます。これは、お茶やコーヒーの中に含まれているのと同じカフェインという成分が入っているからです。ココアやチョコレートにもカフェインは入っていますが、その原料のカカオはコーラと同じアオギリ科です。

コーラの種子は、昔西アフリカでは、お金と同じように扱われていて、今でも西アフリカでは重要なし好品として、市場や道端で、よく売られています。

（湯浅浩史「世界の不思議な花と果実　さまざまなしくみと彩り」）

(1) コーラは、どのようにして作られますか。（10点）

アメリカから運ばれてきたもとの液を（　　　　）

(2) コーラとは、もともと何の名前ですか。（一問5点）

□の□の名前。

(3) コーラの実の中はどのようになっていますか。（10点）

（　　　　）

(4) コーラの実は、どんな味がしますか。（10点）

（　　　　）

(5) コーラの実を食べると、頭がすっきりするのは、なぜですか。（10点）

（　　　　）

(6) 「市場や道端で、よく売られています」とありますが、何が売られていますか。（5点）

□

上級レベル 108 国語㉘

説明文(2)

勉強した日〔　月　日〕

時間 20分 ／ 合かく 40点 ／ とく点 ／50点

1 次の文章を読んで、答えなさい。

地球の温暖化や砂漠化の原因になることから、最近では木にかわる原料で紙をつくる技術が求められるようになりました。

そこでタイのある人が注目したのが、現在生きている陸上の動物の中で一番大きなゾウのふんです。ゾウのなかまは、アフリカの草原や森林にすむアフリカゾウと、インドや東南アジアの森林にすむアジアゾウの2種類に大きく分かれます。大きいものでは、肩の高さが3メートル以上、体重も7トン以上になります。野生のゾウは、1日の時間のおよそ4分の3を食事についやし、200～300キログラム以上の草や木の葉、果物を食べ、1日に60～100キログラムのふんをします。

また、ゾウは草食動物であっても、内臓のつくりがウシのように草の繊維をうまく消化できるようになっていません。そのため、食べた草がほとんど消化されず、ふんとなって体の外に出てしまいます。特にアジアゾウは、体の大きさのわりにあごが小さく、食べ物をあまりかまずに飲みこむので、ふんの中にたくさんの草が消化されずに繊維のままで残ります。そこで、木のかわりにゾウのふんから紙をつくることを考えついたのです。

（小宮　輝之「科学のおはなし　動物のふしぎ」）

(1) この文章は、どんなことについて説明していますか。（一問10点）

［　　　　　　］から［　　　　］ことについて。

(2) ゾウのなかまは、どのような種類に分かれますか。（一問10点）

［　　　　　　］と［　　　　　　］

(3) 大きいゾウは、1日につき、どれくらいの重さの食事とふんをしますか。（一問10点）

食事（　　　　　　）

ふん（　　　　　　）

(4) ゾウのふんの中に、消化されないままの草が残っているのは、なぜですか。理由を二つ書きましょう。（10点×2）

（　　　　　　）

（　　　　　　）

部首・筆順・画数

1 次の漢字の部首名をあとからえらんで、記号で答えましょう。（1点×10）

① 起（　）　② 教（　）
③ 原（　）　④ 遠（　）
⑤ 談（　）　⑥ 広（　）
⑦ 回（　）　⑧ 写（　）
⑨ 投（　）　⑩ 登（　）

ア はつがしら　イ ごんべん
ウ のぶん　エ てへん
オ わかんむり　カ まだれ
キ そうにょう　ク くにがまえ
ケ がんだれ　コ しんにょう

2 次の漢字の↓の部分は何画目に書きますか。漢数字で答えましょう。（2点×7）

① 局（　）画目
② 倍（　）画目
③ 酒（　）画目
④ 湯（　）画目
⑤ 秒（　）画目
⑥ 身（　）画目
⑦ 由（　）画目

3 次の漢字のそう画数を漢数字で書きましょう。（①～⑦2点×7、⑧・⑨3点×2）

① 庫（　）画
② 板（　）画
③ 題（　）画
④ 泳（　）画
⑤ 化（　）画
⑥ 歯（　）画
⑦ 整（　）画
⑧ 取（　）画
⑨ 返（　）画

4 次の漢字を、そう画数の少ないものから多いものへとじゅんにならべ、そのじゅんばんに数字を書きましょう。（一問2点×3）

① 進（　）申（　）鉄（　）使（　）消（　）
② 薬（　）動（　）駅（　）横（　）福（　）
③ 実（　）昭（　）深（　）助（　）庫（　）

時間	15分
合かく	40点
とく点	50点

勉強した日（　月　日）

上級レベル 110 国語㉚

部首・筆順・画数

時間 15分 合かく 40点 とく点 /50点

勉強した日〔 月 日〕

1 次の漢字の部首名を書きましょう。（1点×10）

① 館（　　）
② 都（　　）
③ 放（　　）
④ 旅（　　）
⑤ 秋（　　）
⑥ 息（　　）
⑦ 間（　　）
⑧ 雪（　　）
⑨ 病（　　）
⑩ 顔（　　）

2 次の漢字のそう画数を足すと、いくつになりますか。数字で答えましょう。（1点×10）

① 式＋業＋苦＝（　　）画
② 級＋放＋消＝（　　）画
③ 球＋打＋投＝（　　）画
④ 究＋実＋度＝（　　）画
⑤ 緑＋反＋由＝（　　）画
⑥ 談＋遊＋着＝（　　）画
⑦ 詩＋想＋感＝（　　）画
⑧ 向＋息＋氷＝（　　）画
⑨ 岸＋血＋酒＝（　　）画
⑩ 住＋真＋追＝（　　）画

3 次の漢字の中から、そう画数がことなるものを一つずつえらんで、記号で答えましょう。（2点×5）

① ア 神　イ 面　ウ 身　エ 指（　　）
② ア 軽　イ 深　ウ 等　エ 短（　　）
③ ア 級　イ 育　ウ 始　エ 放（　　）
④ ア 調　イ 談　ウ 橋　エ 横（　　）
⑤ ア 安　イ 役　ウ 坂　エ 局（　　）

4 次の漢字の部首名とそう画数を、それぞれ書きましょう。（一問5点×4）

① 頭　（部首名）（　　）（そう画数）（　　）画
② 筆　（部首名）（　　）（そう画数）（　　）画
③ 庭　（部首名）（　　）（そう画数）（　　）画
④ 定　（部首名）（　　）（そう画数）（　　）画

物語 (3)

1 次の文章を読んで、答えなさい。

学校ではときどき「未来のぼく・わたし」とか「将来、つきたい職業」なんていう題で、ひとこと、なにかを書かなければならないことがある。たとえば、学年末に作る文集には、かならず①そんなページがある。

長いお休みのあとの作文と同じで、②わたしはこれが大きらいだ。

小さいころは、しかたがないから思いつくままに、お花屋さんとか、ケーキ屋さんとか、保母さんなどと書いた。思いつくままといっても、③女優とか、歌手とかは、書かないように気をつけた。男子に指をさされて、「ブハハハハ！」と、笑われるだけだ。鼻ペチャのこの顔で、わたしもそれほど、ずうずうしくはない。

でも、去年はついに「未定」と、書いた。そうしたら、美砂ちゃんに、「夢のないやつ！」と、いわれた。④落ちこんだ。だって、ほんとうのことだからだ。

そういう美砂ちゃんの夢は、一年生のときから、ずっとかわらない。

一年生のときは「お医者さん」と、書いた。それが二年生になったら、「大学病院のお医者さん」になった。三年のときは「外科医」。四年になったら、「脳外科医」と、⑤どんどん具体的になる。

（今井恭子「歩きだす夏」）

(1) 「①そんなページ」とは、どんなページですか。（10点）

（　　　　）

(2) 「②わたしはこれが大きらいだ」とありますが、「これ」以外に大きらいなものは何ですか。（10点）

（　　　　）

(3) 「③女優とか、歌手とかは、書かないように気をつけた」とありますが、そのようにしたのは、なぜですか。（10点）

ア 男子に笑われると思うから。
イ だれにも言えないような夢だから。
ウ 自ら言うべきことではないから。

（　　）

(4) 「④落ちこんだ」とありますが、そのようになったのは、なぜですか。（10点）

（　　　　）

(5) 「⑤どんどん具体的になる」とありますが、これはどういうことですか。（10点）

一年生のときは「お医者さん」だったのが、四年生では［　　　　］となったように、美砂ちゃんの夢がよりはっきりしてきたということ。

時間 20分　合かく 40点　とく点　　50点

勉強した日（　月　日）

物語（3）

時間	20分
合かく	40点
とく点	/50点

勉強した日（　月　日）

1 次の文章を読んで、答えなさい。

誠がなにかいっているのをせなかできながら、勇一はぐいっと*パドルをこいだ。あっというまに、左側のながれにはいった。①ものすごい力で、だれかが船底をひっぱっているようなかんじだった。

この力にかたねばならない。この恐怖にまけてはならないのだ。激流をのりこえるには、さらにスピードをあげて、ながれの上を飛んでいかねばならないからだ。

だが、*艇の下の水流は、あまりにはやすぎた。勇一の*パドリングでは、はやさにおいつけなかった。

こぶのようなながれにのりあげて、いっしゅん青い空がみえたとおもったら、②まっ白な水のあわにかこまれていた。

左肩になにかがドンとあたった。岩だろうか。いきができなかった。けれども、このままではおぼれてしまう。カヤックのりに、沈はつきものだ。どうすればいいかはわかっている。③おちつけとじぶんにいいきかせながら、勇一は*コクピットのカバーをはずし、艇から脱出した。

ライフジャケットをきているから、すぐにうきあがった。川下に足をむけて、あおむけでながれるのが基本である。

（横山 充男「こぎだせ！　ぼくらのカワセミ号」）

＊パドル＝カヤックという小さな船をこぐための道具。
＊艇＝小さな船。ここでは、勇一がのっているカヤック。
＊パドリング＝パドルを使って船をこぐためのぎじゅつ。
＊コクピット＝カヤックをこいで進めるためのざせき。

(1) 「①ものすごい力で、だれかが船底をひっぱっているようなかんじ」とは、どういう様子を表していますか。記号で答えましょう。（9点）

ア 誠が、うしろから船を強くひっぱっている様子。
イ 川の強いながれに、船がひきこまれている様子。
ウ 勇一の体重で、船が大きくかたむいている様子。

（　　）

(2) 「②まっ白な水のあわにかこまれていた」とありますが、ここからどんなことがわかりますか。記号で答えましょう。（10点）

ア 船が大きな岩をのりこえたこと。
イ 船がながれの上を飛んでいること。
ウ 船がひっくり返ってしまったこと。

（　　）

(3) 「③おちつけとじぶんにいいきかせながら」とありますが、勇一がそのように思ったのはなぜですか。ぬき出して答えましょう。（10点）

あわてると、［　　　　　　　］ことになるから。

(4) この文章は、どんな話をえがいたものですか。ぬき出して答えましょう。（7点×3）

［　　］は、カヤックにのって激流を［　　　　　］ことにちょうせんしたが、しっぱいしてしまい、なんとか船から［　　］した話。

記録文・意見文

1 次の文章を読んで、答えなさい。

夏の日をあびた稲はぐんぐん伸びていき、8月の上旬には背たけが70センチぐらいになりました。穂のもとになる幼穂が葉のサヤの中で、日ごとに生長していきます。幼穂は、はじめ目に見えないほど小さいのですが、そこから生長して出穂(穂が出ること)するまでには30日ほどかかります。出穂して2日目ぐらいから花が咲きはじめます。

晴れた日の午前中、9時半ごろから花はつぎつぎと咲きはじめますが、①わずか一時間ほどしか開いていません。まず、もみ(えい)が二つに開き、おしべが中からのびてきます。そして、花粉のつまった「やく」が破れ、めしべにかかり受粉します。

なぜ、稲の花はこんなに短い時間しか咲いていないのでしょうか。それは、自分の花粉を自分のめしべに確実に受粉させることができるからです。そして、稲の花が地味で目だたないのは、レンゲやサクラなどのように美しい花びらで昆虫をさそって受粉する必要がないからです。

7日間ほど、つぎからつぎへと②花を咲かせ、受粉して少しずつ実りはじめた稲は、一週間もすると穂が少しずつたれはじめます。

(孝森まさひで「生きものをはぐくむ 棚田の米づくり」)

(1) この文章では、どれくらいの長さの期間に起こることが書かれていますか。(5点)

ア 約一週間。
イ 約二か月間。
ウ 約半年間。

(　　)

(2) 目に見えないほど小さかった幼穂でいるときから、穂になって花が咲き出すまでには、およそどれくらいの日数がかかりますか。(10点)

約(　　)日間。

(3) 「①わずか一時間ほどしか開いていません」とありますが、その間にどのようなことが起こりますか。(10点)

(　　)

(4) 「①わずか一時間ほどしか開いていません」とありますが、そのように短いのはなぜですか。(10点)

(　　)

(5) 「②花を咲かせ」とありますが、稲の花はどのようなものですか。(10点)

[　　　　　　　　]花。

(6) 稲は、実りはじめてからどれくらいでたれはじめますか。(5点)

[　　　]くらい

時間 20分
合かく 40点
とく点 　　/50点

勉強した日(　月　日)

国語

記録文・意見文

時間 20分　合かく 40点　とく点　　50点

勉強した日〔　月　日〕

1 次の文章を読んで、答えなさい。

いい子じゃないと好かれない……。
そう思って、いい子を演じていませんか？
人の評価がものすごく気になる……。
だからこわくて、
①いい子をやめられないのではありませんか？
あなたがいい子のふりをしてると、
「本当の自分はこんなんじゃないのに！」
という声が、心の中にこだまして②苦しいでしょうね。

それでもいい子のふりをつづければ、
「なんだか、自分が自分じゃないみたい」
というむなしさにおそわれて、
自分がイヤになってしまうかもしれません。

人から好かれたくていい子でいるのに、
③そのいい子を、自分が愛せないのは悲しいこと。
あなたが「いい子のふりは、もうやめたい！」
と思ったら、
いつでもやめていいいんですよ。
これまで抑えつけてた心を、
もっと自由に羽ばたかせてあげましょう。

（宇佐美百合子「YA！　あなたはあなたのままでいい　心が楽になる45の言葉」）

---

(1)「①いい子をやめられない」のは、なぜですか。理由を書きましょう。（10点）

（　　　　　　　　）

(2)「いい子」でいるのが「②苦しい」のは、なぜですか。（10点）

本当の□□ではないと思うから。

(3)「③そのいい子を、自分が愛せない」とは、どういうことを表していますか。（5点×2）

いい子でいることに、□□□□を感じて、自分が□□になってしまうこと。

(4) この文章を書いた人は、どんなことをすることをすすめていますか。（10点）

（　　　　　　　　）

(5) (4)で答えたことについて、この文章を書いた人は、どのようにたとえていますか。ぬき出しましょう。（一問10点）

あなたの□□□□□□□を□□□□□□□あげること。

日記・手紙

1 次の手紙を読んで、答えなさい。

田中先生、お元気ですか。
ぼくも元気です。
こんど、ぼくたちは、組がえになって半分の友だちとわかれて、先生もかわりました。
はぎわら君やとも子ちゃんともよその組になりました。
こんどの木川先生はみんながこわいぞっていっているのでしんぱいですが、でもはじめてのしぎょう式の日に本を読んでくれたので、ぼくはそうは思いません。
まゆげが太くて目がぎょろりとしているので、にらまれたみたいだから、そういわれるのだと思います。
でも、わらうとおでこと目のそばにしわがよっておもしろい顔になります。
スポーツがすきな先生だからぼくは、よかったと思っています。
きのう学校の帰りに、ようちえんのバスに会いました。すれちがったとき先生がのっているかと思ってのびあがって見たけど、知らない女の先生でした。ぼくは、ようちえんのバスが、なつかしいなと思いました。
先生、ようちえんの子どもは、かわいいですか。
では、さようなら

木崎　信次

田中先生へ

（亀村　五郎「日記と手紙の書きかた　三年生」）

(1) この手紙は、だれからだれに出されたものですか。（5点×2）

（　　　）さんから、（　　　）に出されたもの。

(2) 木川先生は、「ぼく」にとって、どのような人ですか。二つえらんで、記号で答えましょう。（6点×2）

ア ようちえんのときの先生。
イ 新しいたんにんの先生。
ウ すぐにおこるこわい先生。
エ 本当はこわくない先生。

（　　）（　　）

(3) 「先生」とありますが、「ぼく」はだれのことをさがしたのですか。（10点）

（　　　　）

(4) この手紙は、どのような手紙ですか。（　）に入る言葉を後からえらんで、記号で答えましょう。（6点×3）

（　　）に通っている「ぼく」が、（　　）のときの（　　）のことをなつかしく思って書いた手紙。

ア ようちえん　　イ 小学校
ウ 田中先生　　エ 木川先生

時間 20分
合かく 40点
とく点　　50点

勉強した日（　月　日）

上級レベル 116 国語36

日記・手紙

勉強した日（　月　日）

時間 20分　合かく 40点　とく点　／50点

1 次の日記を読んで、答えなさい。

二月二十二日（金）

寺井　慶子

夜、本を、おかあさんのそばで読んでいたら、風がまどに、①どーんとぶつかって、がたがたとなりました。外では、木の葉っぱが、風でふれ合って、かさこそとなりました。

また、寒くなるのかなあ、いやだなあと、思っていたら、おかあさんが、

「こんな風を、春一番といって、春をもってきて、寒い冬を、おいやるのよ。そうすると、あたたかくなって春がくるのよ。」

と、教えてくれました。

そういえば、あたたかいな。ストーブをつけなくても、あついくらい。きょうは、春がきているから、あたたかいんだなと、思いました。

「こんなきせつを、②三かん四おんといって、三日寒い日がつづくと、四日あたたかい日がつづくのよ。そして、こんどは、二日寒い日がつづいて、五日あったかい日がつづいて、冬と春が合わさって、そのうち、あたたかい日が多くなって、春になるのよ。」

と、教えてくれたので、ふーん、じゃあこれから、三日寒い日になるんだなあ。あんまり寒くないと、いいんだけどなあ。早く、ほんとの春よこい。と、心の中で、さけびました。

（亀村　五郎「日記と手紙の書きかた　三年生」）

(1) この日記には、どのようなことが書かれていますか。記号で答えましょう。（10点）

ア 学校でのできごとや、したこと。
イ きせつのかわりめに思ったこと。
ウ 春について自分で調べたけっか。

（　　）

(2) 「①どーん」とありますが、これと同じように、音や様子を表している言葉を同じ段落から二つぬき出して答えましょう。（6点×2）

（　　）（　　）

(3) 「②三かん四おん」とありますが、これはどのようなことを表しているのですか。記号で答えましょう。（12点）

ア だんだん冬から春にうつりかわること。
イ ある日とつぜん、春がやってくること。
ウ いつまでも寒い冬がつづいていること。

（　　）

(4) この日記からは、寺井さんのどんな気持ちがつたわってきますか。（8点×2）

早く（　　）がやってきて、（　　）とねがう気持ち。

説明文(3)

勉強した日（　月　日）

時間 20分　合かく 40点　とく点 ／50点

1 次の文章を読んで、答えなさい。

きちんと足をおりまげて、すわっていると、足がしびれてくることがあります。足がしびれると、なかなか立てません。むりをして立っても、おもうように歩けません。①足は、どうしてしびれるのでしょうか。

足には、太いほねがあります。ほねには、②「筋肉」がついています。筋肉は、のびたり、ちぢんだりして、足をうごかすはたらきをしています。

筋肉の中には、「神経」や「血管」がとおっています。

③神経は、「いたい」「つめたい」などの感じを、からだじゅうから、頭の中の「脳」につたえるはたらきをしています。④脳は、はんたいに、神経をとおして、「足をうごかしなさい」などというめいれいを、筋肉につたえます。

長いあいだすわっていると、足の神経がおしつけられて、はたらかなくなります。神経がはたらかないと、脳の、めいれいが、筋肉につたわらなくなります。ですから、足をうごかせなくなるのです。

すわっていると、血管もいっしょにおしつけられます。そのため、血のめぐりが悪くなります。足をのばすと、やがて血のめぐりがもどりますが、そのとき、かゆいような、じんじんしたような感じになります。

（久道健三「科学なぜどうして 三年生」〈偕成社〉）

(1) ①「足は、どうしてしびれるのでしょうか」とありますが、それについてどのように答えていますか。（10点）

長いあいだすわっていて、足の神経がはたらかなくなって（　　　　　　　　から。）

(2) 足の②「筋肉」はどんなはたらきをしますか。（10点）

のびちぢみして、□□□□□□はたらき。

(3) ③「神経」はどんなはたらきをしますか。（10点）

からだじゅうから、さまざまな感じを□につたえるはたらき。

(4) ④「脳」はどんなはたらきをしますか。（10点）

神経をとおして、さまざまな□□□□を筋肉につたえるはたらき。

(5) 足に血のめぐりがもどるときに、どんな感じがしますか。（一問10点）

□□□ような、□□□□したような感じ。

上級レベル 118 国語㊳

説明文(3)

1 次の文章を読んで、答えなさい。

①結婚あいてのきまったカラフトマスのメスは、小じゃりのあるところを見つけて、体をよこにたおし、おひれを大きくあおって、川ぞこをほりだします。産卵をするくぼみをつくるのです。

オスは、メスに求愛し、ほかのオスがちかよらないように、メスをまもります。産卵場では、あちらでもこちらでも、いさかいがおこり、②大にぎわいになります。

メスは、一時間以上もかけてくぼみをつくりあげ、やがて、そこにおなかをいれて産卵をはじめます。口をいっぱいにひらき、全身の筋肉を波だたせながら、満身のちからをこめて産卵、このとき、オスはメスによりそい、受精がおこなわれます。わずかに10秒くらいのあいだに産卵はおわります。

たまごは直径が6㎜ぐらいで、すきとおったオレンジ色をしています。

たまごをうみおえたメスは、一時間も、2時間もかけて、③ねんいりに、たまごを砂でうめていきます。もしも、砂のあいだからたまごがのぞいていたら、たいへんです。ほかの魚や鳥たちに、食べられてしまいます。それればかりではありません。くぼみの上にでていたら、水が少なくなったときにはひからびてしまったり、きびしい寒さでこおったりしてしまいます。

（稗田一俊「ヒグマのくる川」）

(1) 「①結婚あいてのきまったカラフトマスのメス」は、川ぞこに何をつくりますか。(10点)

（　　　）

(2) 「②大にぎわいになります」とありますが、そのようになるのは、なぜですか。(一問10点)

メスをまもるために、[　　]どうし[　　　　]をおこすため。

(3) メスが産卵をするときの様子になるように書きましょう。(5点)

口をひらき、全身の筋肉を波だたせながら[　　　　　　]をこめて産卵をする。

(4) 「③ねんいりに、たまごを砂でうめていきます」とありますが、そうするのは、なぜですか。理由を二つ書きましょう。(10点×2)

（　　　）

（　　　）

(5) この文章は何について書かれていますか。(5点)

カラフトマスの[　　]について。

時間 20分
合かく 40点
とく点　　50点
勉強した日（　月　日）

最上級レベル 1

時間 15分 合かく 40点 とく点 /50点

勉強した日（　月　日）

1 ——の漢字の読み方を書きましょう。（一問2点×6）

① 緑色をした豆をにる。（　）（　）（　）
② 温かく、幸せな家。（　）（　）（　）
③ お湯をカップに注ぐ。（　）（　）（　）
④ 畑に麦がゆたかに実る。（　）（　）（　）
⑤ 係りの人に問い合わせる。（　）（　）（　）
⑥ 深くて暗い海にもぐる。（　）（　）（　）

2 次の言葉を漢字で書きましょう。（一問3点×6）

① □□（しごと）を□（めい）じる。
② □（およ）ぐ□□（れんしゅう）をする。
③ □□（しょくぶつ）を□（そだ）てる。
④ □（くすり）を□□（けんきゅう）する。
⑤ □（みずうみ）をうつした□□（しゃしん）。
⑥ □□（だきゅう）を□（う）ける。

3 ——の言葉の意味をえらんで、○を書きましょう。（一問2点×3）

① とっさに答える。
（　）まるで知っているように。
（　）きわめて短い時間に。
（　）とてもまじめな様子で。

② おごそかな式。
（　）きびしく、まちがいがない。
（　）ゆったりとして、昔風な。
（　）重々しく、いかめしい。

③ はかない生命。
（　）もろくて、長つづきしない。
（　）小さくて、めずらしい。
（　）力強くて、たくましい。

4 次の言葉を漢字と送りがなで書きましょう。（3点×4）

① あつめる　□
② かさねる　□
③ うつくしい　□
④ ひとしい　□

5 次の漢字のそう画数を書きましょう。（1点×2）

① 悪（　）画
② 港（　）画

最上級レベル 2

勉強した日〔　月　日〕

時間	20分
合かく	40点
とく点	50点

1 次の文章を読んで、答えなさい。

　毎日、毎日、わたくしたちは、あたりが、とっぷりと暮れるまで、糸をたれるのでした。
　わたくしたちのつっている頭上を、飛行機が、編隊をつくって、遠く、南のほうに、①飛び去っていきました。
　そういう飛行機をみるたびに、つりざおを、放りだして、
「バンザーイ！」
　三人の子どもたちは、両手を空にさし上げて、力いっぱいの叫び声を上げるのでした。
　わたくしの子どもたちは、戦争とは、勇ましいものというよりほかには、わかっていないようでした。
　ところで、さかなは、②おもしろいほどつれました。
　グ、ググーと、いきなり、手ごたえがあるので、ぐいと、さおをひき上げると、③空中に、銀のウロコを、キラキラと輝かして、半円形を描いて、よくふとった川魚が、手もとに近づいてくるのです。そのさかなを、ぐいとにぎると、川魚は掌の上で、クーイというような、かすかな、鳴き声とも、空気をはき出すときに自然に出す音とも、いえるような音をたてるのでした。

（椋　鳩十「マヤの一生」）

(1) この文章は、どのような時代を描いていますか。それが分かる言葉を、二字でぬき出しましょう。（10点）

［　　］のあった時代。

(2) ①「飛び去っていきました」とありますが、飛行機を見ると、子どもたちは、どうしましたか。（10点）

（　　　）

(3) (2)の子どもたちの姿は、どのような様子を表していますか。（10点）

ア　むじゃ気で、あどけない様子。
イ　何もわからない、おろかな様子。
ウ　愛情に満ちて、やさしい様子。

（　　）

(4) ②「おもしろいほど」とは、どんな意味を表していますか。（10点）

ア　魚がひょうきんに見えたこと。
イ　魚はさからわなかったこと。
ウ　とても多くの魚がつれたこと。

（　　）

(5) ③「空中に、銀のウロコを、キラキラと輝かして、半円形を描いて」とありますが、この部分の表現にあてはまるものをえらびましょう。（10点）

ア　魚の細かな動きをよく書いている。
イ　色や形を使いわかりやすくしている。
ウ　気持ちがはっきりとつたわってくる。

（　　）

〜算　数〜

標準レベル 1 かけ算のきまり 算数①

解答

❶ (1) 30　(2) 0
(3) 6　(4) 24
(5) 0　(6) 40
(7) 0　(8) 72

❷ (1) 3　(2) 3
(3) 4　(4) 1
(5) 7　(6) 10
(7) 2、3　(8) 1

❸ 110円

❹ 33まい

❺ 24本

❻ 54こ

❼ 40人

解説

❶ かけ算では、「0のかけ算」と「1のかけ算」は、「0をかけるとすべて0になる」「1をかけてもそのままで変わらない」。

❹ 配(くば)った色紙は 4×7=28(まい)。それでも色紙が5まいあまっているので、色紙は 28+5=33(まい) あったことがわかる。

❺ 赤い花は 6×3=18(本) ある。合わせて何本あるかを聞かれているので、6+18=24(本) が答え。

❻ 7こずつ8列(れつ)にならべるには、おはじきが 7×8=56(こ) いるが、2こたりない。
したがって、おはじきは 56−2=54(こ) あったことになる。

❼ 1チームの人数は 6+4=10(人)。4チームできたので、みんなで 10×4=40(人)。

上級レベル 2 かけ算のきまり 算数②

解答

❶ (1) 0　(2) 60
(3) 0　(4) 81
(5) 64　(6) 90
(7) 0　(8) 63

❷ (1) 6、42　(2) 10、60　(3) 8、72
(4) 8、2、4　(5) 9、4、6

❸ 70こ

❹ 20円

❺ まなぶさんが1ページ多い

❻ 48こ

❼ 48 cm

解説

❷ 3つ以上の数のかけ算では、かけるじゅん番を変えても答えは同じになる。自分の計算しやすいじゅん番でかけ算ができる。これは、3つ以上の数のたし算でも同じだ。7×2×3は、2×3を先に計算する。

❸ 1週間は7日だから、毎日5こずつ食べると1週間で 5×7=35(こ)、2週間で 5×7×2=70(こ)。

❻ 1列(れつ)に 2×4=8(こ) で、6列あるので、8×6=48(こ)。

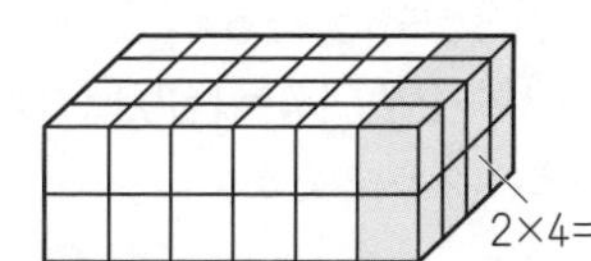

❼ 横(よこ)の長さは 6×3=18(cm)。まわりの長さは、たてを2つと横を2つたして、6+6+18+18=48(cm) になる。

標準レベル 3 わり算 算数③

解答

❶ (1) 3　(2) 7
(3) 5　(4) 2
(5) 7　(6) 9
(7) 8　(8) 6

❷ (1) 4　(2) 7
(3) 5　(4) 8
(5) 4　(6) 6
(7) 25　(8) 3
(9) 4　(10) 1

❸ 3まい

❹ 9日

❺ 7本

❻ 5倍

❼ 7 cm

解説

❶ 4×□=12 は、4を何こ集(あつ)めると12になるかをもとめる問題で、この□にあてはまる数をもとめる計算のことを「12÷4」と書く。
また、□×4=12 は、4こ集めると12になるある数をもとめる計算で、この□にあてはまる数をもとめる計算も「12÷4」だ。
「12÷4」には、「12の中に、4がいくつあるか」と「12を4つに分けると、1つ分はいくつになるか」という2つの意味(いみ)がある。

❷ (7) 25÷1=25 になる。1でわっても、わられる数は変わらない。

❻ 「何倍(ばい)ですか。」という問いに答えるときも、わり算を使う。

❼ まわりの長さ 28 cm には正方形の辺(へん)が4本あるので、1つの辺の長さは 28÷4=7(cm)。

上級レベル 4 わり算 算数④

解答

1 (1) 8 (2) 9 (3) 6 (4) 7 (5) 5
(6) 5 (7) 7 (8) 3 (9) 9 (10) 5

2 4列

3 7ふくろ

4 (1) 72円
(2) 7まい

5 8ページ

6 6つ

7 9こ

解説

2 子どもは 8×3=24(人) いるので、6人ずつの列(れつ)にならびかえると、6×4=24 より、4列になる。この「4」をもとめる計算が「24÷6」だ。

3 50このみかんのうち、1こあまったので、ふくろに入れたみかんは 50−1=49(こ)。
1ふくろに7こずつ入れたので、ふくろの数は
49÷7=7(ふくろ)

4 画用紙8まいの代金は 9×8=72(円) だから、色紙何まいかの代金は 100−72=28(円) になる。色紙は1まい4円だから、28÷4=7(まい) 買ったことになる。

5 のこりのページは、140−84=56(ページ)。これを1週間(=7日間)で読み終(お)えるには、56÷7=8 より、1日8ページずつ読めばよい。

6 全員(ぜんいん)で 26+16=42(人) いるので、7人ずつのはんをつくると、42÷7=6(つ) できる。

7 この正方形を1こつくるのに、2cm のひごを4本使(つか)うので、2×4=8(cm) のひごが必要。
したがって、72÷8=9 より、正方形は9こできる。

標準レベル 5 表とグラフ 算数⑤

解答

1 (1)

すきな科目 (人)

科目	1組	2組	3組	合計
国語	10	9	8	27
算数	12	13	14	39
理科	8	10	9	27
社会	5	4	5	14
合計	35	36	36	107

(2)

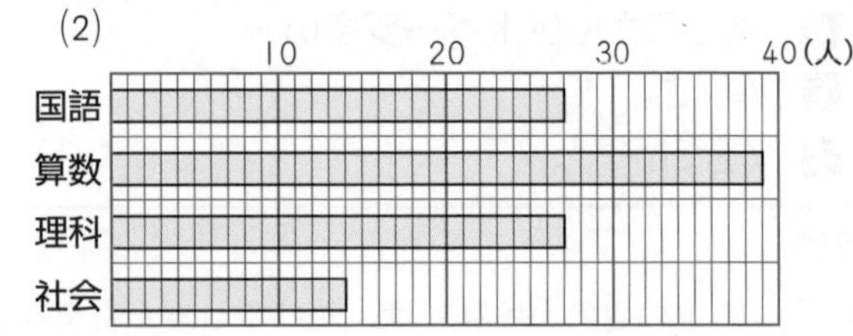

2 (1) 5こ
(2) イ
(3) エ

3 ア…60 イ…120 ウ…40 エ…180
オ…90 カ…110 キ…140 ク…120

解説

1 (1)クラスごとの人数の合計(35+36+36=107)と科目ごとの人数の合計(27+39+27+14=107)が同じであることをたしかめてから、グラフをかく。
(2)グラフは必ず定規(じょうぎ)を使ってかき、うすくぬっておく。

2 表(ひょう)は上から、金メダルの多いじゅんに出ている。メダルの数(金、銀(ぎん)、銅(どう)の合計)が多いじゅんではない。

3 左のグラフは1目もりが20。また、右のグラフは目もりが50からはじまっていて、1目もりは10。

上級レベル 6 表とグラフ 算数⑥

解答

1 (1) 10こ
(2) 177こ

2

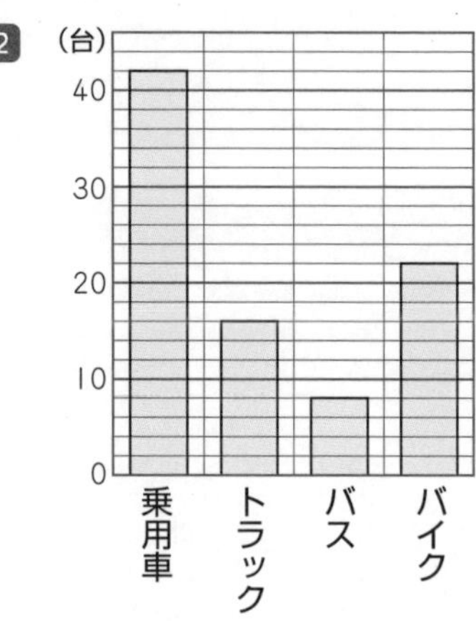

3

(人)

		お兄さん いる	お兄さん いない	合計
お姉さん	いる	9	9	18
お姉さん	いない	5	11	16
合計		14	20	34

4 (1) 11人
(2) 9人
(3) 24番目から29番目まで

解説

1 (1)目もりにこ数が書かれていないので、それぞれ何こ拾(ひろ)ったのかはわからないが、1目もりが1こだから、目もりのちがいを数えればわかる。
(2)いちばん少ないともみさんが30このとき、左からじゅんに、30こ、42こ、35こ、38こ、32こになる。

3 問題に書かれている数を表に入れていくと、右の図のようになる。残りのア～オに入る数を考えればよい。

		お兄さん		合計
		いる	いない	
お姉さん	いる	9	ア	18
	いない	イ	11	ウ
合計		14	エ	オ

表より、9+ア=18だから、アは18−9=9、9+イ=14で、イは14−9=5とわかる。アが9とわかったので、エは9+11=20。また、イが5とわかったので、ウは5+11=16。すると、オは18+16=34（または14+20=34）となり、表が完成する。

4 (1)算数で数えると、クラスの人数は8+15+6+4+1+1=35(人) とわかる。国語で、ア以外の人数は合わせて3+5+7+6+3=24(人) だから、アにあてはまる人数は35−24=11(人)。
(2)0～59点の人と60～69点の人を合わせて3+6=9(人)。

> **注意** 70点より低かった人だから、70点～79点の人は数えてはいけない。

(3)けいごさんの点数(88点)は、80点～89点の6人の中に入る。この6人の点数はわからないので、けいごさんはこの6人の中でいちばん点数が高かったかもしれないし、いちばんひくかったかもしれない。ただ、100点の人と90点～99点の人が合わせて8+15=23(人) いて、この23人はけいごさんより点数が上だから、けいごさんの順番は、いちばんよかった場合で23+1=24(番目)、いちばんわるかった場合で23+6=29（番目）になる。

標準レベル 7 時こくと時間

算数⑦

解答

1 (1)30 (2)20 (3)180 (4)24 (5)200

2 (1)午後2時35分 (2)午後3時20分 (3)午後1時55分 (4)午前10時35分

3 (1)4、30 (2)4、15 (3)2、15 (4)1、40

4 (1)2時間30分 (2)8時間

5 (1)午後9時20分 (2)40分間

解説

1 1秒が60集まって1分、1分が60集まって1時間、1時間が24集まって1日。この関係をしっかり覚えよう。

2 (2)2時35分+45分=2時80分=3時20分
(3)2時35分−40分=1時95分−40分
=1時55分

3 時間どうし、分どうしをたしたりひいたりするときは、たして60分以上になったときは1時間くり上がり、分がひけないときは1時間を60分としてくり下げる。

(1)
3時間 20分
+ 1時間 10分
4時間 30分

(2)
1時間 30分
+ 2時間 45分
~~3~~時間 ~~75~~分
4 15

(3)
4時間 40分
− 2時間 25分
2時間 15分

(4)
2 70
~~3~~時間 ~~10~~分
− 1時間 30分
1時間 40分

上級レベル 8 時こくと時間

算数⑧

解答

1 (1)96、1、36 (2)156、2、36 (3)24、14 (4)9

2 (1)8、21 (2)4、36 (3)1、40 (4)4、25

3 (1)4秒 (2)1分40秒

4 (1)11時間10分 (2)1時間40分

5 午前7時57分

解説

2 分と秒の関係は、時間と分の関係と同じなので、計算方ほうも同じだ。

(1)
3時間 45分
+ 4時間 36分
~~7~~時間 ~~81~~分
8 21

(2)
2分 48秒
+ 1分 48秒
~~3~~分 ~~96~~秒
4 36

(3)
2 70
~~3~~時間 ~~10~~分
− 1時間 30分
1時間 40分

(4)
5 65
~~6~~分 ~~5~~秒
− 1分 40秒
4分 25秒

3 (1)32÷8=4(秒)
(2)みなこさんが1問とくのにかかる時間は25÷5=5（秒）だから、20問とくと5×20=100(秒)より、1分40秒かかる。

4 (1)午前6時20分から正午までは5時間40分、正午から5時30分までは5時間30分。
(2)夜の時間は、24時間−11時間10分=12時間50分だから、12時間50分−11時間10分=1時間40分。

解答 算数

標準レベル 9 あまりのあるわり算 算数⑨

解答

❶ (1)7 あまり 1 (2)6 あまり 2
(3)8 あまり 1 (4)4 あまり 5
(5)8 あまり 3 (6)6 あまり 2
(7)8 あまり 5 (8)3 あまり 3
(9)7 あまり 1 (10)6 あまり 1

❷ (1)4、7、2、30（4 と 7 は逆でもよい）
(2)9、5、7、52（9 と 5 は逆でもよい）

❸ 1 人分は 8 こで、2 こあまる

❹ 1 人分は 8 まいで、4 まいあまる

❺ 5 本とれて、5cm あまる

❻ 8 台

❼ 7 ふくろ

解説

❶ かけ算の九九をもとに、あまりのあるわり算をしっかり計算できるようにしよう。

❷

ポイント
「わられる数」「わる数」「商」「あまり」には次の関係がある。
わられる数 = わる数 × 商 + あまり

あまりのあるわり算を行ったときは、上の式にあてはめてたしかめよう。

❻ 30÷4=7 あまり 2 より、7 台のタクシーに 4 人ずつ乗っても、まだ 2 人が乗れない。その分、タクシーがもう 1 台いる。

❼ 65÷9=7 あまり 2 より、9 こ入りのふくろは 7 ふくろできる。

上級レベル 10 あまりのあるわり算 算数⑩

解答

❶ (1)9 あまり 1 (2)7 あまり 2
(3)8 (4)7 あまり 3
(5)7 あまり 1 (6)3 あまり 7
(7)9 あまり 6 (8)8 あまり 8

❷ (1)17 (2)38
(3)27 (4)43
(5)9 (6)4
(7)5 (8)5

❸ (1)58 こ
(2)7 列できて、さいごの列は 2 こ

❹ 1 人分は 5 こで、2 こあまる

❺ (1)7 きゃく (2)1 きゃく

解説

❷ (1)□=5×3+2、□=15+2、□=17
(2)□=8×4+6、□=32+6、□=38
(3)□=6×4+3、□=24+3、□=27
(4)□=7×6+1、□=42+1、□=43
(5)□=(49−4)÷5、□=45÷5、□=9
(6)□=(31−3)÷7、□=28÷7、□=4
□をもとめる問題では、出した答えを式にあてはめてたしかめよう。

❸ (1)6×9=54、54+4=58(こ)。
(2)58÷8=7 あまり 2

❹ 買ったチョコレートは 8×4=32(こ) だから、6 人で分けると、32÷6=5 あまり 2 より、1 人分は 5 こで、2 こあまる。

❺ (1)長いすにすわったのは 36−1=35(人) だから、35÷5=7(きゃく)。
(2)36÷6=6(きゃく) だから、1 きゃくあまる。

標準レベル 11 長さ 算数⑪

解答

❶ (1)2000 (2)4 (3)6030
(4)3、840
(5)1700、1、700
(6)2、800、2800

❷ (1)m (2)km
(3)cm (4)km

❸ (1)2 km
(2)3500 m

❹ (1)2 km100 m
(2)1 km500 m

❺ (1)2 km600 m
(2)1 km400 m

解説

❶ 1 km=1000 m をおさえておこう。
これを使って km から m へ、m から km へのたんいのよみかえをしよう。
このあと、kg や kL といったたんいも出てくるので、「k(キロ)は 1000」とおぼえておこう。

❷ みのまわりにあるものの長さがおよそどれぐらいであるかを考えよう。

❸ すべてのたんいを m にそろえると、
(1)(200 m と 2000 m)
(2)(3060 m と 3500 m)

❹ (1)860 m+1240 m=2100 m=2 km100 m
(2)2100 m−600 m=1500 m=1 km500 m

❺ 家、学校、本屋、図書館の位置はつぎのようになっている。

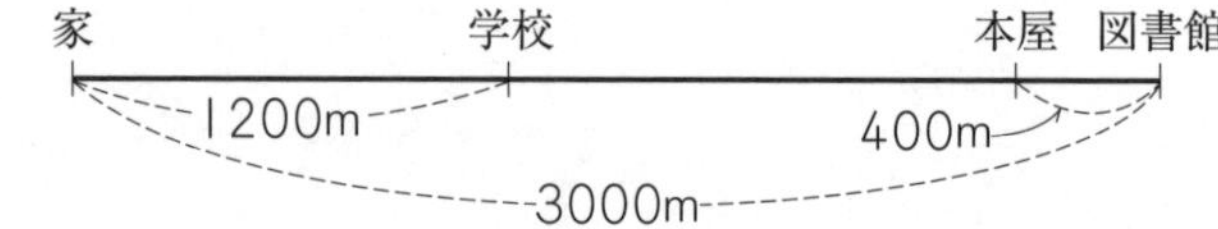

上級レベル 12 長　さ

算数⑫

解答

❶ (1)5　(2)18　(3)2、640
(4)2、550　(5)4000

❷ (1)4 km980 m
(2)4 km260 m
(3)8 km530 m

❸ 2 km70 m

❹ (1)1 km160 m
(2)3 km600 m
(3)900 m

解説

❷ すべて m になおしてから計算すると、
(1)1360 m+2420 m+1200 m=4980 m
=4 km980 m
(2)840 m+2500 m+920 m=4260 m=4 km260 m
(3)2420 m+1550 m+2500 m+2060 m=8530 m
=8 km530 m

❸ 家から学校までが 2 km400 m、家から花屋(はなや)までが 1 km320 m なので、花屋から学校までは、2 km400 m−1 km320 m=2400 m−1320 m=1080 m。
花屋からスーパーマーケットまでは、
1 km830 m−1080 m=1830m−1080m=750 m。
したがって、もとめる道のりは、
1 km320 m+750 m=1320 m+750 m=2070 m
=2 km70 m になる。

❹ (1)640 m+520 m=1160 m=1 km160 m。
(2)640 m+640 m+1160 m+1160 m=3600 m
=3 km600 m
(3)正方形のまわりの長さは、1 つの辺(へん)の長さの 4 つ分なので、まわりの長さが 3600 m のとき、1 つの辺の長さは 3600÷4=900(m)。

標準レベル 13 たし算の筆算

算数⑬

解答

❶ (1)570　(2)882　(3)992
(4)760　(5)930　(6)1000
(7)1229　(8)1293　(9)1513

❷ (1)68　(2)114　(3)157　(4)74
(5)94　(6)123

❸ (1)5560　(2)1301　(3)6853
(4)5022　(5)6425　(6)5455

❹ 1781 人

❺ 3240 円

❻ 6247 人

❼ 2 km40 m

解説

❶
(1) $\begin{array}{r} 347 \\ +\ 223 \\ \hline 570 \end{array}$　(2) $\begin{array}{r} 415 \\ +\ 467 \\ \hline 882 \end{array}$　(3) $\begin{array}{r} 378 \\ +\ 614 \\ \hline 992 \end{array}$

(4) $\begin{array}{r} 592 \\ +\ 168 \\ \hline 760 \end{array}$　(5) $\begin{array}{r} 673 \\ +\ 257 \\ \hline 930 \end{array}$　(6) $\begin{array}{r} 372 \\ +\ 628 \\ \hline 1000 \end{array}$

(7) $\begin{array}{r} 832 \\ +\ 397 \\ \hline 1229 \end{array}$　(8) $\begin{array}{r} 506 \\ +\ 787 \\ \hline 1293 \end{array}$　(9) $\begin{array}{r} 926 \\ +\ 587 \\ \hline 1513 \end{array}$

❸
(1) $\begin{array}{r} 5462 \\ +\ 98 \\ \hline 5560 \end{array}$　(2) $\begin{array}{r} 1234 \\ +\ 67 \\ \hline 1301 \end{array}$　(3) $\begin{array}{r} 6039 \\ +\ 814 \\ \hline 6853 \end{array}$

(4) $\begin{array}{r} 4835 \\ +\ 187 \\ \hline 5022 \end{array}$　(5) $\begin{array}{r} 3648 \\ +\ 2777 \\ \hline 6425 \end{array}$　(6) $\begin{array}{r} 1537 \\ +\ 3918 \\ \hline 5455 \end{array}$

上級レベル 14 たし算の筆算

算数⑭

解答

❶ (1)3231　(2)3970　(3)6912
(4)8689　(5)8001　(6)8150

❷ (1)2800　(2)2200　(3)1600
(4)1230　(5)5200　(6)3040
(7)2240　(8)3140

❸ (左からじゅんに)
(1)7、1、9　(2)1、8、2、6
(3)2、1、9　(4)2、7、1、9

❹ (1)7420　(2)2047　(3)9476

解説

❶
(1) $\begin{array}{r} 672 \\ +\ 2559 \\ \hline 3231 \end{array}$　(2) $\begin{array}{r} 405 \\ +\ 3565 \\ \hline 3970 \end{array}$　(3) $\begin{array}{r} 1234 \\ +\ 5678 \\ \hline 6912 \end{array}$

(4) $\begin{array}{r} 4730 \\ +\ 3959 \\ \hline 8689 \end{array}$　(5) $\begin{array}{r} 6174 \\ +\ 1827 \\ \hline 8001 \end{array}$　(6) $\begin{array}{r} 3538 \\ +\ 4612 \\ \hline 8150 \end{array}$

❸
(1) $\begin{array}{r} \boxed{7}\ 8\ \boxed{9} \\ +\ 1\ \boxed{1}\ 2 \\ \hline 9\ 0\ 1 \end{array}$　(2) $\begin{array}{r} \boxed{8}\ 7\ \boxed{6} \\ +\ 3\ 4\ 5 \\ \hline \boxed{1}\ 2\ \boxed{2}\ 1 \end{array}$

(3) $\begin{array}{r} 3\ 6\ \boxed{9} \\ +\ \boxed{2}\ 4\ 8 \\ \hline 6\ \boxed{1}\ 7 \end{array}$　(4) $\begin{array}{r} 4\ \boxed{7}\ 2\ \boxed{9} \\ +\ \boxed{2}\ 6\ \boxed{1}\ 5 \\ \hline 7\ 3\ 4\ 4 \end{array}$

❹ (3)2 番目に大きい数は 7402、2 番目に小さい数は 2074 だから、7402+2074=9476。

標準レベル 15 ひき算の筆算 算数⑮

解答

❶ (1) 341　(2) 368　(3) 124
(4) 253　(5) 463　(6) 251
(7) 186　(8) 228　(9) 356

❷ (1) 54　(2) 22　(3) 35　(4) 8
(5) 45　(6) 26

❸ (1) 2524　(2) 808　(3) 1259
(4) 3991　(5) 6232　(6) 2738

❹ 3635円

❺ 329人

❻ 5072 m

❼ 1 km355 m

解説

❶
(1) $\begin{array}{r} 573 \\ -\ 232 \\ \hline 341 \end{array}$　(2) $\begin{array}{r} 7\ \ \\ 882 \\ -\ 514 \\ \hline 368 \end{array}$　(3) $\begin{array}{r} 5\ \ \\ 460 \\ -\ 336 \\ \hline 124 \end{array}$

(4) $\begin{array}{r} 3\ \ \ \ \\ 437 \\ -\ 184 \\ \hline 253 \end{array}$　(5) $\begin{array}{r} 6\ \ \ \ \\ 724 \\ -\ 261 \\ \hline 463 \end{array}$　(6) $\begin{array}{r} 8\ \ \ \ \\ 903 \\ -\ 652 \\ \hline 251 \end{array}$

(7) $\begin{array}{r} 42\ \ \\ 531 \\ -\ 345 \\ \hline 186 \end{array}$　(8) $\begin{array}{r} 49\ \ \\ 500 \\ -\ 272 \\ \hline 228 \end{array}$　(9) $\begin{array}{r} 53\ \ \\ 645 \\ -\ 289 \\ \hline 356 \end{array}$

❸
(1) $\begin{array}{r} 299\ \ \\ 3000 \\ -\ \ 476 \\ \hline 2524 \end{array}$　(2) $\begin{array}{r} 0\ 7\ \ \\ 1480 \\ -\ \ 672 \\ \hline 808 \end{array}$　(3) $\begin{array}{r} 103\ \\ 2143 \\ -\ \ 884 \\ \hline 1259 \end{array}$

(4) $\begin{array}{r} 62\ \ \ \\ 7358 \\ -\ 3367 \\ \hline 3991 \end{array}$　(5) $\begin{array}{r} 4\ \ \\ 7951 \\ -\ 1719 \\ \hline 6232 \end{array}$　(6) $\begin{array}{r} 81\ \\ 4923 \\ -\ 2185 \\ \hline 2738 \end{array}$

上級レベル 16 ひき算の筆算 算数⑯

解答

❶ (1) 4257　(2) 4447　(3) 6341
(4) 2824　(5) 3924　(6) 2478

❷ (1) 580　(2) 247
(3) 124　(4) 403
(5) 1520　(6) 1328
(7) 610　(8) 746

❸ (左からじゅんに)
(1) 6、4、0　(2) 8、9、2
(3) 3、6、7　(4) 8、8、6、9

❹ (1) 9876　(2) 5987　(3) 3889

解説

❶
(1) $\begin{array}{r} 3\ \ \ \ \\ 7439 \\ -\ 3182 \\ \hline 4257 \end{array}$　(2) $\begin{array}{r} 5\ 6\ \ \\ 6274 \\ -\ 1827 \\ \hline 4447 \end{array}$　(3) $\begin{array}{r} 7\ 5\ \ \\ 8260 \\ -\ 1919 \\ \hline 6341 \end{array}$

(4) $\begin{array}{r} 399\ \ \\ 4003 \\ -\ 1179 \\ \hline 2824 \end{array}$　(5) $\begin{array}{r} 899\ \ \\ 9000 \\ -\ 5076 \\ \hline 3924 \end{array}$　(6) $\begin{array}{r} 415\ \ \\ 5267 \\ -\ 2789 \\ \hline 2478 \end{array}$

❸
(1) $\begin{array}{r} \boxed{6}\ 8\ \boxed{0} \\ -\ 1\ \boxed{4}\ 2 \\ \hline 5\ 3\ 8 \end{array}$　(2) $\begin{array}{r} \boxed{8}\ 7\ \boxed{2} \\ -\ 2\ 7\ 9 \\ \hline 5\ \boxed{9}\ 3 \end{array}$

(3) $\begin{array}{r} 8\ 5\ \boxed{7} \\ -\ \boxed{3}\ 9\ 6 \\ \hline 4\ \boxed{6}\ 1 \end{array}$　(4) $\begin{array}{r} 9\ \boxed{8}\ 0\ \boxed{9} \\ -\ \boxed{8}\ 2\ \boxed{6}\ 7 \\ \hline 1\ 5\ 4\ 2 \end{array}$

❹ (2) 5987と6057のうち、6000に近いほうを答えればよい。
(3) 9876−5987=3889

標準レベル 17 大きな数 算数⑰

解答

❶ (1) 二百三十七万四千六百五十八
(2) 四億五百七十万
(3) 三兆二十億三千五万四十一

❷ (1) 1804565
(2) 5370200300
(3) 2060070030080

❸ (1) 6000、24000
(2) 9800万、1億100万

❹ (1) 740
(2) 67000
(3) 70

❺ (1) 7000
(2) 3000
(3) 47

❻ (1) =　(2) <　(3) >

解説

❶ 4けたごとに線を入れて考えよう。

❷「…、千万、百万、十万、…、百、十、一」と書いた下に数字を書いてみよう。まちがえにくくなるよ。
また、「兆」は4年生で学ぶけど、ここでおぼえておこう。

❸ 数直線の1目もりがいくらを表すのかをまず考えるようにしよう。

❺ (3)のように10こ以上集めたときに位が1つ上がる。千のかたまりがいくつあるかを考えるようにしよう。

上級レベル 18 大きな数

算数⑱

解答

1. (1) 17200000
   (2) 5万6000
   (3) 1010万
   (4) 8000万
2. (1)一万の位 (2) 8 (3)百万が8こある
   (4)千の位
3. (1) 9876543210
   (2) 1023456789
   (3) 9876543201
   (4) 1023456798
4. 406000円

解説

1 (1)や(2)のようなとき、「かけたりわったりする数の0の数だけ位がうごく」と考えよう。また、(4)のような場合は、1億2000万を「1000万が12こ」と考えるとよい。

2 (4)は、10倍するごとに、数字の右に0が1つずつふえると考えよう。

3 紙に数字をならべて書いて考えよう。
はじめは思いついたじゅんに書いていけばいいよ。いくつかためして感かくがつかめたら、今度は、左から小さいじゅんに数を書きならべて、その次に大きい数はどれだろう？と考えてルールを理かいしよう。
(1)大きい位から大きい数をならべていく。
(2)大きい位から小さい数をならべていく。
0は、いちばん大きい位には入らない。

4 小学生からは、2400×10=24000(円)
ほご者からは、3820×100=382000(円)
ぼ金が集まったので、
24000+382000=406000(円)

標準レベル 19 三角形

算数⑲

解答

1. ウ
2. (1)ちょう点、辺、角
   (2)二等辺三角形、正三角形
3. (1)イ、ウ、オ、カ (2)オ (3)イ
4. (1)(例)

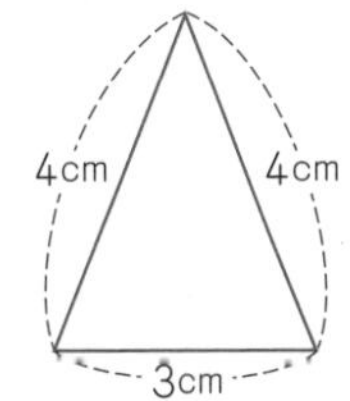

(2)(例)

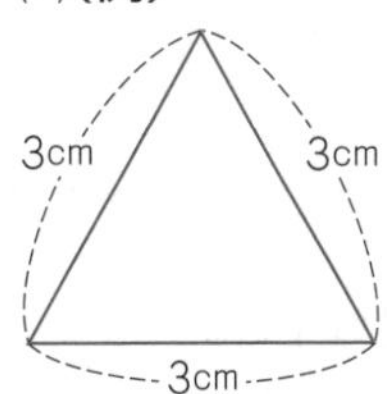

解説

1 いちばん長い辺が、ほかの2つの辺を合わせた長さより大きい、または等しいと三角形はつくることができない。

2 1つずつの言葉をしっかりとおぼえよう。

3 同じ長さの辺や角にしるしをつけてじっくり調べよう。

4 まず、3cmの辺をかく。これで三角形のちょう点の2つがきまる。
もう1つのちょう点を見つけるために、4cmにひらいたコンパスのはりを辺のはしにあてて円をかく。
もう一方の辺のはしにもコンパスのはりをあてて半径4cmの円をかく。
かいた2つの円がまじわった点を3つ目のちょう点とするように、定規でのこりの2辺をかく。

上級レベル 20 三角形

算数⑳

解答

1. 7、27
2. (1)二等辺三角形
   (2) 16 cm
   (3) 8 cm
3. (1) 6こ
   (2) 2こ
4. (1) 3こ
   (2)エ、コ
   (3)カ、ケ、サ

解説

1 もう1本のひごが、いちばん長い辺となるときは、ひごの長さは10+17=27(cm) より短くなり、いちばん短い辺となるときは、17cmの辺がいちばん長くなるので、ひごの長さは17−10=7(cm) より長くなる。

2 二等辺三角形は、ちょうど2つにおるとぴったりかさなる図形である。

3 ていねいに数え上げよう。上下が逆になっている形を忘れないようにしよう。

4 (1)同じ長さの辺に印をつけて、二等辺三角形を見つけよう。

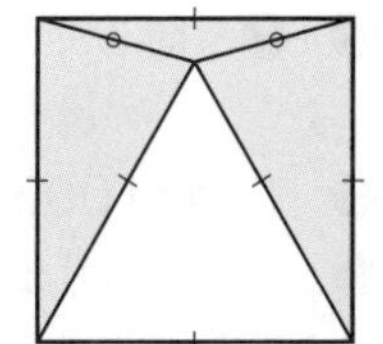

(2)正三角形の3つの角の大きさはすべて等しく、ウの角は正三角形の1つの角だから、他の2つを選ぶ。
(3)二等辺三角形では、2つの角の大きさは等しいから、ケ、カ、サの角と等しい。

標準レベル 21 重さ

算数㉑

解答

❶ (1) 2 kg
(2) 10 g
(3) 1320 g

❷ (1) 130 g
(2) 740 g
(3) 2600 g

❸ (1) 1000
(2) 2
(3) 1070
(4) 3、400
(5) 1000
(6) 4300
(7) 7、40

❹ (1) g　(2) kg
(3) kg　(4) t

解説

❶ はかりの小さい1目もりがいくらを表すかを考えよう。この問題では、200 g を 20 の目もりに分けているので、1目もりは 200÷20=10(g)

❷ ❶と同じで、まず1目もりがいくらを表すかを考えよう。(1)の場合は1目もりは1gになる。

❸ 1 kg=1000 g、1 t=1000 kg を使って考えよう。

❹ みのまわりのもので、重さのイメージをつかんでおこう。1円玉1この重さが1gであるということや水1Lの重さが1kgであるということは知っておこう。

ポイント
1円玉1この重さ…1g
水1Lの重さ…1kg

上級レベル 22 重さ

算数㉒

解答

❶ (1) 700
(2) 1、300
(3) 1900
(4) 2、500
(5) 1、300
(6) 5700
(7) 4、400
(8) 2、600

❷ 900 g

❸ 1 kg240 g

❹ 150 g

❺ 4 t400 kg

❻ 300 g

解説

❶ たんいを g、kg になおして計算する。
(3) 4800 g−2 kg900 g=4800 g−2900 g=1900 g
(4) 8 kg200 g−5700 g=8200 g−5700 g=2500 g =2 kg500 g
(7) 5t200 kg−800 kg=5200 kg−800 kg =4400 kg=4t400 kg

❷ 1 kg100 g−200 g=1100 g−200 g=900 g

❸ 980 g+140 g+120 g=1240 g=1 kg240 g

❹ 1 kg450 g と 800 g のちがい 1 kg450 g−800 g=650 g が水半分の重さ。
かんの重さは 800 g−650 g=150 g

❺ たんいを kg になおして計算する。
3 t+600 kg+800 kg=3000 kg+600 kg+800 kg =4400 kg=4 t400 kg

❻ お茶半分の重さは、1 kg100 g−700 g=400 g。
したがって、水とうの重さは 700 g−400 g=300 g

標準レベル 23 かけ算の筆算 (1)

算数㉓

解答

❶ (1) 280　(2) 4800
(3) 115　(4) 609
(5) 200　(6) 1215
(7) 2763　(8) 4624

❷ (1) 8、640
(2) 6、420
(3) 10、470
(4) 100、2900

❸ 144 人

❹ 1215 こ

❺ 160 円

❻ 870 円

❼ 5 m20 cm

解説

❶ (1)(2)のような問題はあん算しよう。
(2)の場合、600×8=6×8×100=48×100 と考えて計算ができる。
(3)〜(8)はくり上がりに注意して計算しよう。

❷ あん算でできるようにかけるじゅんじょをくふうしよう。(3)のように ×2 と ×5 があるときには、先にこれをかけて ×10 をつくるとよい。なお、×4 と ×25 があるときは、先にこれをかけて ×100 をつくるとよい。

❺ (おつり)=(出したお金)−(代金)より、
1000−(105×8)=1000−840=160(円)

❻ 87×2×5=87×10=870(円)

❼ 65×4×2=65×8=520(cm) より、5 m20 cm となる。たんいに気をつけよう。

上級レベル 24 かけ算の筆算 (1)

算数㉔

解答

1. (1) 108　(2) 464　(3) 474
   (4) 3402　(5) 6336　(6) 3522
2. (1) 2、1880
   (2) 7、3661
   (3) 10、2490
   (4) 7、3451
   (5) 5、3575
3. 1500円
4. 175円
5. 7L2dL
6. 2080円
7. 1280まい

解説

1 くり上がりに気をつけて計算しよう。

2 (4)(493×3)+(493×4)=493×(3+4)
(5)(8×715)−(3×715)=(8−3)×715
同じ数をかけているとき、同じ数がかけられているときは、その同じ数をくくり出してから計算しよう。

3 180×8+60=1500(円)

4 75×9−500=175(円)

5 L と dL のたんいがいっしょに入っているときは、12 dL×6=72 dL=7 L2 dL としてもよい。また、(1 L×6)+(2 dL×6)=6 L+1 L2 dL=7 L2 dL としてもよい。

6 同じ数をかけているので、
(140×8)+(120×8)=(140+120)×8=260×8
=2080(円) と計算できる。

7 5分20秒=320秒
4×320=1280(まい)

標準レベル 25 円と球

算数㉕

解答

1. (1) 18 cm
   (2) 6 cm
   (3) 9 cm
2. (1)円
   (2)中心
3. 4 cm
4. ■…12 cm、★…6 cm
5. (1) 5 cm
   (2) 27 cm

解説

1 (1)直径の長さは半径の長さの2倍。大の円の半径は9 cm なので、直径は 9×2=18(cm)
(2)同じように、小の円の直径は 3×2=6(cm) なので、中の円の直径は 18 cm から 6 cm をひいて、12 cm。半径は直径の半分なので、12÷2=6(cm)。
(3)イウの長さは、小の円の半径と中の円の半径をたしたものだから、3+6=9(cm)。

2 球を平面で切ると、どこを切っても切り口は円になり、球の中心を通るように切ったときがいちばん大きい円になる。

3 正方形の1辺の長さは 32÷4=8(cm) で、これが円の直径と同じだから、円の半径は 8÷2=4(cm)

4 箱の横の長さ(=18 cm)は、球の直径の3つ分。
これより、球の直径は 18÷3=6(cm) とわかるので、
■=6×2=12(cm)、★=6 cm

5 (2)大きい円の直径は小さい円の直径の3つ分。イの長さは大きい円と小さい円の直径を合わせた長さだから、小さい円の直径の4つ分。

上級レベル 26 円と球

算数㉖

解答

1. アイ…2 cm、イエ…5 cm、ウエ…2 cm
2. (1) 48 cm
   (2) 4 cm
3. 28 cm
4. (1) 3 cm
   (2) 36 cm
5. 2倍

解説

2 (1)長方形のたては円の直径1つ分、横は円の直径3つ分の長さだから、まわりの長さは、円の直径8つ分と同じ長さ。円の半径が3 cm のとき、直径は6 cm なので、長方形のまわりの長さは、6×8=48(cm)
(2)(1)より、64÷8=8、8÷2=4(cm)

3 図で、アイ、イウ、ウエ、アエ、イエの長さはすべて円の半径と同じ長さで、7 cm

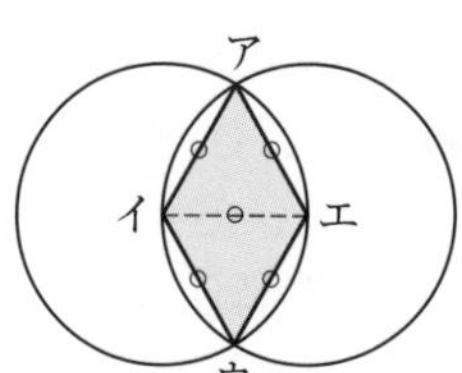

4 (1)大きい円の直径は小さい円の直径の3倍だから、小さい円の直径は 18÷3=6(cm)、半径は 6÷2=3(cm)
(2)点線の図形は正六角形で、1つの辺の長さは小さい円の半径2つ分だから、6 cm。したがって、まわりの長さは 6×6=36(cm)

5 小さい正方形を円の中でまわして考えよう。

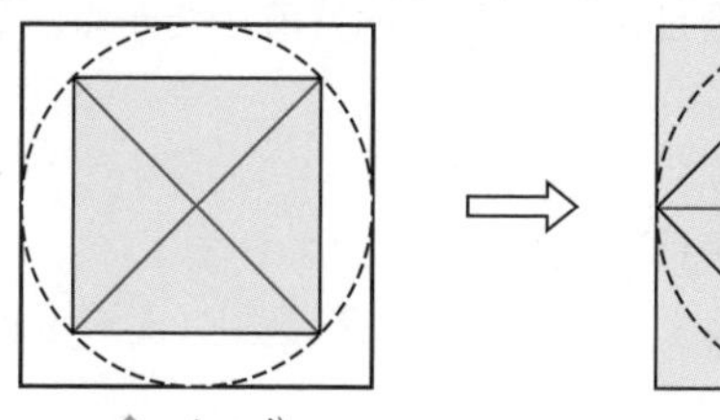

▲4つ分

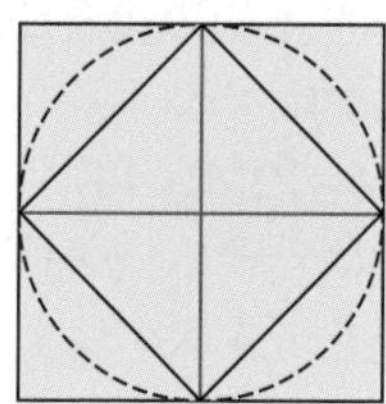

▲8つ分

よって、8÷4=2(倍)

解答　算数

標準レベル 27 かけ算の筆算 (2)

算数㉗

解答

❶ (1) 480 (2) 3600
(3) 720 (4) 2448
(5) 6596 (6) 14464
(7) 37835 (8) 24220

❷ (1) 960 (2) 960
(3) 840 (4) 960

❸ 540まい

❹ 23680円

❺ 220円

❻ 2240円

❼ 288人

解説

❶ 2けたの数をかけるかけ算。くり上がりに気をつけ、位の位置をそろえて計算しよう。

❷ (1) 320×3=32×3×10=96×10=960
(2) 120×8=12×8×10=96×10=960
(3) 21×40=21×4×10=84×10=840
(4) 48×20=48×2×10=96×10=960

❸ 36×15=540(まい)

❹ 640×37=23680(円)

❺ えんぴつ1ダースはえんぴつ12本のこと。代金は、65×12=780(円) だから、おつりは、1000−780=220(円)

❻ ケーキ1箱の代金は、70×8=560(円) だから、4箱の代金は、
560×4=2240(円)

❼ いすは全部で、6×12=72(きゃく) あります。
1きゃくに4人ずつすわると、4×72=288(人) すわれる。

上級レベル 28 かけ算の筆算 (2)

算数㉘

解答

1 (1) 94395
(2) 234135
(3) 210490
(4) 9083086
(5) 21677040

2 (1) 100、77700
(2) 10000、24320000

3 (1) 30、1290
(2) 100、3300

4 (1) 上からじゅんに、4、8
(2) 上からじゅんに、6、6、8
(3) 上からじゅんに、7、2、9、6

5 6375まい

解説

3けた、4けたの数をかけるひっ算も2けたと同じ。くり上がりに気をつけて計算しよう。

1 2けたのひっ算と同じように位の位置をそろえて計算しよう。

2 (1) 370×210=37×10×21×10=37×21×100
(2) 7600×3200=76×100×32×100
=76×32×10000

3 計算のくふうが使えるかを考えよう。
6×43×5=43×6×5=43×30=1290
20×33×5=33×20×5=33×100=3300

4 かけ算のひっ算の虫食い算。くり上がりに気をつけながら、下の空らんから考えていこう。

5 1時間15分=75分 だから、
85×75=6375(まい)

標準レベル 29 分数のたし算・ひき算

算数㉙

解答

❶ (1) $\frac{1}{4}$ (2) $\frac{5}{6}$
(3) $\frac{2}{3}$ (4) $\frac{5}{8}$

❷ (1) $\frac{3}{4}$ (2) $\frac{1}{7}$ (3) 8

❸ (1) $\frac{3}{8}$、$\frac{5}{8}$、$\frac{7}{8}$
(2) $\frac{3}{7}$、$\frac{6}{7}$、1

❹ (1) $\frac{2}{3}$ (2) 1
(3) $\frac{2}{8}$ (4) $\frac{5}{10}$
(5) 1 (6) $\frac{2}{9}$

❺ $\frac{9}{10}$L

解説

❶ 1つのものをいくつかに等分したうちの何こかを表すのが分数。

❷ (3) $\frac{1}{8}$ を8こ集めると $\frac{8}{8}=1$

❸ 分母が同じ数のときは、分子の大きさをくらべよう。
(2)では $1=\frac{7}{7}$ と考えてくらべよう。

❹ 分母が同じ分数のたし算ひき算は、分子をたしたりひいたりするよ。
(2) $\frac{2}{7}+\frac{5}{7}=\frac{7}{7}$。このとき、答えは1になおしておこう。
(5)も同じ。
(6) $1-\frac{7}{9}=\frac{9}{9}-\frac{7}{9}=\frac{2}{9}$

上級レベル 30 分数のたし算・ひき算

算数㉚

解答

❶ (1) $\frac{6}{7}$ (2) $\frac{6}{8}$ (3) 1 (4) $\frac{3}{7}$ (5) $\frac{6}{8}$ (6) $\frac{2}{5}$

❷ (1) $\frac{1}{4}$、$\frac{1}{3}$、$\frac{1}{2}$ (2) $\frac{3}{9}$、$\frac{3}{7}$、$\frac{3}{4}$

❸ (1) $\frac{4}{8}$ (2) $\frac{6}{8}$

❹ (1) $\frac{2}{8}$ (2) $\frac{4}{8}$

❺ (1) $\frac{1}{9}$ (2) 1、3

解説

❶ 3つの分数のたし算とひき算。(3)の $\frac{6}{6}=1$ や、(5)や(6)の $1=\frac{8}{8}$ や $1=\frac{5}{5}$ に気をつけよう。

❷ 分子が同じ数のとき、分母が小さくなればなるほど分数は大きくなる。

❸ 数直線で $\frac{1}{2}$ と $\frac{4}{8}$ が同じ大きさであることをたしかめよう。

0 $\frac{1}{8}$ $\frac{2}{8}$ $\frac{3}{8}$ $\frac{4}{8}$ $\frac{5}{8}$ $\frac{6}{8}$ $\frac{7}{8}$ 1

0 $\frac{1}{2}$ 1

0 $\frac{1}{4}$ $\frac{2}{4}$ $\frac{3}{4}$ 1

❹ (2)みずほさんは1この $\frac{3}{8}$、妹は1この $\frac{1}{8}$ を食べたから残りは、$1-\frac{3}{8}-\frac{1}{8}=\frac{4}{8}$

❺ (1)分母を大きくすれば分数は小さくなる。

(2)数直線を利用（りよう）して $\frac{1}{2}$ との大小をくらべる。

標準レベル 31 小数のたし算・ひき算

算数㉛

解答

❶ (1) 0.1
(2) 0.7
(3) 1.3

❷ (1)① 0.3 ② 0.8 ③ 1.6
④ 2.3 ⑤ 3.2
(2)整数（せいすう）

❸ (1) 0.7
(2) 3.2
(3) 17.5
(4) 0.8

❹ (1) 0.7
(2) 1.4
(3) 0.6
(4) 0.8

❺ 1.1 L

❻ 1.6 kg

解説

❶ 何こに分けられているかていねいに数えよう。1を10こに分けた1つが0.1だから、0.1が2つで0.2、3つで0.3、……という小数のきまりをたしかめよう。

❷ 数直線を使って小数の大きさを考えよう。(2)の整数（せいすう）という言葉（ことば）もしっかりとおぼえよう。

❸ (2)0.1が10こで1、20こで2、30こで3、…になる。

(3)(4)たんいに気をつけよう。

❹ くり上がり、くり下がりに気をつけるようにしよう。

❺ 0.7+0.4=1.1(L)

❻ 3.4−1.8=1.6(kg)

上級レベル 32 小数のたし算・ひき算

算数㉜

解答

❶ (1) 0.7 (2) 0.3
(3) 7 (4) 27

❷ 分数…左からじゅんに、
$\frac{2}{10}$、$\frac{7}{10}$、$\frac{9}{10}$
小数…左からじゅんに、
0.2、0.6、0.9

❸ (1) 0.4 (2) 1
(3) 0.7 (4) 0.5

❹ 3.1 L

❺ 0.6 m

❻ (1) 0.8 L
(2)ペットボトルのほうが 0.2 L 多い

解説

❷ 小数が分数で表（あらわ）せることを数直線を使ってたしかめよう。

❸ 分数と小数がまじった計算では、小数を分数にするか分数を小数にするかして計算をする。

(1) $0.3+\frac{1}{10}=0.3+0.1=0.4$

(4) $1.3-\frac{8}{10}=1.3-0.8=0.5$

❹ 7 dL=0.7 L なので、2.4+0.7=3.1(L)

❺ 2 m40 cm=2.4 m、1 m80 cm=1.8 m なので、2.4−1.8=0.6(m)

❻ 1000 mL=1 L なので、
500 mL=0.5 L、
$\frac{3}{10}$ L=0.3 L
たんいをそろえて計算しよう。

解答 算数

標準レベル 33 □を使った式

算数33

解答

❶ (1) 58　(2) 65
(3) 186　(4) 121
(5) 8　(6) 30
(7) 384　(8) 7

❷ (1) □+46=72
(2) 42−□=36
(3) 80×□=480
(4) □÷8=3

❸ (1) 23+□=40
(2) 17こ

❹ (1) 1000−□=360
(2) 640円

❺ (1) □×8=56
(2) 7まい

解説

❶ 答えがきまっている計算のもとの数を考えよう。わかりにくいときは、数直線でたしかめてみるといいよ。

❷ □を使って場面を式に表そう。(1)は、「□に 46 をたしたら 72 になった」と考えて、□+46=72 と表そう。

❸ (1) 23+□=40。□=40−23 としないように気をつけよう。

❹ (1)(出したお金)−(代金(だいきん))=(おつり) だから、
1000−□=360

❺ (1)たとえば、「3 まいずつ 8 人の子どもに配(くば)る」なら、3×8 なので、
□×8=56
(2)□にあてはまる数を考えよう。

上級レベル 34 □を使った式*

算数34

解答

❶ (1) 46
(2) 57
(3) 51
(4) 25
(5) 8
(6) 48

❷ (1) □−3+5=15
(2) □×3+8=23

❸ (1) 400+□−560=340
(2) 500円

❹ (1) 3×□+7=67 (67−3×□=7)
(2) 20人

❺ (1) □×6−100=620
(2) 120円

解説

❶ +、−、×、÷が 2 回出てくる計算なので、計算のじゅんじょに気をつけよう。
(1) 23+84+□=153 ⇒ 107+□=153
のようにまとめられるところは先にまとめておくようにしよう。(2)も同じだ。
(4) 3×■=300 ⇒ ■=300÷3 だから、
3×□×4=300 ⇒ □×4=300÷3
のように□×4 をいったんひとかたまりと考えよう。
(6) ■+5=13 ⇒ ■=13−5 だから、
□÷6+5=13 ⇒ □÷6=13−5
⇒ □÷6=8

❸ まず□を使って場面を式で表そう。そして、□にあてはまる数をもとめよう。❹、❺も同じだ。

標準レベル 35 問題の考え方 (1)

算数35

解答

❶ (1) 5人
(2) 15人

❷ 9本

❸ 20本

❹ 17こ

❺ 32まい

❻ 24こ

❼ 9ページ

解説

❶ 20 この○をかいて考えよう。

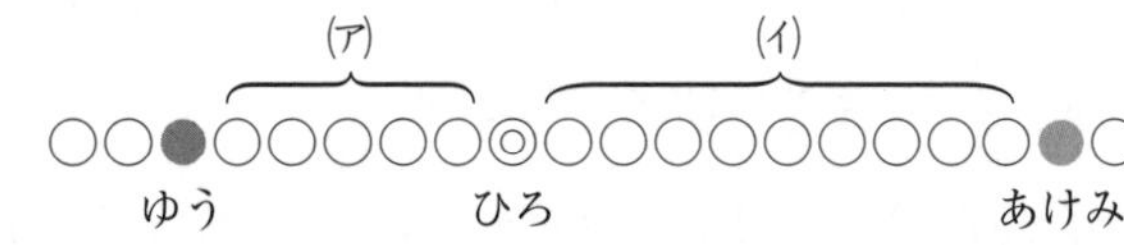

図を見ると、(ア) 5 人、(イ) 9 人であることがわかる。

❷ 下のような図をかいて考えよう。

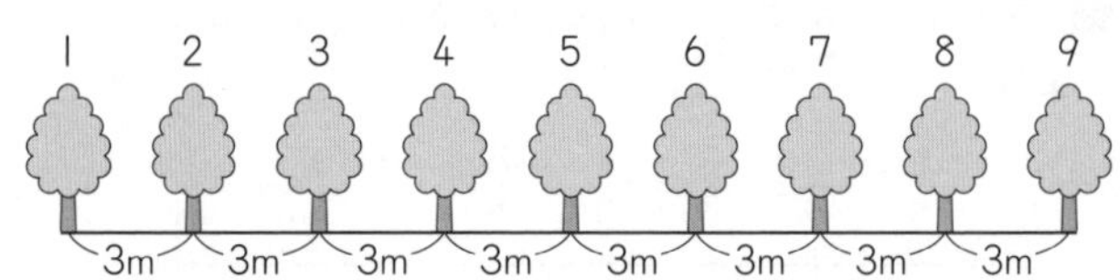

24÷3=8 だから、
上の図のように、木と木の間が 8 か所(しょ)のとき、木の本数は 9 本だ。

ポイント
植木算(うえきざん)とよぶ。木の本数よりも間の数は 1 少なくなる。

❸ 同じ植木算だが、1 まわりするときは、くいの本数と間の数が同じになる。

❹〜❼は線分図を使おう。

❹ パイ □
クッキー □ 3こ
合わせて 37 こだから、□ 2 つで 34 こ
□は 34÷2=17(こ)

❺ りょうたさん 44まい □
弟 □ 6まい
□ =44−(6×2)=32(まい)

❻ はじめさん □
すすむさん □ 2こ
まなぶさん □ 5こ
合わせて 60 こだから、□ 3 つで 60−(2+2+5)=51(こ)
□は 51÷3=17(こ)

❼ 1日目 □
2日目 □ 2ページ
3日目 □ □
3日間で42ページだから、□ 4つで 42−(2×3)=36(ページ)
□は 36÷4=9(ページ)

上級レベル 36 問題の考え方 (1)

算数㊱

解答

1 (1) 3 番目 (2) 6 人
2 (1) 25 本 (2) 24 本
3 50 本
4 30 こ
5 26 cm
6 12 こ

解説

1 18 この○をかいて考えよう。

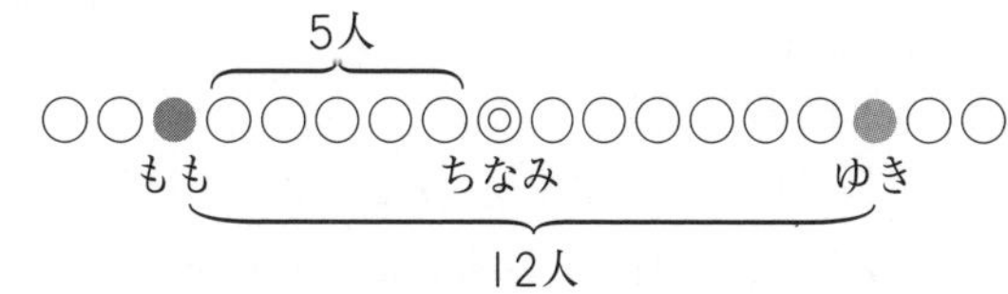

2 くいがたくさんあるので、次のような図で考えよう。

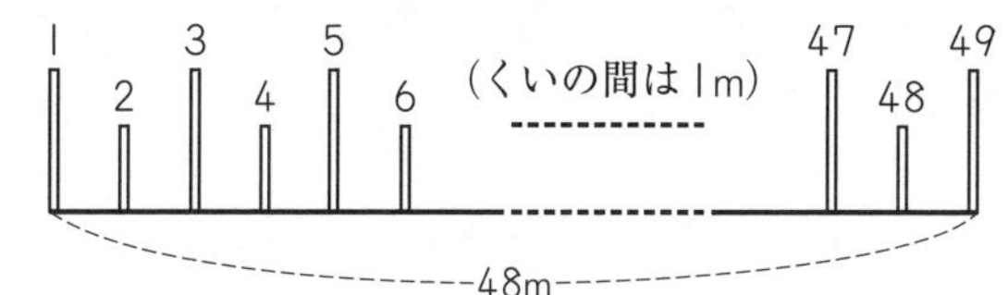

(1)くいとくいの間は 48÷1=48(か所) あるので、くいの本数は 48+1=49(本)。
また、大きなくいだけを見ると、間は 2 m だから、大きなくいの本数は
48÷2+1=25(本)
(2) 49−25=24(本)

3 1 まわりするので、くいの本数と間の数は同じ。

4 ひろきさん □ 12こ
ゆうきさん □
合わせて 48 こだから、□ 2 つで 48−12=36(こ)
□は 36÷2=18(こ)

5 長いロープ □−3 3 □−3 3
短いロープ □
短いロープを□ cm とすると、長いロープは
(□−3)×2= □ ×2−6
合わせて 72 cm なので、□ ×3−6=72

6

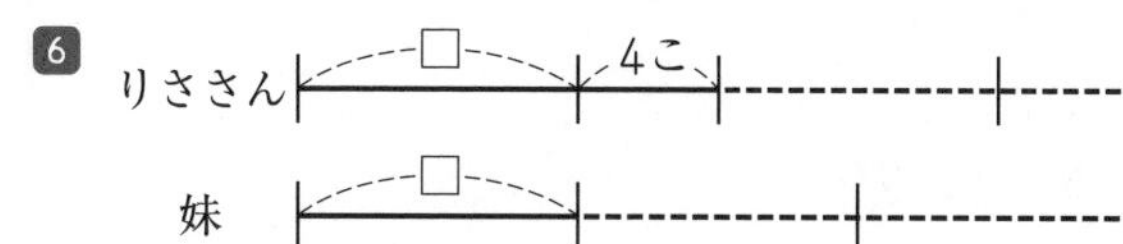

妹のこ数を□ことすると、りささんは□ +4(こ)
りささんの 2 倍と妹の 3 倍が同じなので、
□ =4+4=8(こ) とわかる。

解答 算数

標準レベル 37 問題の考え方 (2)★

算数㊲

解答

❶ (1) 10、14
(2) 91、85
(3) 8、32
(4) 3、1
(5) 11、22

❷ (1) 61
(2) 50 番目

❸ (1) 15 本
(2) 24 こ

❹ (1) 36
(2) 7
(3) 7

解説

❶ あるきまりによってならんだ数を「数列（すうれつ）」とよぶ。前後の数のならびから、□に入る数を考えよう。

(1) 2 ずつふえているので、8 のつぎが 10、12 のつぎが 14。

(2) 3 ずつへっているので、94 のつぎが 91、88 のつぎが 85。

(3) つぎのように、2 倍（ばい）、2 倍、……となっているので、4 のつぎが 8、16 のつぎが 32。

1、2、4、□、16、□、64、……
×2 ×2 ×2 ×2 ×2 ×2

(4)「1、2、3」のくりかえしになっている。

(5) 数のふえ方が、+1、+2、+3、……となっている。

1、2、4、7、□、16、□、……
+1 +2 +3 +4 +5 +6

7 のつぎは 7+4=11、
16 のつぎは 16+6=22。

❷ (1) 1 番目の数が 3 で、あとは 2 ずつふえている。

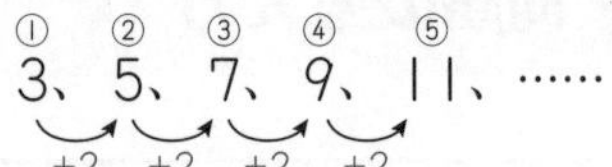

2 番目の数 5 は 3 に 2 を 1 回たしたもの、
3 番目の 7 は 3 に 2 を 2 回たしたもの、
4 番目の 9 は 3 に 2 を 3 回たしたもの、
5 番目の 11 は 3 に 2 を 4 回たしたもの
……のようにしてもとめることができる。
30 番目の数は「3 に 2 を 29 回たしたもの」だから、
3+(2×29)=61。

(2) 101 は 3 に 2 を何回たしたものであるかをもとめると、101−3=98、98÷2=49 より、2 を 49 回たしたものとわかる。
101 は 49+1=50(番目) の数。

❸ さいしょの三角形を 1 こ作るのに、マッチぼうが 3 本いる。しかし、2 こ目からはもとからあるマッチぼうがあるので、三角形を 1 こふやすのにいるマッチぼうは 2 本。よく考えると、❷の問題と同じであることがわかる。

(1) 7−1=6
さいしょの 1 こから三角形を 6 こふやすから、
3+(2×6)=15(本)

(2) 49−3=46　46÷2=23　23+1=24(こ)

❹ (1) 5＊7=5×7+1=36

(2) □＊6=(□×6)+1 のことだから、(□×6)+1=43 になる□をもとめればよい。
(□×6)+1=43　□×6=42　□=7

(3) □＊△=92 より、(□×△)+1=92　□×△=91。
つまり、□と△は「かけると 91 になる整数（せいすう）」であることがわかる。□<△であることと、□は 1 より大きいことから、□=7、△=13 の 1 とおりにきまる。

上級レベル 38 問題の考え方 (2)★

算数㊳

解答

1 (1) 2
(2) 250

2 (1) 6
(2) 22 番目

3 (1) 29
(2) 24
(3) 左から 5 番目で上から 6 番目

4 (1) 2
(2) 13
(3) 150

解説

1 「1、2、3、4」の 4 つの数がくりかえし出てくる。4 つずつに分けて、それぞれを第 1 グループ、第 2 グループ、……とする。

1、2、3、4、 | 1、2、3、4、 | 1、2、……
第 1 グループ　第 2 グループ　第 3 グループ

(1) 50÷4=12 あまり 2 だから、50 番目の数は、13 グループの左から 2 番目の数。どのグループでも、左から 2 番目の数は 2 なので、50 番目の数は 2 とわかる。

(2) 100÷4=25 だから、100 番目までの数をすべてたすということは、第 25 グループまでの数をすべてたすということになる。1 つのグループの数をたすと、どのグループも 1+2+3+4=10 なので、100 番目までの数をたすと 10×25=250。

2 つぎのように、はじめから 1 つ、2 つ、3 つ、……と分けてグループにする。

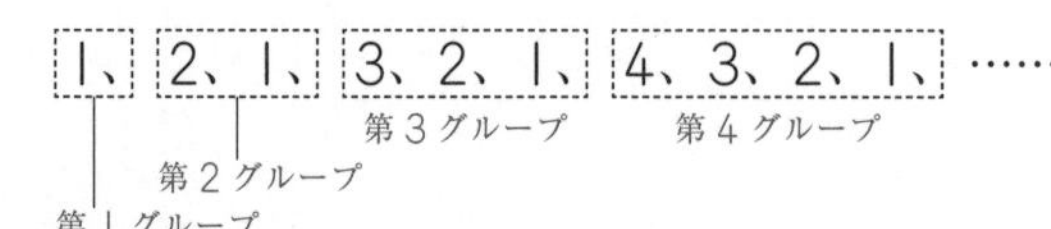

(1) 1+2+3+4+5+6+7+8=36 より、第8グループまでに数が36こ出てくる。したがって、40番目の数は、第9グループの左から4番目の数。第9グループは「9、8、7、6、5、4、3、2、1」と数がならぶので、左から4番目の数は6になる。

(2)はじめて7があらわれるのは、第7グループのいちばん左。第6グループまでに数は 1+2+3+4+5+6=21(こ) 出てくるので、21+1=22(番目) が答え。

3 (1)いちばん左の列(れつ)は上から、

1、2、4、7、11、16、22、29、……
（+1 +2 +3 +4 +5 +6 +7）

のようになっていて、8番目の数は29。

(2)右の図より、左から3番目の列の上から5番目の数は24とわかる。

上から5番目	11		24	
上から6番目	16	23		
上から7番目	22			
上から8番目	29			

(3)いちばん左の列の上から9番目は29+8=37、上から10番目は37+9=46。そこから右ななめ上に1つすすむと47、2つすすむと48、3つすすむと49、4つすすむと50だから、50は左から5番目、上から6番目のます目にある。

4 (1) 10÷4=2 あまり 2 より、〈10〉=2。

(2) 4でわってあまりが1になる数は、
1、5、9、13、17、21、25、29、33、37、41、45、49の13こある。

(3) 1、2、3、4、5、6、7、8、……を4でわったときのあまりは、
1、2、3、0、1、2、3、0、……のようにくりかえす。
100÷4=25 より、このくりかえしを25回たすと、(1+2+3+0)×25=150 になる。

39 最上級レベル 1

算数39

解答

1 (1) 785 (2) 9 (3) 2.7 (4) $\frac{6}{7}$

2 (1)< (2)> (3)＝ (4)>

3 (1) 57000
(2) 262000000

4 (1) 108人
(2) 4人
(3)

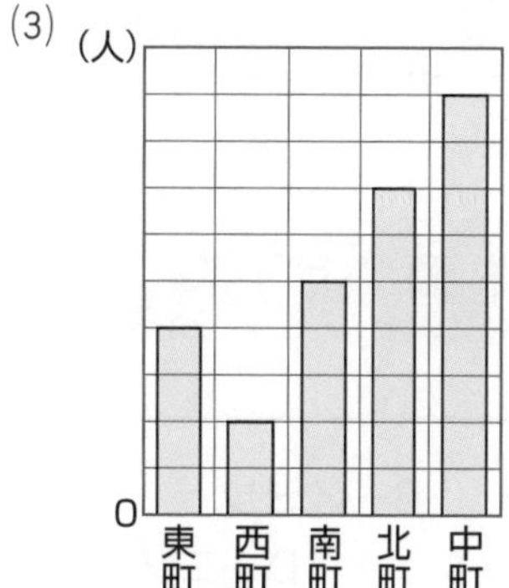

5 (1)午前11時10分
(2) 3時間30分

解説

3年生の総まとめ。できない所があったらできるまでやりなおそう。

2 分数と小数をくらべるときは小数にそろえよう。
(2)では分母の大きさをくらべよう。数直線で考えるとよい。

3 位(くらい)の数を10こ集(あつ)めたときには次の位に上がる。

4 表(ひょう)とグラフの問題。グラフの1目もりはいつも1とはかぎらない。たての目もりは10こなので、もっとも多い数36を表すにはどうすればよいか考えよう。

5 時間と時こくのちがいに気をつけよう。午前12時をまたぐ時間をもとめるときにまちがいが多くなるので、気をつけよう。

40 最上級レベル 2

算数40

解答

1 (1) 258
(2) 8あまり4
(3) 10881
(4) 4.5

2 (1) 3000
(2) 160
(3) 4、30
(4) 3800

3 (1) 400g
(2) 1kg900g

4 9まい

5 8、9、10、11、12、13

6 (1) 8cm
(2) 88cm

解説

2 1km=1000m、1分=60秒(びょう)、1kg=1000g、1t=1000kg。

3 はかりの1目もりが何gか、に気をつけよう。

4 70÷8=8 あまり 6 だが、答えを8まいとしてはいけない。のこりの6まいをつくるために、画用紙がもう1まいいる。

5 数直線を使うと考えやすい。
$1=\frac{7}{7}$、$2=\frac{14}{7}$ だから、7より大きく14より小さい整数(せいすう)。

6 半径(はんけい)が5つ分で20cmだから、円の半径は4cm。また、円をいくつかいてもたての長さはいつも8cm。横(よこ)の長さは、4×(円のこ数)+4です。

標準レベル 41 植物を調べよう

理科①

解答

❶ (1)イ
(2)ア
(3)①○　②×　③○　④×　⑤○
(4)イ→エ→ア→ウ→オ
(5)①葉　②子葉
(6)①葉　②根　③くき

解説

❶ (1)アはヒマワリのたね、ウはマリーゴールドのたねである。

(2)ホウセンカのめは、たねの皮をつけたまま出てくる。

(3)ビニルポットから花だんに植えかえるときは、花だんをよくたがやして、ひりょうを入れておいてから、ビニルポットの土ごと植えかえる。植えかえたら水をあげる。

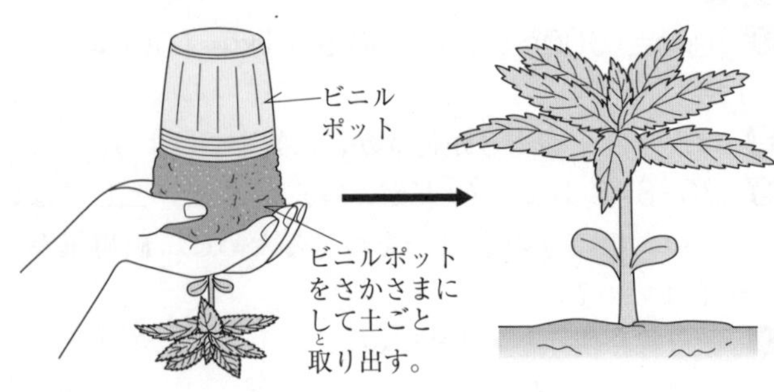

(4)まず、子葉が出て、子葉の間から葉が出る。オは花がさいているので、いちばんさい後となる。

(5)子葉はもともとたねの中にあって、めが育つためのえいよう分をたくわえている。成長すると、かれてなくなる。

(6)ホウセンカにかぎらず、植物の多くは根、くき、葉の３つに大きく分かれている。根は土の中の水分やよう分をきゅうしゅうし、植物をささえる役目、くきは水分やよう分を根から葉に運ぶ役目、葉は成長にひつようなえいよう分をつくるはたらきをしている。

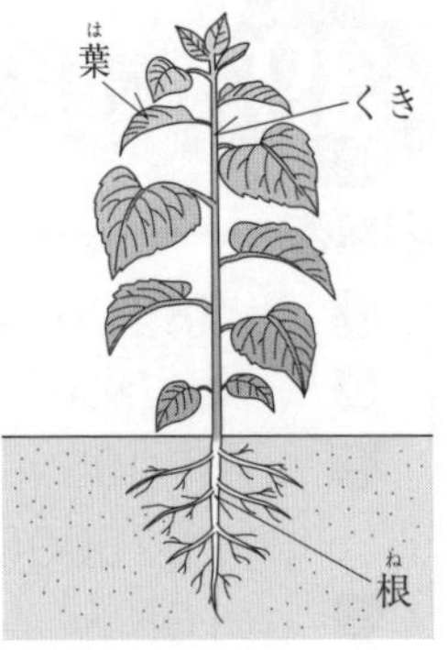

ポイント 植物のからだは、根・くき・葉に分かれる。

上級レベル 42 植物を調べよう

理科②

解答

1 (1)A―ススキ　B―スミレ
C―シロツメクサ　D―エノコログサ
(2)B、C
(3)D

2 (1)イ　(2)ア
(3)ウ　(4)ア
(5)イ

解説

1 (1)教科書や問題集に出てくる有名な草花の名前はしっかりとおぼえておこう。また、花の色などが問われることもあるので、合わせておぼえておこう。

(2)この中で春に見られるのは、スミレとシロツメクサである。

(3)エノコログサはべつ名「ねこじゃらし」とよばれている。ほが犬のしっぽににていることから、「犬っころ草」が転じてエノコログサになったといわれている。

2 (1)子葉の中にはめが育つためのえいよう分がたくわえられている。植物が育っても子葉は２まいのままで、やがてかれてなくなってしまう。

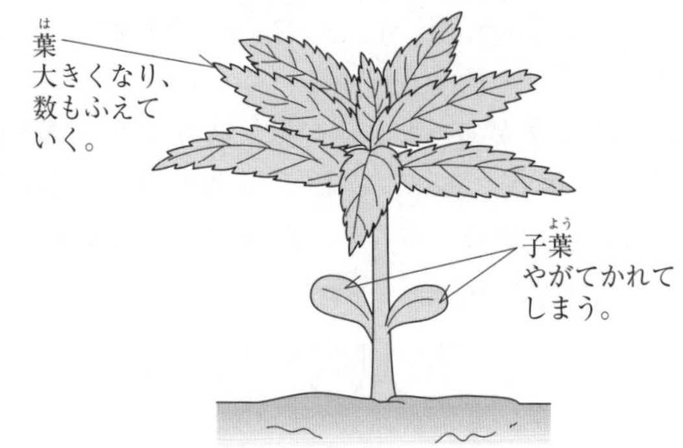

(2)植物は日光を受けて、葉でえいよう分を作り出している。したがって、できるだけ日光を多く受けられるように、葉はたがいちがいについている。

(3)花が実になり、実の中にたねができる。

(4)アサガオの葉の表面には細かい毛が生えている。ただし、子葉の表面はつるつるである。

(5)タンポポのたねには、はねのようなものがついていて、風で遠くまでとばされる。

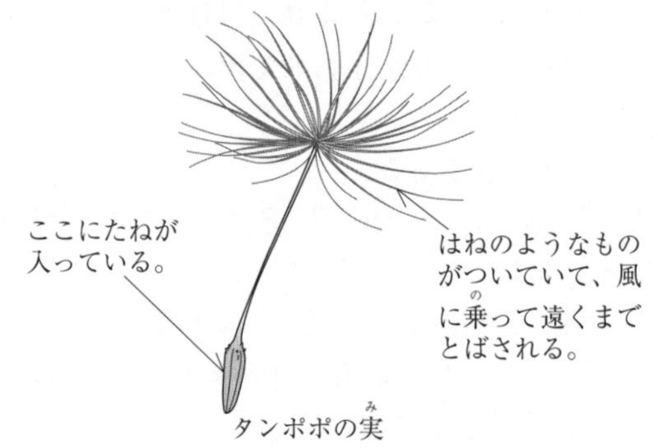

ポイント 子葉にはめが成長するためのえいよう分が入っていて、やがて、かれてしまう。

標準レベル 43 こん虫の育ち

理科③

解答

❶ (1)イ　(2)ウ
(3)ア　(4)イ

❷ (1)A―頭　B―むね　C―はら
(2)6(本)
(3)B
(4)イ
(5)ア

解説

❶ (1)モンシロチョウのたまごは長さ 1mm ほどで、トウモロコシのような形をしている。

(2)モンシロチョウのメスは、キャベツやダイコンの葉のうらにたまごをうむ。

(3)たまごからかえったよう虫は、まだ色は緑色ではなく、さいしょにたまごのからを食べる。やがて葉を食べるようになると、だんだんと緑色になってくる。

(4)こん虫のからだは皮でおおわれているため、大きくなるためには古い皮をどんどんとぬいでいかなければならない。これをだっ皮という。

❷ (1)モンシロチョウにかぎらず、すべてのこん虫はからだが頭、むね、はらの 3 つの部分に分かれている。クモやダンゴムシなどはそうなっていない。

モンシロチョウやシオカラトンボのからだのつくり

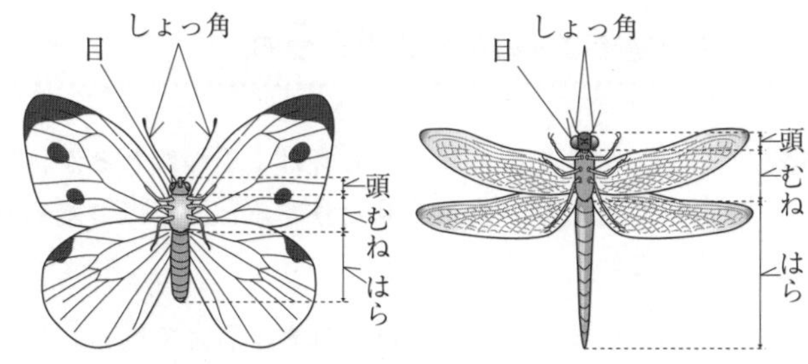

(2)(3)こん虫のあしは 6 本あり、6 本ともむねについている。はねはふつう 4 まいだが、はねのないこん虫もいる。

(4)モンシロチョウの成虫は昼、とび回って花のみつをすっている。モンシロチョウの口はみつをすうのにてきした形になっている。

(5)モンシロチョウがとび回るのは、昼の明るいときだけである。暗くなったり気温が下がってくると、草の葉のうらにとまってじっとしている。

ポイント
こん虫のからだは、頭、むね、はらに分かれ、あしは 6 本とも胸についている。

上級レベル 44 こん虫の育ち

理科④

解答

1 (1)①C　②D
(2)A―水の中　B―土の中
(3)C
(4)ア

2 (1)イ　(2)ウ
(3)イ　(4)ア
(5)イ　(6)イ

解説

1 (1)ダンゴムシは落ち葉や石の下でくらし、ふはいした落ち葉やざっ草、動物の死がいなどを食べている。バッタは草むらの中でくらし、草を食べている。

(2)トンボのよう虫はヤゴとよばれ、水中で小さい生き物をえさにしている。やがてりくに上がって羽化し、トンボ(成虫)になる。セミのよう虫は土の中で木や草の根に口をさしてしるをすっており、セミは一生のほとんどを土の中ですごしている。

(3)(4)ダンゴムシは、あしが 14 本あり、からだもいくつかのふしに分かれているので、こん虫とはいえない。エビやカニのなかまに入る。

2 (1)アゲハはミカンやカラタチの葉にたまごをうみ、よう虫はその葉を食べて育つ。

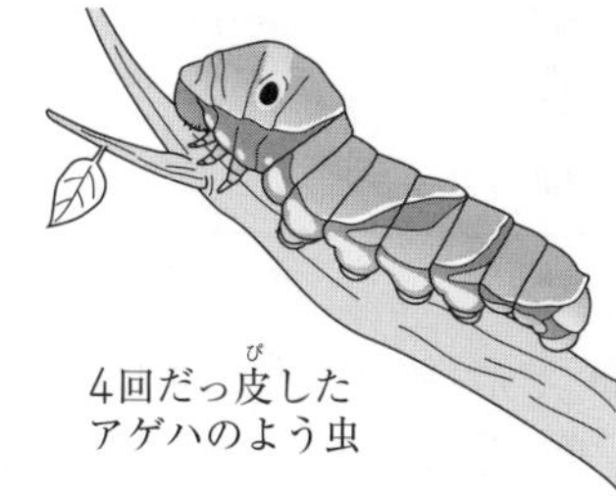
4回だっ皮したアゲハのよう虫

(2)モンシロチョウのよう虫も 4 回だっ皮する。

(4)クモはあしが 8 本あるのでこん虫ではない。アリ、ゴキブリはからだが頭・むね・はらに分かれていて、あしがむねに 6 本あるのでこん虫である。

(5)トンボやバッタやセミはさなぎにならない。さなぎになるこん虫は、チョウ、カブトムシ、テントウムシなどである。

ポイント

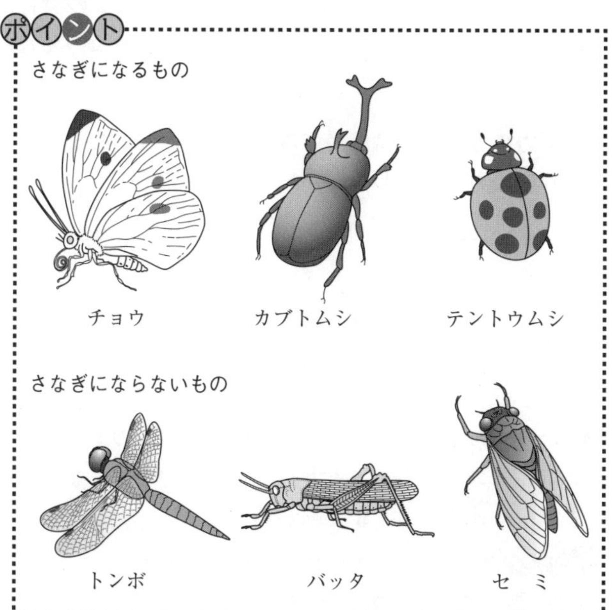

(6)こん虫のあしは 6 本ともむねの部分についている。はねもむねの部分についている。

標準レベル 45 風やゴムのはたらき・ものの重さ

理科⑤

解答

❶ (1)A　(2)B　(3)B(と)C　(4)イ
❷ (1)ア　(2)カ　(3)ア
❸ イ、オ

解説

❶ (1)(2)ものの重さはだいたい決まっていて、水の重さを10とすると、同じ体せきでくらべた場合、鉄は80、アルミニウムは30、木は5、発ぽうポリスチレンは1よりずっと小さい重さになる。
(3)これはあとの学年で学習するが、同じ体せきでくらべて、水より重いものは水にしずみ、水より軽いものは水にうく。鉄やアルミニウムは水にしずみ、木や発ぽうポリスチレンが水にうく。
(4)同じ重さのものをくらべると、重いもの(この場合は鉄)のほうが体せきは小さくなり、軽いもの(この場合は木)のほうが体せきが大きくなる。

❷ (2)カの方向から風を当てると、風がそれてしまい、あまり風の力がつたわらない。

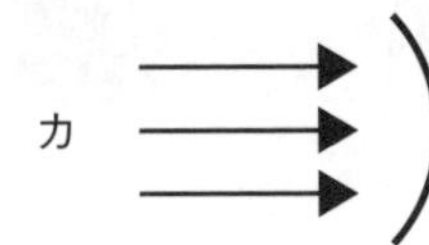

風が集まる。

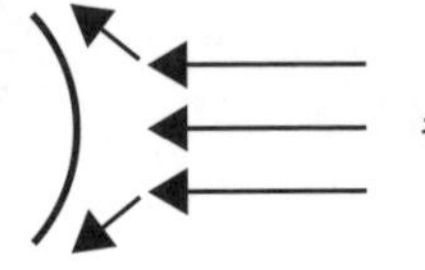

風がそれてしまう。

❸ わゴムの本数が多いほど、また、わゴムのまき数が多いほどわゴムがもとにもどろうとする力が強くなり、糸まき車は速く、遠くまで転がる。

ポイント
鉄(重いもの)と木(軽いもの)
・同じ体せきでくらべると…鉄のほうが重い。
・同じ重さでくらべると…木のほうが大きい。

上級レベル 46 風やゴムのはたらき・ものの重さ

理科⑥

解答

❶ (1)A　(2)B
(3)6(こ)
❷ イ、ウ
❸ (1)イ　(2)ウ
(3)エ、オ
❹ イ

解説

❶ (1)右の皿からBを1こ取ると、ぼうは左にかたむく。したがって、1こずつをくらべるとAのほうが重いことがわかる。
(2)右の皿からCを2こ取ると、ぼうは左にかたむく。よって、1こずつをくらべるとBのほうが重いことがわかる。
(3)B1ことC3こがつりあっているので、B2ことならC6こでつりあう。A1こはB2ことつりあうので、C6こともつりあう。

❷ ものの形をかえてもものの重さはかわらない。また、体せきが同じでも、ものによって重さはことなる。

❸ (1)(2)つり下げたおもりが多いほどわゴムはたくさんのびる。また、わゴム2本をいっしょにしてつるすと、1本のときよりのびは小さくなる。したがって、いちばんよくのびるわゴムはイで、いちばんのびないわゴムはウである。
(3)わゴムを2つつなげておもりを1こつり下げたとき(図のエとオ)、どちらのわゴムにもおもり1こ分の重さがかかる。したがって、エとオのわゴムはどちらもアのわゴムと同じぐらいのびることになる。

❹ 風をよく受け、車りんのついているものをえらぶ。

標準レベル 47 かげのでき方と太陽の光、音

理科⑦

解答

❶ (1)×　(2)○
(3)×　(4)○
(5)○　(6)×
❷ (1)南　(2)A(と)D(の間)
(3)ウ　(4)X
❸ (1)イ　(2)黒
❹ (1)ア○　イ×　ウ×
(2)ふるえている

解説

❷ (1)1日のうちで、太陽は、東から出て南を通り、西にしずむ。太陽のかげは太陽と反対がわにできるので、西→北→東のじゅんに動く。問題の図では、Cが北なので、Aが南、Bが東、Dが西である。
(2)太陽はかげと反対方向、つまり、AとDの間にある。
(3)(4)太陽はB→A→Dと動き、それにつれてかげはD→C→Bと動く。太陽がAの方向にくるのが正午で、そのときかげはCの方向にできる。したがって、問題の図のようなかげができるのは午後3時ごろで、かげはこのあとXの方向に動く。

❸ (2)黒色は太陽の光をよくきゅうしゅうし、白色は太陽の光をよくはね返す。

ポイント
かげの動きは太陽の動きと正反対。

❹ (1)糸をエナメル線にかえても音はよくつたわるが、ゴムひもにかえたり、たるませたりすると、音はつたわりにくくなる。
(2)音が出ているとき、ものはどれもふるえている。

上級レベル 48 かげのでき方と太陽の光、音

理科⑧

解答

1 (1)白いぼう　(2)ウ
(3)日かげ

2 (1)イ　(2)ア
(3)イ　(4)ウ
(5)ウ

3 ウ

解説

1 (1)日なたのほうが日かげよりも太陽の光が当たっているので温度が高くなる。また、1日のうちで温度のへん化がはげしいのも日なたである。

(2)温度計の先を少し土の中にうめること、温度計を直しゃ日光に当てないことがひつようである。

(3)温度計の目もりはおよそ15℃をしめしている。グラフより、午前11時では日なたの温度がおよそ20℃、日かげの温度がおよそ15℃である。

2 (1)正午ごろは太陽が高いところにあるのでかげは短く、午前中や夕方は太陽がひくいところにあるのでかげは長くなる。

(4)太陽の光はとても強く、直せつ肉がんで見ると目をいためる。しゃ光板はサングラスのような役わりをする。

(5)くもりの日でも、太陽はのぼっている。

3 空気をつたわった音は、山やたてものにぶつかるとはねかえる。山やたてもののかべにむかって大きな声を出すとこだまが聞こえるのは、「ものに当たるとはねかえる」という音のせいしつによるものである。

標準レベル 49 電気で明かりをつけよう

理科⑨

解答

1 (1)○　(2)×　(3)×　(4)○
(5)○　(6)×

2 (1)○　(2)×　(3)×　(4)○
(5)×　(6)○

3 ①+きょく　②−きょく　③どう線
④フィラメント　⑤ガラス

4

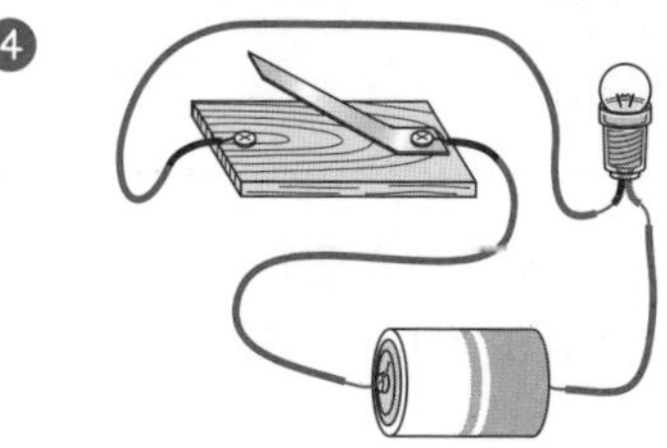

解説

1 かん電池は出っぱっているところが+きょく、反対がわが−きょくである。また、+きょくのまわりの金ぞくの部分も+きょくだが、かん電池のまわりの部分は+きょくでも−きょくでもない。豆電球はソケットからはずしても使えるが、そのとき、どう線の一方は先のとがったところに、もう一方はねじになっている部分につなぐひつようがある。(2)は電池のまわりにつないでいる。(3)は豆電球の先のとがったところにどう線が2本ともつながれている。(6)は豆電球の先のとがったところもねじになっている部分も電池の+きょくにつながれている。

2 電気をよく通すもの=金ぞくとおぼえておいてよい。ちなみに、えん筆のしんも電気を通す。

4 豆電球、電池、スイッチが1つのわのようにつながれていれば正かいである。

ポイント
金ぞく(鉄・どう・アルミニウムなど)は電気をよく通す。

上級レベル 50 電気で明かりをつけよう

理科⑩

解答

1 ア、ウ

2 (1)×　(2)○　(3)○

3 (1)ウ　(2)エ
(3)ウ　(4)イ

解説

1 電気が流れない原いんとしては、電池が切れている、豆電球がゆるんでいる、どう線がどこかで切れている、回路がつながっていないなどが考えられる。どう線が少しぐらいねじれていても、電気は流れる。

2 (1)消しゴムは電気を通さないので、豆電球はつかない。
(3)豆電球は電気を通すので、電気が流れ、豆電球が2つともつく。

3 (1)スイッチaを入れると電気が流れ、豆電球が2つともつく。

(2)(3)下の図では、3つのスイッチをすべて入れると、電気は次のようにと中で分かれ、また合流する。水の流れと同じように考える。

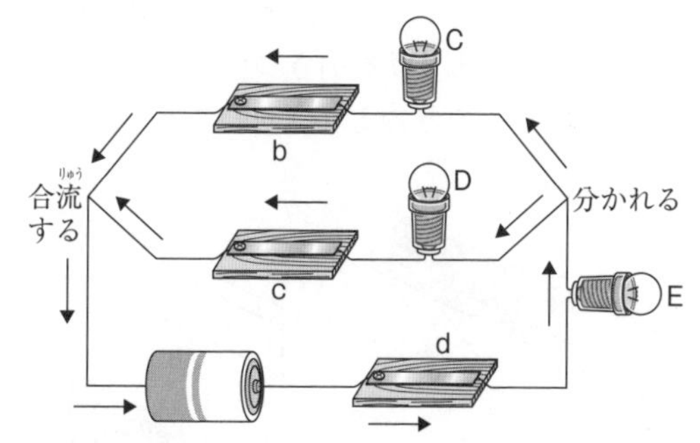

スイッチdが入っていても、bとcが入っていないと電気が流れない。また、bとdが入っていれば分かれたCの豆電球に電気が流れる。

解答
理科

標準レベル 51 じしゃくのせいしつ

理科⑪

☑解答

❶ (1)× (2)○
(3)× (4)×
(5)× (6)○

❷ (1)× (2)○
(3)○ (4)×

❸ ウ、エ

❹ (1)アとキ (2)エ

解説

❶ 「電気を通すもの」と「じ石につくもの」とは同じものではない。しっかりと区べつしておぼえるようにしよう。鉄、アルミニウム、どうは電気を通すが、じ石につくのは鉄だけである。

ポイント
どうやアルミニウムはじ石につかない。

❷ じ石にはNきょくとSきょくがあり、2つのじ石のNきょくとSきょくは引き合う。NきょくとNきょく、SきょくとSきょくはたがいにしりぞけ合う。

❸ ぼうじ石は、一方のはしがNきょく、もう一方のはしがSきょくであり、この2か所がよく鉄を引きつける。真ん中あたりはあまり鉄を引きつけない。U字じ石はぼうじ石を曲げたものと考えれば同じことである。

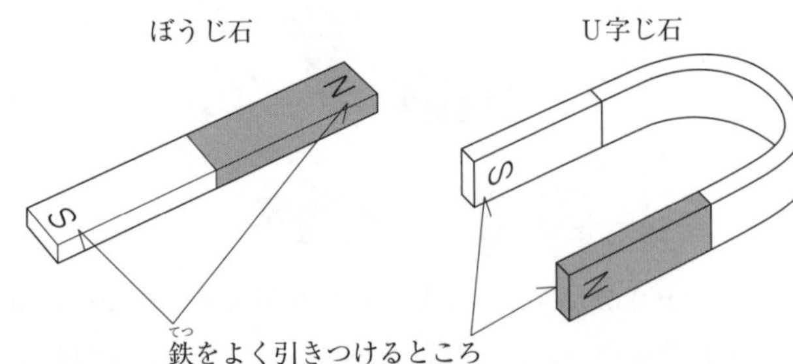

また、じ石の引きつける力は、間にじ石につかないものがあってもはたらく。さらに、じ石についた鉄はじ石のせいしつをもつようになる。鉄くぎをじ石で同じ方向に何回かこすると、鉄くぎはじ石になる。

ポイント

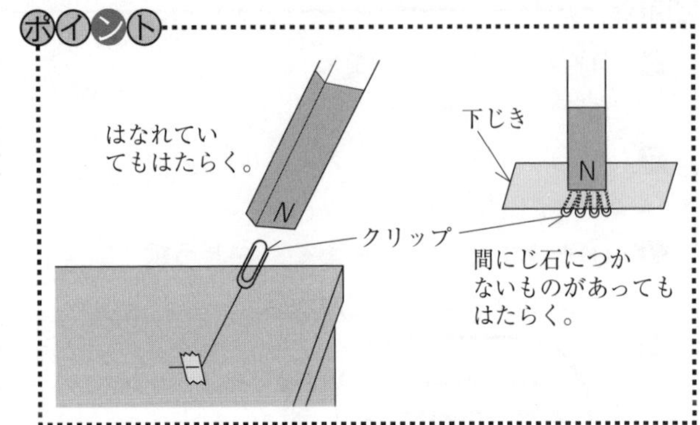

❹ ぼうじ石ははしの部分がいちばん鉄を引きつける力が強く、真ん中に行くほど引きつける力が弱まる。

上級レベル 52 じしゃくのせいしつ

理科⑫

☑解答

1 (1)S(きょく)
(2)N(きょく)
(3)S(きょく)
(4)ア
(5)ウ

2 (1)イ
(2)ア
(3)ウ

3 S(きょく)

解説

1 (1)じ石にくっついた鉄くぎもまたじ石のせいしつをもつようになる。そのとき、鉄くぎの、じ石のNきょくにくっついている部分がSきょくになり、その反対がわがNきょくになる。
(2)じ石になったAの鉄くぎに引きつけられたBの鉄くぎもまたじ石になる。Aの下の部分がNきょくなので、Bは上がわがSきょく、下がわはNきょくになる。

ポイント

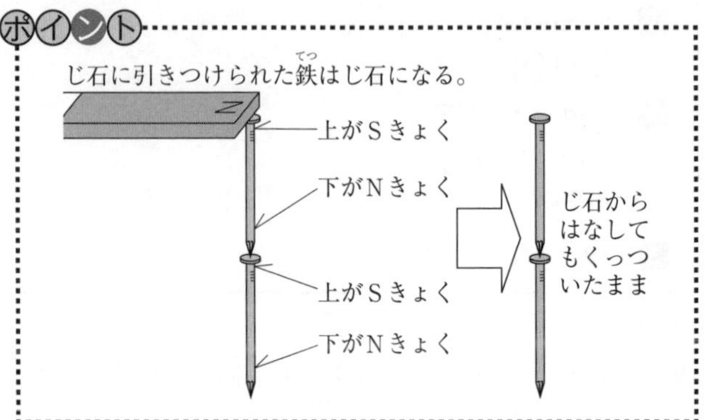

(3)もし、A、Bの鉄くぎをもとのぼうじ石のSきょくのほうにつけたとしたら、(1)(2)とは反対のきょくになる。
(4)じ石に引きつけられた鉄くぎはじ石のようになっているので、もとのぼうじ石からはなしても、2つの鉄くぎはくっついたままである。
(5)さ鉄はじ石になったくぎの両はし(NきょくとSきょくのあるところ)によくくっつく。

2 じ石の力ははなれたところにもおよび、間にさえぎるものがあってもはたらく。

3 地球はじ気をおびていて、右の図のように、北きょくふ近にSきょく、南きょくふ近にNきょくがある。方いじしんのNきょくが北を指すのは、方いじしんのNきょくが北きょくのSきょくに引きつけられるからである。

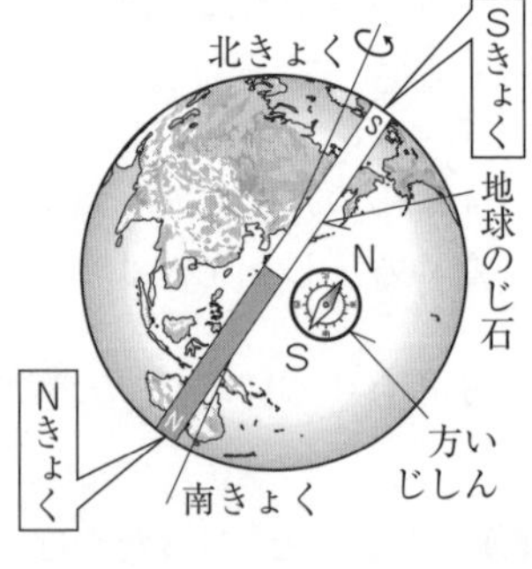

ポイント
地球も大きなじ石で、北きょくがSきょく。

53 最上級レベル ①

理科⑬

解答

1 (1)ウ
(2)エ
(3)子葉
(4)ア

2 (1)A—C　D—H　F—E
(2)B、G　(3)むね
(4)A、F　(5)H

解説

1 (1)アはホウセンカのたね、イはアサガオのたね、ウはヒマワリのたね、エはマリーゴールドのたねである。ハムスターはヒマワリのたねをこのんで食べる。

代表てきな植物のたね

ヒマワリ

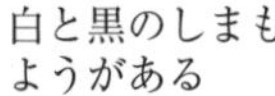

白と黒のしまもようがある

ホウセンカ

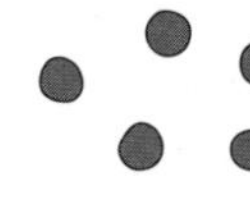

黒い小さなつぶのような形

オクラ

丸く黒い。ホウセンカより大きい。

マリーゴールド

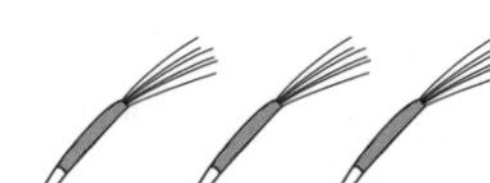

黒く細長い。はねのようなものがある。

(2)アはホウセンカの子葉、イはアサガオの子葉、ウはアブラナの子葉、エはヒマワリの子葉である。

(4)ヒマワリやタンポポの花は、小さな花がたくさん集まって１つの花のように見える。大きなヒマワリでは1000こい上の花が集まっていて、その１つ１つからたねが１こずつできる。

2 (1)Aモンシロチョウのよう虫はCで、アオムシとよばれる。生まれたばかりのときは青くないが、キャベツや大根の葉を食べ、だんだんと青く(緑色に)なっていく。Dトンボのよう虫はHでヤゴとよばれ、水中にすんでいる。Fアゲハのよう虫はEで、ミカンやカラタチの葉を食べる。４回目のだっ皮を終えたころにきれいな緑色にかわる。また、目玉のようなもようがついていて、てきをおどかす。

(4)チョウ、カブトムシ、テントウムシはさなぎになるが、トンボ、バッタ、セミはさなぎにならない。

モンシロチョウの育ち方

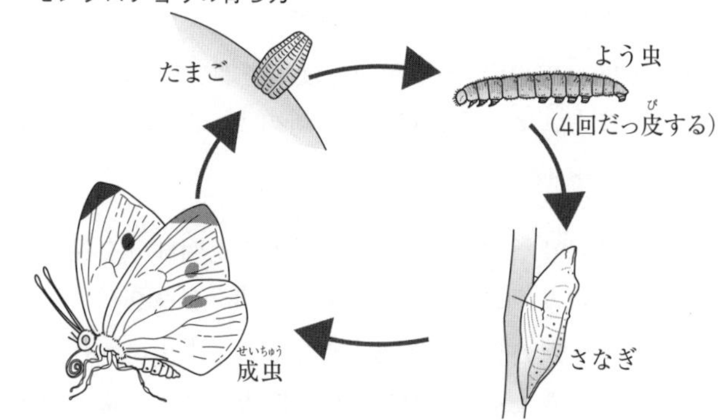

54 最上級レベル ②

理科⑭

解答

1 (1)A　(2)B
(3)イ　(4)ウ

2 ①アルミニウム　②木
③ガラス　④鉄

3 (1)○　(2)×　(3)×　(4)×　(5)○

解説

1 (1)紙の光があたっている部分(明るい部分)の大きさが小さいほど、光が集中しているので温度が高くなる。紙は白い紙よりも、黒い紙のほうが温度が上がりやすくなる。
(2)Bは紙の色が白く、また、虫めがねのいちから、Cと同じぐらいの光の大きさなので、いちばん温度が上がらないと考えられる。
(3)虫めがねはイのように中央がふくらんだ形をしている。このようなレンズをとつレンズという。とつレンズは入ってきた光をある１点に集めるはたらきをし、カメラ、けんびきょう、ぼう遠きょうなどにり用されている。また、アのように中央がへこんでいるレンズをおうレンズという。近し用めがねのレンズなどがこの形である。
(4) C→A→Dと紙からレンズを遠ざけていくと、C→Aでは明るい部分が小さくなっていき、A→Dでは大きくなっていく。

虫めがねで太陽の光を集める

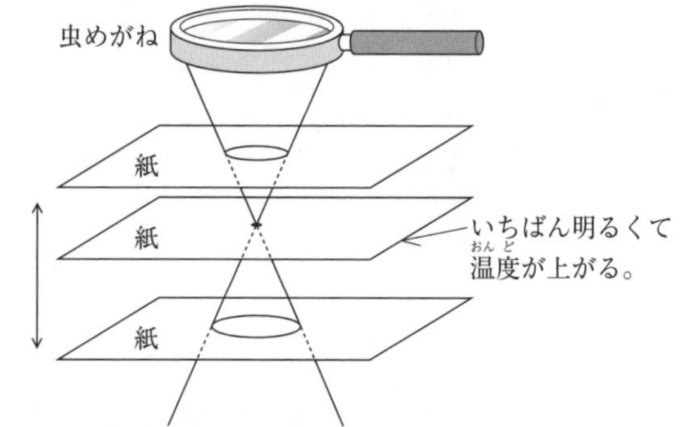

2 じ石についた④が鉄である。①と④は電気を通すので、④が鉄だから①はアルミニウムである。あとは、②と③のうち、重いほうの③がガラスである。

3 (2)太陽のかげの向きは、西→北→東のじゅんに動く。
(3)同じ100gなら、木も鉄も同じ重さである。
(4)地球もじ石のせいしつをもっていて、北きょくふ近にはSきょくがある。

解答
理科

標準レベル 55 わたしたちのまち 社会①

解答

❶ (1)エ

(2)①図書館

②公園

③スーパーマーケット

④交番

(3)①×　②○　③×

❷ (1)方位じしん

(2)①北

②南

解説

❶ (3)①道のまん中を歩くときけんなので、まちたんけんのときは、道の右側を歩くようにする。グループで行動するときには、一人で勝手な行動をとらない、広がって歩かないなどのルールを守る。

②まちたんけんで記ろくしたり、調べるためにひつような持ち物は何か考える。

③まちたんけんをするときは、まちたんけんの前にコースを決め、見たり、聞いたりしたことをまとめる。

❷ (1)方位じしんは色のついたはりが北を指す。

(2)①地図ではふつう上を北にするが、ほかの向きを北にすることもある。地図の問題では、まず方位記号がかかれているかたしかめることがひつようである。

②北を向いて立った場合、右手が東、左手が西になる。

注意　自分たちの住むまちのようすを調べ、まとめることにとどまらず、地図記号や方位じしんの意味や使い方がわかり、地図が読み取れるようになろう。

上級レベル 56 わたしたちのまち 社会②

解答

❶ (1)①北東　②南東　③南西　④西

(2)①キ　②エ　③ク　④オ　⑤ウ　⑥ケ

⑦サ　⑧シ

❷ (1)①ア　②イ　③ウ

(2)①北　②南

(3)南東

(4)①○　②×

解説

❶ (1)八方位では、北東・南東・北西・南西というように、四方位よりもくわしく方位を表すことができる。

(2)⑥の図書館の🕮の地図記号は本を開いた形になっている。また、⑧の水田の〃〃の地図記号はいねをかったあとの形になっている。

❷ (1)地図記号だけでなく、地図の下の説明部分を見て、土地の使い方や土地のとくちょうを読み取ろう。

(2)川は、土地の高いところからひくいところに流れていることから考えることができる。四方位とは、東・西・南・北のこと。

(3)方位記号がしめされていないので、この地図は上が北を表している。神社の地図記号は、⛩。

(4)①地図上の▨は家の多いところを表している。

②地図上の郵便局から西に歩くと橋がある。

ポイント

地図記号は建物を表すもの、土地の使い方を表すものに大きく分けることができる。生活に身近なしせつからおさえよう。そして、交番と警察署、工場と発電所のように形がにていてまぎらわしいものをノートにまとめよう。

標準レベル 57 わたしたちのまちではたらく人 (1) (お店) 社会③

解答

❶ (1)①ア　②ウ

(2)①×　②○　③○

❷ (1)①大型ショッピングセンター

②コンビニエンスストア

③商店街の中の店

(2)エ

(3)(例)買い物ぶくろを持って行く。

解説

❶ (2)①スーパーマーケットではベビーカーやショッピングカートをおしながらでも買い物ができるように、通路を広くするなど、お客さんが買い物をしやすいようにいろいろなくふうをしている。

②・③食品は味やねだんだけでなく、安全であることが大切である。安心して買い物ができるように、スーパーマーケットでは産地や保存方法、おいしく食べられる期限を書いたり、店内で調理をするひつようがある場合には、衛生管理に注意している。

❷ (1)営業時間やちゅう車場、店のある場所などの特色から考える。

(2)おいしく食べられる期限のことを賞味期限という。安全に食べられる期限である消費期限とまちがえないようにしよう。

(3)レジぶくろをへらすために、レジぶくろを有料にしている店もふえてきている。

ポイント

店ではたらく人を知るためには、店に行ってみると良い。また、ちらしや食品の表示をかくにんして、上手な買い物のしかたを考えよう。

上級レベル 58 わたしたちのまちではたらく人 (1) (お店)

社会④

解答

1 ①○　②×　③×　④○

2 (1)①イ
②ウ
③ア
(2)①レタス
②えび―インドネシア
バナナ―フィリピン

解説

1 ①入り口から入って左側にお金をおろしたりあずけたりすることができるATMのきかいがおかれている。
②飲み物のたなは、店のおくにある。
③べんとうやおにぎりのたなは、レジの近くにある。
④お客さんが長くいるところは、店の外から見えるようにしている。

注意 コンビニエンスストアではたなのならべ方や商品のおき方を考えて、お客さんの数をふやしたり、お客さんが商品を多く買うようにしたりするくふうがされている。また、公共料金のしはらいや宅配便など買い物以外にべんりなサービスが数多くある。

2 (1)①は売り場で商品をたなにならべる仕事をしている人、②はレジではたらく人、③はすいかを切っている人のようす。
(2)スーパーマーケットは品物を通じて、日本のさまざまな地域や、世界のさまざまな国とつながっている。

注意 スーパーマーケットには、売り場ではたらいている人のほかに、作業場で調理をする人やじむの人、配送の人など多くの人がはたらいている。

標準レベル 59 わたしたちのまちではたらく人 (2) (農家)

社会⑤

解答

1 (1)エ
(2)イ

2 (1)①生育
②しゅうかく
③自然
(2)ビニールハウス
(3)①○　②×　③×

解説

1 (1)堺市の農業をする人の数の変化の2020年の数を読み取ると、1664人とわかる。

(2)堺市で農業をする人の数は1995年に3566人、2020年に1664人なのでへっていることがわかる。また、堺市の農地面積も1995年には9.6万アール、2020年には6.8万アールとへっている。

2 (2)冬に太陽が出ている時間が長く、あたたかいところではビニールハウスを利用して夏の野菜やくだものをさいばいすることができる。

注意 ビニールハウスを使うと野菜やくだものが少ない時期に出荷でき、高く売ることができるという長所があるが、一方でだんぼうひが高くつくなどの短所もある。

(3)図は農事ごよみといい、1年の作業の時期や作業の内容が書かれている。農事ごよみから畑の大きさや農家の人が1日に畑ではたらく時間を読み取ることはできない。

ポイント
農事ごよみのようなしりょうの読み取りに少しずつなれておこう。

わたしたちのまちではたらく人 (2) (農家)

解答

1 (1)ウ→イ→ア→エ
(2)トラクター　(3)うね　(4)エ
(5)(例)農薬は使いすぎると人やかんきょうにがいをおよぼすものもあるから。
(6)①JA
②㋑イ　㋒ウ
③地産地消
(7)ウ

解説

1 (1)アの植えつけとは、なえどこで育ったなえを畑に植えかえる作業のこと。
(3)うねになえを植えると、日光がよくあたり、根もよくはるのでなすがじょうぶに育つ。
(4)ア同じ場所に同じ野菜をくり返しつくることを連作という。連作をすると土中に病原きんがふえたり、養分がかたよったりして、野菜の生育が悪くなったり、病気になったりすることがある。
イすべての作業をきかいで行うことはできない。
ウ農家では、かいりょうの努力をいつもしている。
(6)③地産地消は、消費者が安心して新せんな農作物を買えるという点や、運ぶきょりが短くてすむのでかんきょうへの負担が小さいという長所がある。
(7)ア野菜は天候によってしゅうかく量が大きくかわり、ねだんもかわる。
イ出荷量の多い時期である旬とずらして生産することで、旬の時期より野菜を高く売ることができる。

ポイント
農家の仕事や農家のくふうについて理解をすることが大切。

解答
社会

標準レベル 61 わたしたちのまちではたらく人(3)(工場)

社会⑦

解答

❶ (1)ウ　(2)ア→オ→イ→ウ→エ
(3)①衛生　②目立つ
③白衣　④消毒
(4)①○　②×　③×

解説

❶ (1)かまぼこにはウのすけとうだらなどの白身魚が原料に使われる。

> **注意**　かまぼこの原料は白身魚。ほかに、しょうゆの原料はだいず、パンの原料は小麦やマーガリンであることも知っておこう。

(2)ほうそうして箱づめされた後のかまぼこは、トラックでほかの市や県の直えい店などに運ばれる。

(3)食品工場では、衛生に気をつけ安全でおいしい商品をつくる努力がされている。工場ではたらく人は、工場に入る前にエアシャワーとよばれるきかいを通り、服についているほこりをはらい落としたり、マスクを着用したりするなどのくふうをしている。また、きかいの洗じょうをしたり商品の中に何か入っていないかたしかめたりしている。

(4)①品質をたもつために、ひとつひとつ人の目でかくにんしている。

②図のようにきかいを使って、生産されている。

③よりおいしいかまぼこをつくることができるように、味つけも研究されている。

ポイント

農家がおいしく、安全な農作物をつくるくふうをしているように、工場でも品質にこだわり、衛生管理をして、安心して商品を買ってもらえるよう、努力をしている。

上級レベル 62 わたしたちのまちではたらく人(3)(工場)

社会⑧

解答

1 (1)ア　(2)バス(で来る人)

2 (1)オーストラリア、アメリカ　(2)ウ
(3)イ

解説

1 (1)アこの工場では、かまぼこをつくる人もじむの人も休けいをのぞいてはたらいている時間は8時間で、同じである。

イこの工場では、じむの人は午前8時から午後5時まではたらいている。

ウこの工場では、つくる人は午後6時からつぎの朝の午前5時まで作業をしていない。

エつくる人とじむの人がそれぞれどのように通きんしているかについては、しりょうから読み取ることはできない。

(2)この工場では、バスで来る人が60人でもっとも多くなっている。

2 (2)ア・イ製品の送り先は国内で、京都府、滋賀県、奈良県の3つの府県である。

(3)ア工場の見学では、安全のため、工場内のきかいや道具は勝手にさわってはいけない。

イ・エばらばらになったり、勝手な行動をとらないようにし、工場ではたらく人のじゃまにならないようにする。

ウ係の人の話をよく聞き、わからないことは質問することが大切である。

ポイント

工場で使う原料には外国からきているものがあり、できた製品は各地に運ばれている。工場は、原料や製品を通じて、さまざまな地域とむすびついている。そして、わたしたちのくらしは、工場でつくられるものによってささえられている。

標準レベル 63 火事や事故からくらしを守る

社会⑨

解答

❶ (1)119
(2)①○　②×　③×
(3)ウ
(4)イ

❷ (1)①立ち番　②自転車　③こども
(2)イ

解説

❶ (1)火事だけでなく、急病のときにも119番通報をする。警察に通報するときの110番とまちがえないように気をつける。なお、海上での事故は118番である。

(2)②防火服やマスクでやく10kgの重さがあり、けっして軽いそざいではない。通報を受けた後、できる限り早く出動できるように、消防署ではふだんから火事の現場と同じ装備で訓練をしている。

③火事現場付近の住民に火事の発生を知らせるためや、現場に向かうまでの道での事故防止のために、深夜であってもサイレンは鳴らすことになっている。

(3)火事のときは、消防車だけではなく、パトカーや救急車も現場にかけつける。ウのブルドーザーは、工事現場などで使用されるが、火事の現場で使用されることはない。

ポイント

(4)救急救命士とは、医師ではないが、救急車などで病院に運ばれるかん者の処置を行うことのできる人のことである。

❷ (1)このように保護者やまちの人びとが協力し、子どもたちの安全が守られている。

(2)ア〜エのように、警察官には事件そうさだけではなく、わたしたちの生活に身近な仕事もある。

上級レベル 64 火事や事故からくらしを守る

社会⑩

解答

1 (1)①通信指令室　②消防署　③救急車
④警察署
(2)イ→ウ→ア

2 (1)ウ　(2)①○　②×
(3)消防署

解説

1 (1)火がガスに引火することをふせいだり、電線が切れて停電や事故につながるきけんをさけるために、通報を受けた通信指令室は、ガス会社や電力会社にもれんらくしている。また、消火活動にひつような水をかくほするために、水道局にもれんらくがひつようである。
(2)アは消火せんをしめす標識、イは家庭用の火災警報器(火災報知器)、ウは防火水そうをしめす標識の絵である。

2 (1)ウ．子どもたちの安全を守るためのさまざまな取り組みはされているが、事件や事故は、なかなかなくならないのが、現実である。
(3)消防署では消防車だけでなく、救急車も待機しているので、火事のときだけでなく、急病のときにも119番通報でよい。救急か火事かによって消防署の対応がちがうため、119番通報をした人は、救急なのか火事なのかをはっきりつたえなくてはならない。

ポイント
(2)①近年、自転車による事故がふえている。事故に対する注意意識が、自動車ほどには高くないまま運転していることもある。このため、あまり注意せずに交通ルールにい反している場合も多い。近年、警察による自転車運転の取りしまりが、強化されている。

標準レベル 65 市のようすのうつりかわり

社会⑪

解答

1 (1)ア
(2)①○　②×　③○

2 (1)元号(年号)
(2)①イ
②ウ

解説

1 (1)地図1と地図2をくらべると、市役所が地図のちゅうおう駅の北から南東にうつっている。

(2)①地図1の東側は「元木町」だったが、地図2では「中央市」のはんいにふくまれている。
②鉄道の線路はふえているが、新しい駅ができたことはかくにんできない。
③「元木町」があった場所に、新しい高速道路ができている。

注意 (2)古い地図と新しい地図をくらべるときは、市役所や駅などのしせつが新しくできていたり、場所がかわったりしていないか、地名がかわっていないかなどを、ひとつひとつくらべながら見ていく。

2 (2)①みどり西小学校ができたのは1990年のできごとなので、1980年と1995年の間に入る。
②みどり市と東町の合ぺいは2003年のことなので、1995年と2005年の間に入る。

ポイント
(1)日本で年を表すのに使われているものとして「元号(年号)」があり、明治、大正、昭和、平成、令和などがある。一方、「2020年」などの表し方は「西れき」という。

上級レベル 66 市のようすのうつりかわり

社会⑫

解答

1 (1)①ウ
②少子高れい化
(2)4443(人)
(3)イ
(4)①×　②×　③○

解説

1 (1)①0才から14才、15才から64才の人の数は、へっている。

(2)しりょう2から、1995年は754人、2005年は3439人、2015年は4168人、2022年は4443人なので、別府市に住む外国人の数はふえていることがわかる。

(3)図書館などのしせつを公共しせつという。みんなが使うしせつなので、住んでいる人たちがおさめるお金(税金)を使ってたてている。みんなで大切に使うひつようがある。

(4)①しりょう1のぼうの長さが、1995年、2005年、2015年、2022年と進むにつれて短くなっているので、別府市に住む人の数はへりつづけていることがわかる。
②しりょう3の留学生は中国から来ていることがわかるが、全員かどうかはわからない。
③しりょう3の留学生の話から、別府市は温泉で有名であることがわかる。

ポイント
市のうつりかわりを調べるときは、市役所で市のしりょうを調べたり、インタビューをしたりして、調べたことをまとめる。それぞれの市での人の数や人びとのくらしの変化を考えよう。

標準レベル 67 むかしと今のくらし

社会⑬

解答

❶ (1)①ア　②エ　③イ
(2)①×　②○　③○
(3)①

❷ (1)①ウ　②カ　③ア
(2)①ウ―ちく音機　カ―井戸
②イ

解説

❶ (1)ウのかまどはまきを使って火をおこし、料理をするための道具。土間とよばれる土のゆかの部屋(台所)におかれていた。

(2)①のランプは油を燃やして明かりをともす、電気がまだないころのしょう明道具。あんどんと同じく、油で火をともし、しょう明として使われた。あんどんよりも後に使われるようになった道具。

(3)絵はけいこうとうで、しょう明として広く使用されている。

❷ (1)アはかべかけ式の電話、イは水道のじゃ口、ウはちく音機、エは音楽をきくプレイヤー、オはけいたい電話、カは井戸。ア・ウ・カはむかしの道具、イ・エ・オは今の道具。

(2)②カの井戸は、地面にあなをほって地下水をくみ上げる道具。井戸を使っていたころ、井戸から水をくんだり、台所などに運んだりするのは力がひつようで、大変な作業だった。

ポイント

むかしの道具を学習するときは、郷土資料館や博物館で体験したり、図書館の本やインターネットで使い方を調べたりしよう。また、今の道具がむかしのどの道具と同じ役割をするものかについても考えよう。

上級レベル 68 むかしと今のくらし

社会⑭

解答

1 (1)ウ
(2)①ウ　③イ
(3)七輪
(4)ウ

2 (1)イ→エ→ア→ウ
(2)①×　②○　③○　④×

解説

1 (1)アてんじ物にはさわっていいものといけないものがあるので、かならず係の人にかくにんする。
イわからないことは、質問する。また、質問は見学の前に考えておくのもよい。
ウ道具の体験をするときは、使い方をよく聞いてから体験する。
エ見学がおわったときは、係の人にお礼を言う。

(2)むかしの道具は、ねんりょうにおもに木炭やまきを使っていた。今は電気やガスをねんりょうとする道具が多くなっている。

(3)メモ①はかまどとなべ、メモ②はむかしのれいぞう庫。

(4)ウはかま。アは火ばち、イはあんどん、エはむかしのアイロン。

2 (1)せんたくの道具のうつりかわり。イのせんたく板とたらい、エのあらった後のせんたく物をローラーでしぼり、だっ水するせんたく機、アのだっ水がべつになっている二そう式せんたく機、ウのげんざいのドラム式全自動せんたく機、という流れで変化した。

ポイント

むかしの道具の名まえや使い方をおぼえるだけではなく、むかしの道具がどのようにかわって今のようになったのか、生活がどうかわったかを考えよう。

69 最上級レベル 1

社会⑮

解答

1 (1)イ
(2)エ
(3)(例)べんりな電気製品がふえ、家事にかかる時間が短くなった。

2 (1)(例)根がよくはって、土の栄養をすいあげやすくなるから。／水はけや風通しがよくなり、葉や根がくさりにくくなるから。
(2)ア

3 ①エ
②ウ
③イ
④ア

解説

1 (1)表の道具の絵を見ると、やく 80 ～ 60 年前は、せんたく板とたらい、やく 60 ～ 40 年前はローラーつきの電気せんたく機、今の道具は全自動せんたく機になっていることから、表はせんたくの道具のうつりかわりを表していることがわかる。

ポイント

むかしの道具は人がこつをつかみ、くふうして使っていたこと、今の道具ではきかいによって全自動でできるものが多いことなど、むかしと今の道具のちがいを理解しよう。

(2)やく 60 ～ 40 年前は、れいぞう庫、せんたく機、テレビなどの電気製品が広く家庭で使われるようになった。ア・ウは今のくらしのようす、イは太平洋戦争中の集団そかいのことなので、やく 80 ～ 60 年前のくらしのようす。

(3)表中のせんたく板とたらいでは、水を井戸やポンプからくんで、１まいずつせんたく物を手あらいであらっていたため、時間がかかっていたが、全自動せんたく機ではスイッチをおすだけできかいがほとんどの作業をするため、今のくらしではせんたくなど、家事にかかる時間がむかしにくらべて短くなっている。

注意 今の道具はべんりになっているが、せんたく板やたらいを使ったせんたくは、水をあまり使わなくてすんでいたことや、かまどでたくごはんの味はおいしいことなど、むかしの道具のよさやむかしのちえにも気づこう。

2 (1)畑のもりあげたところをうねという。うねでは根が土の栄養をすいあげやすくなったり、水はけや風通しがよくなり、葉や根がくさりにくくなったりするほか、病気になることをふせいでいる。

(2)キャベツの農事ごよみを見ると、種まきの時期をずらして行っていることがわかる。これは、とり入れの期間(出荷できる期間)を長くするくふうである。

イ種まきの時期をずらしても虫が作物につくのをふせぐことはできず、消どくなどがひつよう。

ウ種まきの時期をずらしても土づくりの作業をはぶくことはできない。おいしい野菜をつくるためには、たいひをまぜた栄養がほうふな土がひつようで、土づくりはかかせない農作業の１つである。

ポイント
農家が野菜をうねで育てていることや、種まきの時期をずらして長い間とり入れできるようにしていることから、農家のくふうに気づくようにしよう。そして、無農薬の野菜のさいばいや化学ひりょうを使用しないゆうきさいばいの努力をしているように、お客さんが安心して野菜を買えるように、安全を大切にしていることも考えよう。

3 工場には、食品、きかい、金属、布・いるいのほか、石油化学、よう業、紙・パルプなどのしゅるいがある。

①食品工場では、エのジュースのほか、かまぼこやパン、ハム、かし、レトルト食品、れいとう食品などがつくられる。

②きかい工場では、ウの自動車のほか、時計や電気製品などがつくられる。

③金属工場では、イのネジやくぎのほかアルミかんやスチールかんなどがつくられる。

④布・いるい工場では、アのシャツやズボンなどのほか、タオルやカーペット、カーテンなどがつくられる。

〔工場とおもな製品〕

工　場	おもな製品
食　品	パン、ハム、かし、レトルト食品、れいとう食品、しょうゆ
きかい	自動車、船、時計、電気製品(テレビやれいぞう庫など)
金　属	ネジ、くぎ、かん、レール、フライパン
布・いるい	タオル、カーペット、カーテン、服、毛糸
石油化学	合せいせんざい、薬品、プラスチック製品
よう業	ガラス、とうじき(カップなど)、セメント

オのトマトは、工場ではなく農家の畑でつくられている。

注意 身のまわりにあるもののうち工場でつくられているものがどれかを知ろう。

ポイント
わたしたちの住むまちには、いろいろなしゅるいの工場があり、ふだん生活で使うものがつくられている。そして、米、野菜やくだもの、牛やにわとりなどは農家で育てられ、出荷されている。日常の身近なものが、それぞれ工場でつくられているものか、畑でつくられているものか、ちがいを理解しよう。

70 最上級レベル ②

社会⑯

解答

1
(1)㋐消防署
　㋑警察署
(2)南西
(3)①西　②右　③右
(4)北

2
(1)イ
(2)ア
(3)ウ

解説

1 (1)㋐の消防署の地図記号は、むかしの消防に使われた「さすまた」を表したもの。
㋑の警察署と交番をまちがえないように気をつけよう。ほかにも、つぎのように小・中学校と高等学校、工場と発電所など、形のにた記号に注意しよう。

注意 神社の地図記号はとりいの形、果樹園はくだものの実を表しているように、形からおぼえよう。

〔形がにている地図記号〕

警察署		交　番	
小・中学校		高等学校	
工　場		発電所	
市役所		町・村役場	
病　院		保健所	

ポイント
地図の読み取りの問題は、地図中に答えがあるのでしっかり見れば答えがわかる。しかし、なれていないとテストのときには時間を使いすぎてしまうので、まずは地図記号をしっかりおぼえ、その後でかんたんな地図の読み取りから少しずつ練習していこう。

(2)地図を見て、ある地点から見たときの建物の方角を東・西・南・北の四方位や北東・南東・北西・南西を加えた八方位で表せるようにしよう。
(3)上が北であることに注意しながら、地図のたんけんしたコースを実際に歩いているように想像してみよう。
(4)方位じしんは方位をたしかめることができる道具。色のついたはりが指す方が北なので、平らなところで、色のついたはりを北に合わせて使う。

ポイント
まちたんけんに持っていくものとして、方位じしんのほかにカメラや時計、白地図、筆記用具などがある。それぞれ何のために持っていくかかくにんしよう。

2 (1)家庭でどのような店でどのような品物を買うかについて調べた、買い物調べの表を読み取る問題。買い物調べの表から、家の人がどの品物をどの店で買っているかがわかる。
　しょうたさんの家では、スーパーマーケットでは食品のほかに電気製品も買っているためアはまちがい、洋服はデパートで買っているためイは正しく、米はスーパーマーケットのみで買っているためウはまちがい。

ポイント
デパートは交通がべんりなところにあり、食品や洋服、けしょう品、くつなど多くの店が入っている。品質のよいものが多く、売り場の人にくわしく説明を聞いて買うことができる。

(2)アスーパーマーケットでは、安売りの日やどんな商品をどんなねだんで売っているかをのせたちらしを配り、お客さんを集めようとしている。
イ野菜や魚、肉などの品物はいたみやすいので、新せんさをたもつために売り場では決められた温度で管理されている。
ウ食品の調理は、衛生が大切なため、作業する場所や作業する人の服に注意がはらわれている。
エねふだに産地をわかりやすくしめすのは、お客さんが安心して買い物ができるためのくふう。
イ・ウ・エはお客さんを集めるためにしていることではない。

注意 スーパーマーケットでは、お客さんを集めるためにしているくふう、安い品物を仕入れるくふう、買い物をしやすくするくふうなどをしている。

ポイント
スーパーマーケットの調理の人の服と食品工場ではたらく人の服をくらべて、衛生に気をつけている点で共通していることに気づこう。また、農家の人や食品工場の人が食べる人のことを考え、おいしい野菜やくだもの、製品をつくるためにくふうや努力をしていることにも気づこう。

(3)ウ食品表示をすることによって、お客さんはつくられた場所やつくった人がわかり、安心して商品をえらんで買うことができる。わたしたちは、食の安全を考え、けんこうに気をつけて食品をえらぶことが大切になってきている。

~英　語~

標準レベル 71 アルファベットの練習 (1)（大文字）
英語①

解答

❶❸ なぞりなので、解答は省略

❷ (1) B：4こ
(2) C：6こ
(3) D：3こ

❹

(1) H　(2) J　(3) A　(4) G

解説

ポイント
アルファベットは形と音をセットにして、必ず声に出して書いておぼえるようにしよう。
特に形がにているアルファベットはちがいをよく見ながら練習しよう。

上級レベル 72 アルファベットの練習 (1)（大文字）
英語②

解答

❶ なぞりなので、解答は省略

❷

B ANANA　　G RAPE

❸

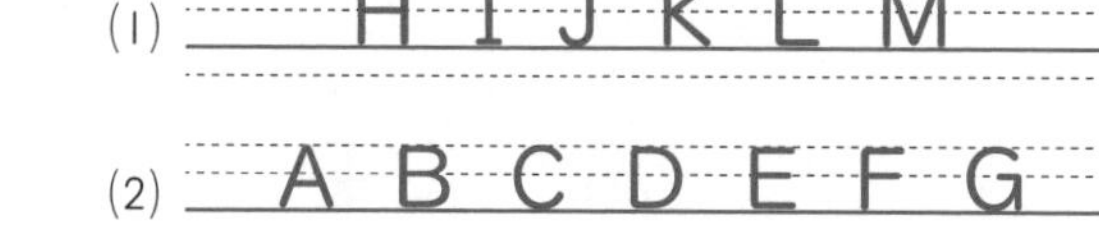

(1) H I J K L M

(2) A B C D E F G

❹

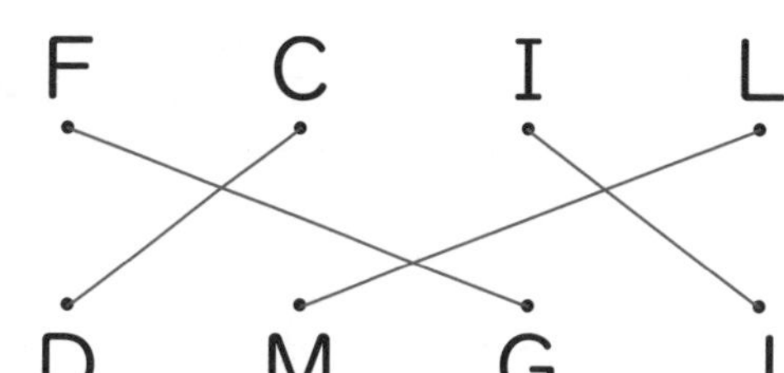

解説

❷ バナナは BANANA、ぶどうは GRAPE だよ。

標準レベル 73 アルファベットの練習 (2)（大文字）
英語③

解答

❶❸ なぞりなので、解答は省略

❷

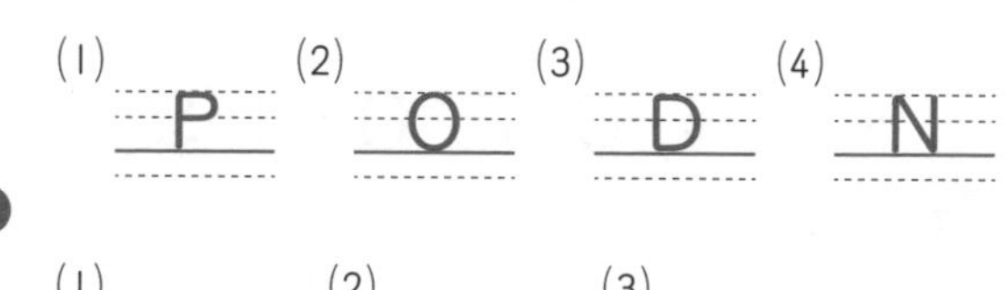

(1) P　(2) O　(3) D　(4) N

❹

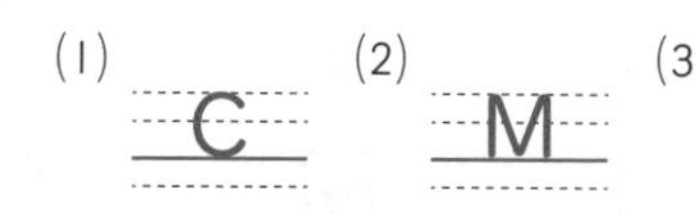

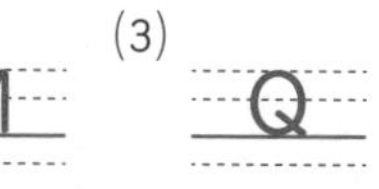

(1) C　(2) M　(3) Q

解説

❹ アルファベットの順番は正しくおぼえよう。
(1) B と D の間なので C。
(2) L の後ろなので M。
(3) R の前なので Q。

ポイント
アルファベットは形と音をセットにして、必ず声に出して書いておぼえるようにしよう。
特に形がにているアルファベットはちがいをよく見ながら練習しよう。

解答　英語

上級レベル 74 アルファベットの練習 (2)（大文字） 英語④

解答

1 なぞりなので、解答は省略

2 順不同

C　G　P

3

(1) U V W X Y Z

(2) N O P Q R S T

4

(1) Q　(2) T　(3) M　(4) V

W　N　R　U

（Q—R、T—U、M—N、V—W）

解説

2 3つのアルファベットはその文字ではじまる単語を表していたよ。
「駐車場」の看板にあるアルファベットは、駐車場を意味する PARKING LOT の P。女の子は GIRL なので G、男の子がかぶっている野球帽は、CAP なので、C だよ。

標準レベル 75 アルファベットの練習 (3)（小文字） 英語⑤

解答

1 2 なぞりなので、解答は省略

3

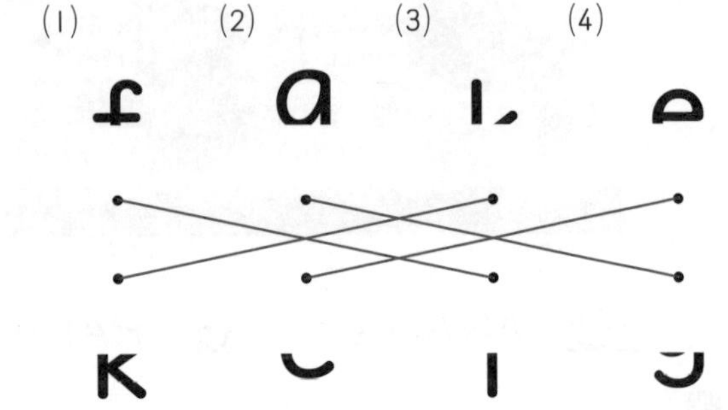

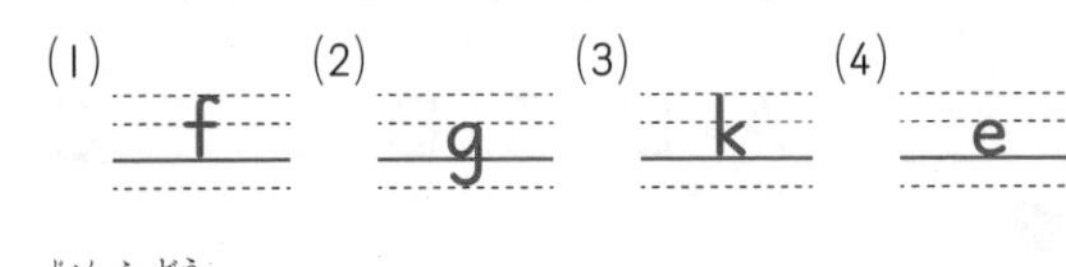

(1) f　(2) g　(3) k　(4) e

4 順不同

a　b　h　j

解説

4 アルファベットで形がにているものは、向きや線の長さに気をつけて書くようにしよう。
b と d はまちがえやすいので、向きをしっかりとおぼえよう。
j を書くときには左にまげるようにしよう。

上級レベル 76 アルファベットの練習 (3)（小文字） 英語⑥

解答

1 なぞりなので、解答は省略

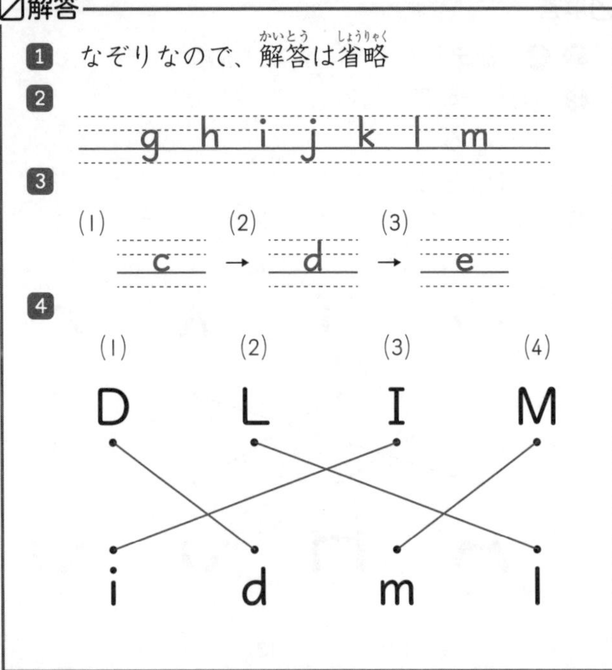

2 g h i j k l m

3 (1) c → (2) d → (3) e

4

(1) D　(2) L　(3) I　(4) M

i　d　m　l

（D—d、L—l、I—i、M—m）

解説

4 アルファベットには大文字と小文字があるので、セットでおぼえよう。
I と L の小文字 i と l は形がにているから、まちがえないようにちがいをしっかりおぼえておこう。

標準レベル 77 アルファベットの練習 (4)（小文字） 英語⑦

解答

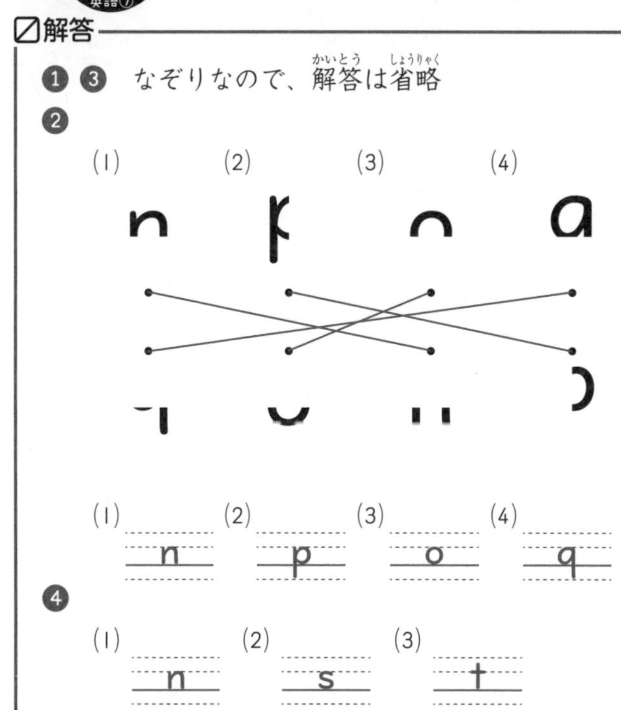

解説

ポイント

アルファベットには大文字 O と小文字 o のように大文字も小文字も同じ形のものもあれば、形のちがうものもあるよ。

上級レベル 78 アルファベットの練習 (4)（小文字） 英語⑧

解答

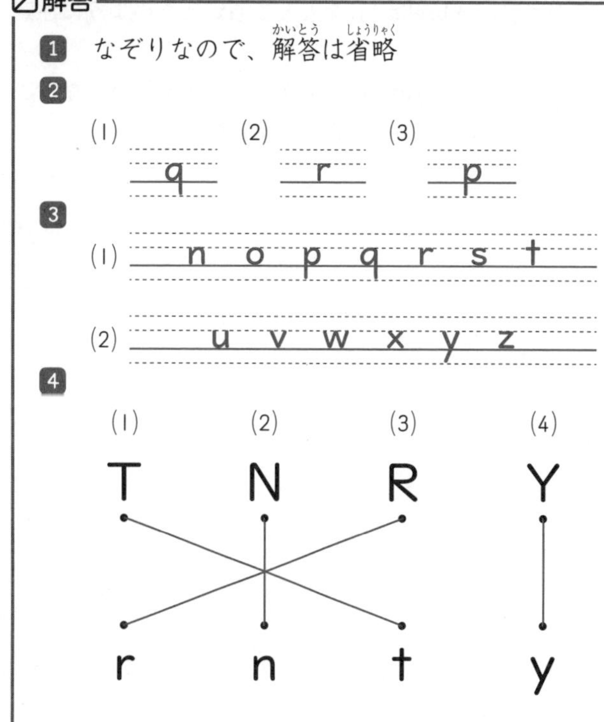

解説

ポイント

アルファベットの大文字と小文字には形がちがうものがあるので気をつけよう。
小文字の q は大文字の Q と形がちがうし、p と形がにているのでまちがえないようにおぼえよう。

標準レベル 79 単語の練習 英語⑨

解答

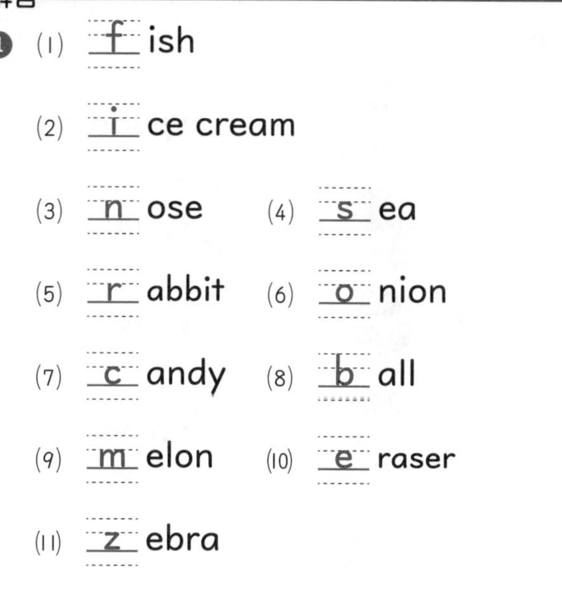

解説

(1)魚は fish
(2)アイスクリームは ice cream
(3)鼻は nose
(4)海は sea。c ではなく s で始まるよ。
(5)ウサギは rabbit。l ではなく r で始まるよ。
(6)たまねぎは onion
(7)キャンディは candy。k ではなく c で始まるよ。
(8)ボールは ball
(9)メロンは melon
(10)消しゴムは eraser
(11)シマウマは zebra

単語の練習

1

2

(1) dog

(2) umbrella

(3) watch

3

(1) happy sad hungry tired

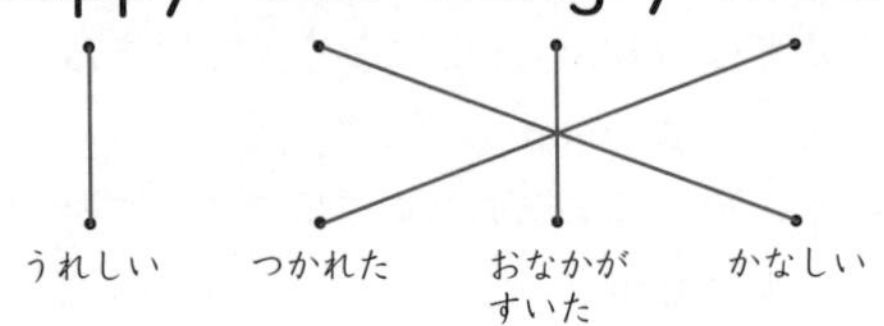

(2) book crayon hat notebook

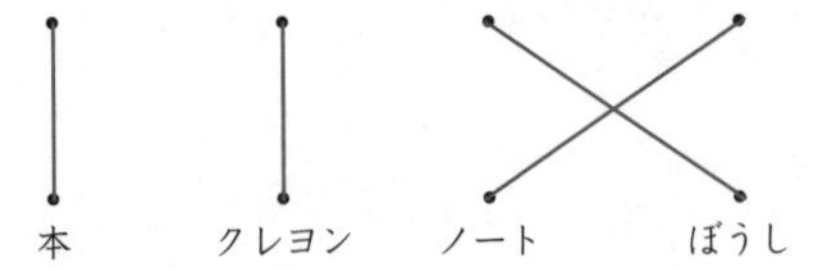

解説

2

(1)「イヌ」は dog

(2)「かさ」は umbrella。u を a とまちがえないように注意(ちゅうい)しよう。

(3)「うで時計」は watch。wa の a を o とまちがえないように注意しよう。置(お)き時計は clock だよ。

標準レベル 81 漢字の読み (1)

国語①

☑解答

❶ ①うつく・しゃしん・み
②じゅうだい・じじつ・し
③こうそく・はし・くるま
④しんや・あ(ひら)・みせ
⑤あね・あんざん
⑥いえ・てがみ・おく　⑦みなと・はこ
⑧しま・しら　⑨あつ・まも

❷ ①たいいくかん・しよう
②もう・あ　③しんぶん・まいあさ
④きんじょ・しか・かよ
⑤めぐすり・か・やっきょく
⑥さかや・ちょうり・さけ
⑦ひっき・も・こうてい
⑧くうそう・どうぶつ　⑨どうぐ・してい

❸ ①おく・や　②がん・きし
③きょう・はし　④ゆ・あぶら
⑤しゅく・やど　⑥てき・ふえ
⑦じつ・みの

❹ ①し・ゆび・さ
②ひょう・おもて・あらわ
③だい・たい・か　④ふ・お・ま
⑤こう・さいわ・しあわ

解説

❶ 訓読みは、発音から漢字の意味がわかる読み方。複数の訓読みをもつ漢字もあるので、注意しておぼえよう。

❷ 熟語の読みになれることが大切です。熟語の読みは、基本的に「音読み＋音読み」「訓読み＋訓読み」になる。

❸ 漢字の複数の読み方を、場面によって使い分けることになれよう。

ポイント

読み方をおぼえるには、声に出しながら書くというのもよい方法である。

上級レベル 82 漢字の読み (1)

国語②

☑解答

1 ①せかい・べんきょう
②たいへいよう・れっとう
③ちゅうおう・しやくしょ
④うんどうじょう・ちょうれい
⑤きりつ
⑥ゆうえんち・ようしょく
⑦はし・しゃしん
⑧うご・なら

2 ①そだ・はぐく　②はな・ほう
③ま・お　④すべ・まった　⑤き・け
⑥おも・かさ　⑦さいわ・しあわ
⑧き・つ　⑨くる・にが　⑩あか・あき

3 ①コン・ね　②ショ・あつ—い
③オウ・よこ　④クン・きみ
⑤イン・の—む　⑥キュウ・いそ—ぐ
⑦コ・みずうみ　⑧エイ・およ—ぐ
⑨シ・は　⑩ソウ・おく—る
⑪カン・さむ—い　⑫ウン・はこ—ぶ

4 ①しょうわ　②おんど　③のうか
④ぎょうれつ　⑤れんしゅう　⑥どうろ
⑦にもつ　⑧めんだん　⑨けいしき
⑩しんかい　⑪じゅうてん　⑫あっか

ポイント

訓読みを覚えるときには送り仮名も正しくおぼえよう。また、漢字のもつ意味をしっかりおぼえることが、漢字をおぼえることにつながる。

標準レベル 83 漢字の読み (2)

国語③

☑解答

❶ ①ちょうめい・ゆらい・しら
②いちめん・はなばたけ・ひろ
③だきゅう・じょうがい
④がっこう・しゅくだい・お
⑤みずうみ・とお
⑥しんぶん・きじ・み

❷ ①たびびと・やど　②ことば・いみ・しら
③すいえい・れんしゅう・こんき
④ふね・きてき・ちゅうい
⑤せかい・むかしばなし・よ
⑥がっしゅく・じゅうしょ・ばんごう

❸ ①ま　②ひろ　③みの　④さ
⑤と　⑥こうせい　⑦ぬし

❹ ①おも・かさ　②やっ・くすり
③し・はじ　④かん・あいだ
⑤しょう・け

解説

❶ 漢字のもつ意味をしっかりおぼえよう。また②「畑」の「はたけ」が「ばたけ」となるように、場合によっては読み方が変化するので、注意が必要。

❸ むずかしい読み方の問題です。送り仮名をよく見て、正しい読み方で書けるようにしよう。

❹ 一つの漢字の音読みと訓読みを、問題の文のように一つの文にしておぼえるのも一つの方法である。

ポイント
複数の読み方をもつ漢字は、文章や問題の中で、読みながら、また書きながらおぼえよう。

上級レベル 84 漢字の読み (2)

国語④

解答

1 ①み・まわ・じょげん
②まごころ・しょちゅう
③かぞく・たび・うんてん
④つぎ・ものがたり・ばめん
⑤みずうみ・あそ

2 ①えんそく・けいかく・ね
②にわ・はな・う ③いき・と・およ
④どうきゅうせい・どうぶつ
⑤やくしょ・しごと

3 ①ガ・カク ②ウ・ユウ
③テイ・ジョウ ④カ・ゲ
⑤ユ・ユウ ⑥ダイ・タイ
⑦シュ・ス ⑧ケイ・ギョウ
⑨ボク・モク ⑩バン・ハン
⑪トウ・ズ ⑫ト・トウ （3順不同）

4 ①医—委 ②相—送 ③習—集 ④深—進
⑤病—秒 ⑥有—遊 ⑦院—員 ⑧息—速
⑨福—服 ⑩昭—消 ⑪羊—洋 ⑫湯—等

解説

1 言葉の意味もしっかりおぼえよう。

3 音読みと訓読みがあるものや、音読みしかないものなど、さまざまな漢字がある。それぞれの読み方について、学習するたびにしっかりとおぼえよう。

4 同じ音読みをもつ漢字は数多くある。どの漢字を使うのかということを、文章をしっかり読んで、おぼえよう。

注意 同じ漢字でも、使い方によっては読み方が変わることに注意しよう。

標準レベル 85 漢字の書き (1)

国語⑤

解答

❶ ①次・詩 ②湖・泳 ③平・皿
④酒・飲 ⑤庭・畑 ⑥鉄・集

❷ ①電柱・工事 ②安全・第一
③動物・病院 ④野球・練習
⑤漢字・書写 ⑥根気・対話

❸ ①短・時間 ②文章
③悲鳴 ④天使・美
⑤身・整理 ⑥音楽・都

❹ ①育 ②始 ③級 ④習
⑤放 ⑥葉 ⑦深 ⑧等

解説

❶ 漢字を書く時には、形はもちろん、線の長さ、トメ・ハネ・ハライといった細かいところに注意して、筆順通りに書こう。①「詩」は字形に注意しよう。②「泳」は下の部分のハネに注意しよう。④「飲」の左側は「食」ではないので注意しよう。⑤「庭」と⑥「鉄」は字形に注意しよう。

❷ 漢字を正しく、ていねいに書くこと。筆順、ハネやトメ、あるいは、線の長さなど、細かなところまで気をつけて書くようにしよう。①「電」は字形に注意しよう。②「第」は下の部分のハネに注意しよう。③「病」は字形に注意しよう。④「野」は最後の画のハネに注意しよう。⑤「写」はわかんむりと、下の部分のハネに注意しよう。⑥「対」は右下のハネに注意しよう。

❸ 文の意味を考えて、当てはまる漢字を書く問題。とくに二字熟語は、『音読み＋音読み』で作られることが多いので、漢字の書きとあわせて、読み方もしっかりおぼえよう。①「短」は字形に注意しよう。③「悲」は「心」の字形に注意しよう。④「使」は字形に注意しよう。⑤「身」は下の部分のハネに注意しよう。⑥「都」は字形に注意しよう。

❹ 漢字の音読みを考えるときは、その漢字を使った熟語を思いうかべながら考えよう。

ポイント
漢字の書きのときも、訓読みと音読みの両方の読み方をおぼえておくことは大切である。

上級レベル 86 漢字の書き (1)

国語⑥

解答

1 ①苦・薬　②油・使　③流
④深・湖　⑤服・着　⑥速・動

2 ①家族・旅行　②列車・空港
③野球・投手　④童話・世界
⑤海岸・写真　⑥水泳・用意

3 ①根　②炭　③氷　④波　⑤横　⑥品

4 ①暑・所　②島・豆
③医・意・委　④主・酒

解説

1 文の意味を考えて、当てはまる漢字を書く問題。とくに⑥の「はやく」は使い分けを考えることが大切。『早く』は「ある基準より時間があまりすぎていない。また、ある基準より時期が前である」という意味で、『速く』は「物事の進む度合いが大きい。動作・進行などがすみやかである」という意味。文をよく読んで意味のちがいを読み取り、場面にあった漢字を正しく書こう。①「薬」は字形に注意しよう。③「流」は最後の画のハネに注意しよう。④「深」は五画目のハネに注意しよう。⑤「服」は二画目と五画目のハネに注意しよう。⑥「速」は字形に注意しよう。

2 漢字を書く場合には、ハネやトメに十分注意しながら書くように心がけよう。また、正しい形になるように、できるだけていねいに漢字を書くようにすることがもっとも大切。あわてずゆっくりと書く練習を重ねていこう。

4 漢字の音読みを考えるときは、その漢字を使った熟語を思いうかべてみよう。

標準レベル 87 漢字の書き (2)

国語⑦

解答

1 ①代　②陽　③指　④鼻　⑤追　⑥返

2 ①駅前・商店　②筆箱
③家族・仕事　④道路・拾
⑤学級・決　⑥両手・荷物

3 ①医者　②悪意　③暗号　④半分
⑤対等　⑥美化

4 ①短い　②温かい　③急ぐ　④重い
⑤深い　⑥苦しい　⑦投げる

解説

1 文の意味をよく考えて、間違いの漢字をさがす問題。他の言葉を手がかりにして考えよう。②「タイヨウ」という言葉には、海を表す『大洋』もある、ここでは「光」とあるので「太陽」のことだとわかる。

3 文の意味を考えて、当てはまる漢字を書く問題。特に二字熟語は、『音読み＋音読み』でつくられることが多いので、漢字の書きとあわせて、読み方もしっかりおぼえよう。

4 送りがなを間違えやすい漢字の問題。漢字をおぼえるときは、送りがなにも注意しよう。また①は読みでもよく出題される。「みじかい」だ。「じ」を「ぢ」と間違えないよう気をつけよう。

上級レベル 88 漢字の書き (2)

国語⑧

解答

1 ①長・短　②生・死　③昔・今
④勝・負　⑤重・軽

2 ①体育・水泳　②学級会・話
③銀行　④湖・祭
⑤農家・畑仕事　⑥問屋・品物

3 ①出発　②工業　③本箱
④童話　⑤電波　⑥大豆

4 ①流れる　②整える　③進める

解説

1 反対の意味を表す漢字を、セットでおぼえるとよい。二つの漢字をつづけると、①「長短」、②「生死」、③「今昔」（こんじゃく）、④「勝負」、⑤「軽重」と、一つの熟語になる。

2 漢字は、文の意味に合うように使わなければいけない。漢字の練習だけでなく、文章を声に出して読む練習や、おぼえる漢字を見ながら正しく書く練習をしよう。

3 二字熟語の問題。漢字が組み合わさるとふだんの読み方と変わるものがいくつかある。①「発」「はつ」→「ぱつ」、③「箱」「はこ」→「ばこ」、⑤「波」「は」→「ぱ」など。⑥「豆」は、「ず」と読むとくべつな読み方がある。「大豆」は「だいず」、「小豆」なら「あずき」と読む。

ポイント
二字熟語は、正しい漢字と正しい読み方をおぼえよう。

標準レベル 89 言葉の意味

国語⑨

解答

1 (○をつけるもの)①左　②右　③中　④中

2 (○をつけるもの)①右　②右　③右　④右

3 (○をつけるもの)①右　②左　③左　④右　⑤右　⑥左

解説

1 慣用句の問題。慣用句は、二語以上の言葉がむすびついて、一つの新しい意味を表すようになった言葉だ。慣用句には、たとえば次のような種類がある。(1)体に関係あるもの。(2)心に関係あるもの。(3)動物や植物に関係あるもの。(4)衣食住に関係あるもの。

2 言葉の使い方を正しくおぼえるためには、正しい言葉の意味を知ることが大切。

①『こらえる』…がまんする、しんぼうする。

②『あかるい』…その物事・方面によく通じている。けいけんがほうふだ。

③『めったに』…ごく当たり前であるさま。基本的に【めったに～ない】という形で使われる。

④『思うぞんぶん』…満足がいくまで。思いきり。

3 それぞれの漢字の意味をとらえる。意味がわからない場合には、熟語の意味からすいそくしよう。

上級レベル 90 言葉の意味

国語⑩

解答

1 (○をつけるもの)①右　②左　③中　④中

2 ①ウ　②ア　③イ

3 ①オ　②イ　③エ　④ウ　⑤ア

4 ①(れい)うまく気持ちを伝えられず、もどかしい。

②(れい)さながらたきのような雨がふってきた。

解説

1 慣用句の問題。慣用句の意味を正しくおぼえよう。それぞれの意味は、次の通り。①『馬が合う』…気がよく合う。意気投合する。　②『かぶとをぬぐ』…相手の力をみとめてこうさんする。　③『息が合う』…物事を行う調子や気分がぴったり合う。　④『油を売る』…むだ話などをして仕事をなまける。

4 『もどかしい』…思うようにならずいらいらする。じれったい。はがゆい。『さながら』…とてもよくにているさま。まるで。そっくり。

ポイント

慣用句などは、言葉の意味や使い方を正しくおぼえよう。ふだんの会話の中でもよく使われる。

標準レベル 91 かなづかい・送りがな

国語⑪

解答

1 (○をつけるもの)①右　②右　③左　④右

2 ①みじかい　②じめん　③ちぢむ　④つづく　⑤ずこう　⑥はなぢ　⑦いもうと　⑧かたづける　⑨むずかしい　⑩ちかづく

3 秋も深まってきたようで、夜おそくなると、とてもしづかになります。こおろぎがやさしい音を出して、鳴いています。

4 ①イ　②エ　③ア　④オ　⑤ウ

5 ①反らす　②集める　③味わう　④流れる　⑤助ける　⑥整える

解説

1 「は・へ・を」の使い方に注意しよう。また、エ段の長音は、原則「え」をそえて書くが、原則にあてはまっているものは、「おねえさん」と、よびかけや応答の「ねえ」「へえ」くらいである。そのほかのエ段の長音は「い」をそえて作る。

2・3 言葉の意味を考えて「づ・ず」「ぢ・じ」を使い分けるようにしよう。「地」を「ji」と発音する場合は、「じめん」「じしん」など「じ」と書くので注意しよう。

4 反対語はよく出題されるので、これら以外にもできるだけおぼえるようにしよう。

5 送り仮名をどこから始めるかによく注意しながら書こう。送り仮名には例外が多いので、間違えるたびにおぼえるようにするとよい。

上級レベル 92 かなづかい・送りがな

国語⑫

解答

1 (かなづかい・送りがなの順で)

①おうきな→お
少い→少ない
②おおえん→う
帰えり→帰り
③ちじんで→ぢ
短じかく→短く
④こうり→お
明かるい→明るい

2 ①寒かっ・寒く・寒い
②返さ・返し・返す・返せ

3 ①下校 ②登山 ③反発 ④当方
⑤平面 ⑥部分

解説

1 オ段の長音のつくり方、「じ・ぢ」の使い分けに注意しよう。

2 動きを表す言葉、様子を表す言葉などは、あとにつづく言葉によって、形がかわる。このことを「活用する」という。

3 反対の意味を表す漢字を、セットでおぼえよう。また反対の意味を表す言葉はよく出題される。

標準レベル 93 詩 (1)

国語⑬

解答

❶ (1)イ
(2)八十三
(3)虫
(4)ア

❷ (1)(れい)ヒバリがうたう歌。
(2)(れい)お日さまにあたためられて、ぽかぽかになっている。
(3)(れい)こっくり、こっくりと、いねむりをしているように見えている。

解説

❶ (1)いろいろな生物や人について、数字を多く使って書かれている。鳥や魚など、人以外の生物も村の人口として数えているところに、おもしろさがある。
(2)「ひなが三羽かえったそうだから八十三羽」とある。一行目の「八十羽」と間違えないように注意しよう。
(3)虫は「五万二千とんで一」もいて、一番多い。
(4)「村の人口」とは、村に住んでいる人の数だけではない。生物たちの数と人の数すべてを足した数になっている。

❷ (1)詩は、作者が五感をいかして感じたことが表現されることが多い。ここでは「聞く」感覚をいかしている。この詩の中で、作者が聞いているものを読み取ろう。
(2)「ぽかぽか」とは、せなかがあたたまった様子を表す言葉。
(3)「こっくり／こっくり」とは、いねむりをしている様子を表す言葉。

上級レベル 94 詩 (1)

国語⑭

解答

1 (1)なわ一本
(2)ウ
(3)ベルト・おなか・王女様
(4)なわとび・ぶらんこ・つなひき・おすもう・電車ごっこ (順番がちがっていても正解)
(5)なりたい・だれか

解説

1 (1)この詩のすべてのまとまりで、「なわ一本」という言葉がくり返されていることに注意しよう。このように言葉をくり返すことによって、読む人に「なわ一本」によせる思いを伝えようとしている。
(2)「地面にくるり」とあることから、「てっちゃん」が、なわを回していることがわかる。丸くなって回っているなわが、「宇宙船」のように見えたことをうたっている。「てっちゃん」は「宇宙船」に乗って「月までとんだ」ようだとも言っている。
(3)「まほうつかいの／ふしぎなベルト」、「おなかにむすぶと　王女様になれる」とあることから考えよう。
(4)四つめのまとまりには、なわを使ってできる遊びが書かれている。「おさるのしっぽ」や「土俵」は、遊びの名前ではないので、注意しよう。
(5)あき地におちているなわは、夕方になり、ひとりぼっちになって、さびしそうである。だれかといっしょに遊んで、なにかになりたそうだと言っている。

標準レベル 95 物語(1)

国語⑮

解答

❶ (1)かあさんライオン、とうさんライオン（順番がぎゃくでも正解）
(2)ウ
(3)(れい)そりとトナカイを子どもたちにやったこと。
(4)ア
(5)ア

解説

❶ (1)自分のことを「わし」とよんで、サンタクロースであると言っている人は「おじいさん」と書かれている。「おじいさん」と話をしている人は二人いて、「かあさんライオン」、「とうさんライオン」と書かれている。物語を読むときには、どんな人たちがえがかれたものであるかをしっかりと理解することが大切。
(2)「かあさんライオン」が「サンタさんなら、クリスマスにいらっしゃるはず」だと言うと、「おじいさん」は「いままで、みちくさくってたんさ」と、言い訳をしている。「おじいさん」は自分が言い訳をしていることをはずかしく思って、顔を赤らめている。
(3)「おじいさん」は、「そりもトナカイも、こどもたちにやっちまった」と言っている。そして、そのけっか、北の空まで歩いて帰らねばならなくなったために、「きまえがよすぎた」と後悔している。
(4)「とうさんライオン」が、サンタは一人のはずだと言うと、「おじいさん」は、はげしく手をふって答えている。「なんびゃく、なんぜん、なんまんというサンタがいる」とあるように、サンタは一人どころではなくて、とても大勢いることがわかる。
(5)「おじいさん」は自分のことをサンタクロースだと言って、そりとトナカイのことや、サンタはたくさんいることについて話しているが、それらが本当であるとは、どこにも書かれていない。どこかのんびりとしたやさしいお話であることを感じ取りながら、書かれていることと、書かれていないことを見分けられるようにしよう。

ポイント

物語には、不思議な出来事が書かれていることも多い。場面のじょうきょうをしっかりととらえて、文章を読み取ろう。

上級レベル 96 物語(1)

国語⑯

解答

1 (1)(れい)だれも林子のことを気にしてくれないから。
(2)ウ
(3)木いちご、くわの実　(順番がぎゃくでも正解)
(4)イ
(5)ウ

解説

1 (1)直前に「それでもだれも、林子のことを気にしてふり向いてくれない」とある。山に慣れていない「林子」がおくれて、つかれ切っているのに男の子たちが気にしてくれないので、「くやしくて泣きそうにな」っているのである。
(2)「ドーンと」は、すわっている様子を表した言葉。実際には聞こえない音を表現することによって、その様子を表している。「ピョコンピョコンと」も同じように、様子を表す言葉で、男の子たちが次々とあらわれる様子を表現している。この言葉もまた、聞こえない音によって様子を表している。
(3)男の子たちの言葉に着目しよう。彼らは山の中から、「林子」にあげるための「木いちご」や「くわの実」を採ってきていたのである。決して「林子」を無視したり見下したりしていたわけではなく、自分たちの仲間の一人として考えていたことがよくわかる。
(4)「林子」は「だれも、林子のことを気にしてふり向いてくれない」と思っていたので、木の実を差し出されておどろいている。
(5)男の子たちがいっせいに同じ動作をしていることは、彼らの気持ちが一つにまとまっていたことを表している。また、そのすがたにはすがすがしさがあることを読み取ろう。

ポイント

物語を読むときには、人物の動作がどのような思いからなされたものであるか、ということや、その様子から感じ取れることを意識しながら読むことが大切である。

標準レベル 97 説明文(1)

国語⑰

解答

❶ (1)(れい)たねがあると、食べるときにじゃまだから。
(2)黒い小つぶのたね
(3)木の根もと、芽
(4)(れい)たねができないようにするために、くすりをつかっている点。
(5)たね

解説

❶ (1)「なぜバナナのたねができないようにした」かの理由は、――線の直後に書かれている。また、たねのないバナナがどのようにして生まれたかについては、第４段落に説明されている。たねのないバナナは「食べやすく、人びとによろこばれ」たために、たねのないバナナの「木がだいじにそだてられて、いまのバナナのもとになった」とある。したがって、たねのないバナナは自然に生えてくるものであることがわかる。
(2)「しぜんにはえているバナナの実には、たくさんの黒い小つぶのたねが見つかります」とある。バナナにはもともとたねがあったことがわかる。
(3)第６段落の内容に着目。「親の木の根もと」から生える「たねのない、実だけのバナナ」の「芽」をとってうえることによって、それと同じようなバナナがえられることが書かれている。
(4)たねなしブドウや、たねなしスイカは、元々あったものではなくて、「くすりをつかって」そのように作られたことが書かれている。それらは人工的に作られたものであることを理解しよう。

上級レベル 98 説明文(1)

国語⑱

解答

❶ (1)(れい)しっぽをふって、たまごのからとつながっているほそい糸のようなものをきる。
(2)(れい)母親のおなかの下に、もぐりこんでかくれる。
(3)やわらかい水草、魚の死がい　(順番がぎゃくでも正解)
(4)赤く、から
(5)イ

解説

❶ (1)直前の部分の内容を用いてまとめよう。ザリガニの子はたまごからかえった直後には、たまごのからと「ほそい糸のようなもの」とつながっているために、それを切る必要がある。ザリガニの子はそれを、「しっぽをふって」切るのである。
(2)２つあとの段落の内容に注目しよう。「きけん」を感じると、子どもたちは「母親のおなかの下に、さっともぐりこんでかくれます」とある。この部分を用いて、まとめる。
(3)第６段落の内容に注目しよう。ザリガニの子どもは、「やわらかい水草や、魚の死がいなどをたべています」とある。
(4)第６段落の最後の部分に注目しよう。ザリガニの子は、オタマジャクシなどを自分でつかまえられるほど大きくなるころには、「うすかったからだの色も、しだいに赤くなって」くると書かれている。
(5)第５段落には「動物でも植物でも、なんでもたべます」とある。ザリガニの子は雑食性で、たくさん食べるのである。

注意　要約する問題に答えるときは、大切な語句をすべて用いて、的確に答えることが大切。主語と述語が整っていることや、句読点が正しく使われていることに気をつけよう。

標準レベル 99 主語・述語・修飾語

国語⑲

解答

❶ (主語・述語・修飾語の順で)
①ぼくは、もらいました、賞を
②弟が、あるく、すたすたと
③ぼくは、入れた、手紙を・引き出しに
④鳥が、つかまえた、すばやい・虫を
⑤品物が、とどくだろう、たぶん・来週には

❷ ①イ　②ウ　③ウ　④ア　⑤イ

❸ ①声が　②のびた　③かがやく
④景色を　⑤ふいた

解説

❶ 文の述語(「何だ」「どうする」「どんなだ」など)を先に見つけると、主語がわかりやすくなる。主語と述語をつないで読んでみて、意味が通じるかどうかを確認しよう。修飾語は、ほかの言葉の意味や内容をよりくわしく説明する言葉。修飾の関係を正しく理解できないと、文の意味を正確に理解することができない。したがって、しっかり練習しておくことが必要。

❷ 述語はそれぞれ①「走る」、②「まじめだ」、③「明るい」、④「本だ」、⑤「ふる」。

❸ 言葉の修飾関係をごかいしたまま読むと、文の意味をあやまって理解することになる。注意しよう。

上級レベル 100 主語・述語・修飾語

国語⑳

解答

1 ①ぼくは　お母さんと　図書館へ　行きました。
②あさがおの　たねが　めを　出した。
③すなはまは　やけるように　あつい。
④わたしは　毎日　庭に　水を　まく。
⑤青空に　白い　雲が　ぽっかり　うかぶ。
⑥うちの　犬は　とても　おとなしい。
⑦この　体操服は　じょうぶだ。
⑧ふるさとは　緑の　多い　ところだ。

2 (――をひく言葉)①赤い、たくさん
②家に、二ひき

3 ①朝日が　きらきらと　かがやく。
②新しく　うまれた　子ねこは　五ひきでした。
③友だちの　家の　へいは　高い。
④寺の　かねの　大きな　音が　町中にひびきます。
⑤食事の　ときに、よく　母さんから　しかられます。
⑥次の　日曜日は　待ちに　待った　運動会です。
⑦あたたかな　風に　春を　感じました。
⑧元気いっぱいの　姉が　わたしの　うでを　強く　引っぱりました。
⑨ぼくは、いつもより　ごはんを　たくさん　食べました。
⑩自転車で　遠くの　町まで　でかけました。

解説

1 今回の問題では、すべて主語は「～が」「～は」の形で出てきていたが、主語には、「～が」「～は」のほかに、「～なら」「～こそ」などの形もある。また、「ある」や「ない」という言葉が述語になることもある。

2 修飾語には２つの種類がある。体言を修飾するものを連体修飾語、用言を修飾するものを連用修飾語という。ここでは、①の「赤い」が連体修飾語、「たくさん」が連用修飾語である。②の「家に」と「二ひき」はともに連用修飾語。

3 主語と述語がそろっていることが文の基本だが、日本語ではしばしば主語が省略されることがあるので、注意しよう。⑤は「しかられ」るのがだれか、⑦「春を感じ」るのはだれか、⑩は「でかけ」たのがだれか、が文中に書かれていない。

標準レベル 101 つなぎ言葉とかざり言葉

国語㉑

解答

1 ①または　②また
③なぜなら　④つまり
⑤そこで　⑥では　⑦ただし
⑧けれども

2 (――をひく言葉)①犬　②夕日　③文字
④ゆびわ　⑤本だな

3 (――をひく言葉)
①校庭で、友だちと、夕方まで
②うつった、ランプの
③黒光りした

解説

1 「つなぎ言葉」は、言葉と言葉や文と文、段落と段落をつなぐ言葉である。①は教室で本を読むか、体育館でドッジボールをするかをえらぶ内容になっている。②は「足が速い」に「なわとびもとくいだ」をつけくわえている。③は「おなかがいたい」理由をのべている。④は「父の妹」を「おばさん」と言いかえている。⑤は「小川さんが休んだ」ことの結果があとにつづいている。⑥は「それでは」を短くした言葉で、次にすることがあとにつづく。⑦は「おやつを持ってきてもかまいません」が、「三百円まで」と条件をのべている。⑧は「待ち合わせの場所まで走った」が、「やくそくの時間におくれてしまった」と反対の内容がつづいている。

注意　つなぎ言葉を使って、二つの文をつなぐときに、文がねじれたり、ちがった意味の文になったりしないように、つなぎ言葉を入れた文をよく読んで、前後のつながりをたしかめよう。

上級レベル 102 つなぎ言葉とかざり言葉

国語㉒

解答

1 (○をつけるもの)①左　②右　③右
④右　⑤左　⑥右　⑦右

2 ①だれかがわたしをよんだので、わたしはふり返った。
②あわてて駅にむかったものの、間に合わなかった。
③姉はバイオリンが得意なうえに、勉強もよくできる。
④夜になれば、おじさんがやってくるだろう。

3 (れい)わたしは、友達とこしをすえて、じっくりとこれからのことについて話し合った。

解説

1 「つなぎ言葉」には、それぞれに決められた働きがあり、前後の内容がどのような関係になっているのかを、正しく理解する必要がある。
①は早く起きたので、いつもより学校に早く着いた、という当然の結果が書かれている。
②は「お父さんのお兄さん」を「おじさん」と言いかえている。
③はずっと走ってきたので、息が切れてしまったという当然の内容が書かれている。
④は黒い雲がわいてきたのに雨にならなかったので、反対の内容がつながっている。
⑤は先生からほめられたことに、「お母さんからもほめられました」とつけくわえている。
⑥は休けいするかもう少しつづけるかをえらばせている。
⑦は天気よほうが雨だったにもかかわらず、雨はふらなかったという、反対の内容が書かれている。

2 それぞれの文同士の関係を考えよう。①は理由と結果の関係になっている。②は互いに対立する関係になっている。③は、前の文に、後からべつの内容をつけ加えている。④は、前の文が仮定の条件になって、後の文に続く。

3 短い文を作るときには、主語、述語の整った文を書くようにする。「じっくり」とは、時間をかけて、落ち着いて物事をする様子を表す。

標準レベル 103 詩 (2)

国語㉓

解答

1 (1)ウ
(2)(れい)ふなっこがはっぱのじくをかじっているから。
(3)イ
(4)まるいはっぱが顔しかめ
いやいやしてるの　しらないな。
(5)ウ

解説

1 (1)「波もんをたてている」とは、すいれんのはっぱがあたって水面をゆらしている様子を表す。ゆっくりゆれている様子であり、ぐるぐる回っていたり、はげしくうきしずみしているわけではない。
(2)「さては、いたずらふなっこめ／はっぱのじくを　かじっているな」とある。水の中にいる魚のふなが、はすのじくを動かしているのだなと、思っている。
(3)「おかしい」とは、なぜそうなっているのかと、ふしぎがっている気持ちを表す。「おもしろい」という意味ではない。
(4)「顔しかめ」や、「いやいやしてるの」とある。これは、すいれんのはっぱがゆらされるのをいやがっているようだと作者が想像している言葉である。
(5)「どこも明るい　まっぴるま」の中で、すいれんのはっぱがゆったりとゆれている様子に当てはまるものをえらぼう。

ポイント
詩を読むときには、書かれているものの様子をよく想像して、じっくり味わおう。

上級レベル 104 詩 (2)

国語㉔

解答

1 (1)山
(2)ア
(3)ああいいなあ
(4)イ

2 (1)音
(2)(「こんにちは」)ウ
(「さようなら」)ア

解説

1 (1)「おひるについた山の上」とあります。えんそくでそこに行ったことがわかる。
(2)雲がとてもゆっくりとうごいている様子を、「うごくともなく」と表している。雲は風によってうごくが、この日は風もおだやかで、よく晴れた気持ちのいい一日だったのである。
(3)「　」はつけられていないが、先生の言った言葉は「～と」という言葉でわかる。気持ちがいいと感じていることをはっきりと表している言葉である。
(4)先生が急に大きな声で言ったために、おどろいている。

2 (1)「こんにちは」「さようなら」や、「せかいじゅうの／どこの　だれにでも／わかる　ことば」から、おならがでたときにそれをまわりに知らせるもので、一字の漢字、つまり「音」のことだとわかる。
(2)「こんにちは」は、出会うときのあいさつなので、おならとしてでた先の、体の外の世界に対するあいさつだと考えられる。反対に「さようなら」はわかれるときのあいさつだが、おならが人の体からはなれて外にでるわけなので、おならをした人の体に対するあいさつだとわかる。

標準レベル 105 物語 (2)

国語㉕

解答

❶ (1)(れい)プールカードに熱がなん度か書きわすれたこと。
(2)(れい)洋太のカードに書かれていた数字が 26 度 5 分に見えたから。
(れい)熱を出したことがなかったので、熱をはかったことがなかったから。
(3)ウ
(4)ア
(5)おでこ

解説

❶ (1)直後の段落に書かれている内容を用いて書こう。「ぼく」はプールのある日に、カードに熱がなん度か書いてくるのをわすれてきたことに気づいた。そして、「洋太」がひらひらさせたカードに書かれているのがなん度かを見て、自分でこっそり書き入れた。
(2)「ぼく」はプールカードに熱はなん度か書いていなかったため、「洋太」のカードに書かれているように見えた数字をそのまま自分のカードに書き入れた。「ぼく」は、ふだん熱を出したことがなかったために、どのくらいが普通であるのかを知らず、26 度 5 分がおかしい数字であることがわからなかったのである。
(3)「首をかしげる」とは、疑問を感じたり、不思議に思ったりするときの動作。ここでは、先生が「ぼく」のカードに書かれた数字を見て、あまりに熱がひくすぎると思っている様子を表している。
(4)「つばをのみこむ」とは、きんちょうしている様子を表す言葉。ここでは、「ぼく」が熱をはからずにカードに数字を書き込んだことが先生にわかってしまったのではないかと思い、思わずきんちょうしている様子を表している。

ポイント
物語では、人物の気持ちの変化に気をつけながら読もう。また、その気持ちが生まれたのはなぜかということも考えよう。

上級レベル 106 物語 (2)

国語㉖

解答

❶ (1)(つねさん)エ　(みねさん)イ
(2)ウ
(3)そっと
(4)(れい)あかんぼうをうもうとして、くるしんでいる様子。
(5)(れい)みねさんがぶじにあかんぼうをうんだから。

解説

❶ (1)この文章は、牛の「みねさん」が子どもをうもうとしているところや、それを心配する他の動物たちが集まっている場面をえがいたもの。動物たちに人間の名まえがつけられていたり、何の動物であるのかはっきりと書かれていないものもあるために、わかりづらくなっているが、注意深く読もう。「つねさん」は、「きつね一家のおくさん」であると、はっきり書かれている。
(2)「かねさん」が声をたてないようにして話しているのは、必死に子どもをうもうとしている「みねさん」のじゃまをしたくなかったからである。
(3)「つねさん」は、「かねさん」が声をひそめて話すのを見て、自分もまた「そっと」話すようにしている。
(4)「みねさん」は子どもをうもうとして、とても苦しんでいる。「どんな様子」と問われているので、「～様子。」という形で答えるようにするとよい。
(5)「みねさん」が無事に子どもをうんだために、「かねさん」がよろこんでいる。「なぜですか」と問われているので、「～から。」という形で答えるようにしよう。

ポイント
物語では、登場する人物同士の関係を正しく理解することが大切。だれが何と言っているか、だれが何をしているかをていねいにとらえよう。

標準レベル 107 説明文 (2)

国語㉗

解答

❶ (1)(れい)水でうすめて作られる。
(2)アオギリ科、植物(樹木)
(3)(れい)クリほどの種子が白い皮につつまれて、10 粒ほどつまっている。
(4)(れい)少し苦い味。
(5)(れい)カフェインという成分が入っているから。
(6)コーラの種子

解説

❶ (1)第 2 段落の内容に注目しよう。コーラには「もとの液」があって、それはアメリカから運ばれて来ると言っている。そして、それを水でうすめて作られる。これらの内容を用いてまとめよう。
(2)「コーラ」の名前の由来は植物の名である。「コーラはアオギリ科の樹木」であることが書かれている。
(3)第 4 段落には、「にぎりこぶしぐらいの実」の中には「クリほどの種子が白い皮につつまれて、10 粒ほどつまって」いると書かれている。
(4)西アフリカでは、コーラの実をそのままかじって食べていた。ですが、それは「少し苦くて、おいしいとはいえ」

なかった。
(5)第5段落の内容に注目しよう。コーラの実の中には「カフェインという成分」が入っており、「お茶やコーヒー」と同じように、頭をすっきりさせる作用があると言っている。

ポイント
説明文では、多くのれいが用いられる。それらのれいが何を説明するためにあげられているかを、正しく理解することが大切である。

標準レベル 108 説明文(2)

国語㉘

解答

1 (1)ゾウのふん、紙をつくる
(2)アフリカゾウ、アジアゾウ
(3)(食事)200～300キログラム以上
(ふん)60～100キログラム
(4)(れい)内臓のつくりが、草の繊維をうまく消化できるようになっていないため。
(れい)あごが小さく、食べ物をあまりかまずに飲みこむため。

解説

1 (1)この文章は、環境を大切にするために、ゾウのフンを用いて紙を作ることについて説明したもの。
(2)ゾウは大きく2種類に分かれることが書かれている。「アフリカの草原や森林にすむアフリカゾウ」と、「インドや東南アジアの森林にすむアジアゾウ」である。
(3)第2段落の最後の部分に、ゾウがとる食事の量と、ゾウがするふんの量が書かれている。数字が多く書かれている場合には、読み間違えたり書き間違えたりしないように、よく注意しよう。
(4)最後の段落の内容に注目しよう。ゾウは、内臓のつくりが「草の繊維をうまく消化できるようになっていない」ために、食べた草はほとんど消化されないままに外に出ると言っている。また、あごが小さいために、「食べ物をあまりかまずに飲みこむ」ために、消化されないままの草が残ると言っている。これらの内容を使って、まとめよう。

注意 説明文では、細かな数字を用いてくわしく説明されているので、正確にとらえるとともに、答えるときにも注意しよう。

標準レベル 109 部首・筆順・画数

国語㉙

解答

1 ①キ ②ウ ③ケ ④コ ⑤イ ⑥カ
⑦ク ⑧オ ⑨エ ⑩ア
2 ①四 ②六 ③六 ④五 ⑤三
⑥三 ⑦三
3 ①十 ②八 ③十八 ④八 ⑤四
⑥十二 ⑦十六 ⑧八 ⑨七
4 (右から順に)
①41523
②51342
③23514

解説

1 漢字の右にあるものを「つくり」、左にあるものを「へん」という。また、漢字の上にあるものを「かんむり」、下にあるものを「あし」という。まず、このような大きな分類をおぼえ、それから、一つ一つの部首をおぼえていこう。

2 漢字の筆順にはきまりがある。
①上から下へ書く。 ②左から右へ書く。
③横画を先に書く。 ④中心を先に書く。
⑤外側を先に書く。 ⑥つらぬくたて画は最後に書く。

3 そう画数を数えるときは、正しい書き順で、ていねいに書きながら数えることが大切。

4 すべての漢字のそう画数は次のとおり。
①申(5画)→使(8画)→消(10画)→進(11画)→鉄(13画)、②動(11画)→福(13画)→駅(14画)→横(15画)→薬(16画)、③助(7画)→実(8画)→昭(9画)→庫(10画)→深(11画)

上級レベル 110 部首・筆順・画数

国語㉚

解答

1 ①しょくへん ②おおざと
③ぼくにょう(のぶん) ④ほうへん
⑤のぎへん ⑥したごころ(こころ)
⑦もんがまえ ⑧あめかんむり
⑨やまいだれ ⑩おおがい
2 ①27 ②27 ③23
④24 ⑤23 ⑥39
⑦39 ⑧21 ⑨24 ⑩26
3 ①ウ ②イ ③ア ④ウ ⑤ア
4 ①おおがい・16
②たけかんむり・12
③まだれ・10
④うかんむり・8

解説

1 部首がどの種類のものであるかがわかるようになると、部首を見つけやすくなり、おぼえやすくなる。新しい漢字をならうたびに、部首をかくにんするようにしよう。

2 それぞれの漢字の画数は次のとおり。

① 式＋業＋苦＝6＋13＋8＝27
② 級＋放＋消＝9＋8＋10＝27
③ 球＋打＋投＝11＋5＋7＝23
④ 究＋実＋度＝7＋8＋9＝24
⑤ 緑＋反＋由＝14＋4＋5＝23
⑥ 談＋遊＋着＝15＋12＋12＝39
⑦ 詩＋想＋感＝13＋13＋13＝39
⑧ 向＋息＋氷＝6＋10＋5＝21
⑨ 岸＋血＋酒＝8＋6＋10＝24
⑩ 住＋真＋追＝7＋10＋9＝26

3 ①はウだけが七画、他は九画。②はイだけが十一画、他は十二画。③はアだけが九画、他は八画。④はウだけが十六画、他は十五画。⑤はアだけが六画、他は七画。

4 ①の部首は「頁」、②の部首は「⺮」、③の部首は「广」、④の部首は「宀」。

標準レベル 111 物語（3）

国語㉛

解答

❶ (1)(れい)自分の将来についてなにかを書くページ。
(2)(れい)長いお休みのあとの作文。
(3)ア
(4)(れい)美砂ちゃんから言われたことが、ほんとうのことだったから。
(5)脳外科医

解説

❶ (1)「わたし」は、作文を書くのが苦手で、自分の将来について何かを書くように言われることも、きらっている。自分が将来何をしたいのかは「未定」である。「そんな」が何を指すかをさがそう。
(2)直前に、「〜と同じで」とあるので、この部分のことも大きらいだということが読み取れる。
(3)「女優とか、歌手とか」になりたいと書いても、男子に笑われてしまうだけなので、「わたし」は書かないことにしている。自分の顔が「鼻ペチャ」で、そのようなものになれるわけがないと思ってもいる。
(4)「美砂ちゃん」は、一年生のときからはっきりとした将来の夢を持っていて、「未定」としか書くことができない「わたし」のことを、「夢のないやつ」と言っている。しかも、それが「ほんとうのことだから」「落ちこんだ」のである。「なぜですか」と問われているので、「〜から。」という形で終わるようにしよう。
(5)最後の段落の内容に注目しよう。「美砂ちゃん」は、一年生のときには「お医者さん」、二年生のときには「大学病院のお医者さん」、三年生のときには「外科医」、四年生のときには「脳外科医」と書いている。学年があがるにつれて医者になる夢がどんどん具体的になっている。

ポイント

物語では、対照的な人物をならべて、気持ちや様子がまったくことなることを表す場合が多いので、どのようなちがいがあるかをよく読み取ろう。

上級レベル 112 物語（3）

国語㉜

解答

1 (1)イ
(2)ウ
(3)おぼれてしまう
(4)勇一・のりこえる・脱出

解説

1 (1)勇一が、カヤックとよばれる船にのっている場面であることを読み取ろう。—①の前の「あっというまに、左側のながれにはいった」や、後の「この力にかたねばならない」「激流をのりこえるには」などの表現から、川の強いながれに船がひきこまれている様子がわかる。
(2)—②をふくむ文の前の段落から、川のながれがはやすぎて、勇一のパドリングではそのはやさにおいつけていないことがわかる。また、直前の「いっしゅん青い空がみえた」から、勇一がバランスをくずしていることが読み取れる。そのうえで、「まっ白な水のあわ」とは、船がひっくり返って、水の中にもぐってしまった勇一が見た水のあわを表しているのだ。
(3)—③の前の部分に「いきができなかった」とあり、「このままではおぼれてしまう」という勇一のあせった気持ちが書かれている。おぼれないようにするために、「おちつけとじぶんにいいきかせ」ているのだ。
(4)文章の全体をとらえ直そう。一つめと二つめの段落で、カヤックに乗った勇一が、はげしい川のながれをのりこえることにちょうせんしている様子がえがかれている。三つめと四つめの段落で、ちょうせんにしっぱいして船がひっくり返ってしまったこと、その後の段落で、じぶんをおちつかせてなんとか船から脱出したことがえがかれている。

標準レベル 113 記録文・意見文

国語33

解答

1 (1)イ

(2)32

(3)(れい)おしべのやくが破れて、めしべが受粉する。

(4)(れい)花粉をめしべに確実に受粉させることができるから。

(5)地味で目だたない

(6)1週間

解説

1 (1)この文章は稲の成長の様子を記録したもの。はじめに、幼穂から穂が出るまでに30日がかかっている。その後、2日ほどで花が咲きます。そして、7日間ほど次から次と花が咲き、さらに1週間後には穂がたれはじめる。これらの期間をすべて足していくと、約2か月間になる。

(2)初めに幼穂から穂が出るまでに30日かかり、その後2日して花が咲き始めると言っている。

(3)直後の部分の内容に注目しよう。花が咲いている1時間の間に受粉が行われることが書かれている。もみが開き、おしべが中からのび出して、やくが破れた後に受粉が終わると説明している。

(4)第3段落の内容に注目しよう。稲は「自分の花粉を自分のめしべに確実に受粉させることができる」と言っている。そのために長い間咲いている必要がないのである。それに対して、「レンゲやサクラなど」は、美しい花びらを見せることによって、昆虫を誘って受粉することも書かれている。

(5)稲の花は、昆虫を誘う必要がないために、「美しい花びら」があるわけではなく、「地味で目だたない」ものであると言っている。

ポイント

記録文では、むずかしい言葉が多く用いられているものもある。そのような文章を読む場合には、むずかしい言葉がどのような意味を表すかを、前後の意味のつながりから考えるようにしよう。

上級レベル 114 記録文・意見文

国語34

解答

1 (1)(れい)人の評価が気になって、こわいから。

(2)自分

(3)むなしさ、イヤ

(4)(れい)いい子でいるふりをやめること。

(5)抑えつけてた心、自由に羽ばたかせて

解説

1 (1)この文章は、人からよく思われようとおもって「いい子」のふりをしつづけることをやめて、本当の自分を出すようにしたほうがいいということを主張した意見文。「いい子」のふりはいつでもやめていいのに、そうするのをやめられないのは、「人の評価がものすごく気になって、こわい」からだと言っている。

(2)「いい子」でいると、苦しい思いをするものだと言っている。そのようになるのは、それが「ふり」をしているだけで、本当の自分の姿ではないからだと言っている。

(3)「いい子」でいるのは、自分の本当の姿ではないために、「むなしさ」を感じるようになると言っている。また、「自分がイヤになってしまうかもしれません」とも言っている。そのような本当ではないことをしつづけるのをやめて、本来の自分の姿を見せることをすすめている。

(4)筆者は、「いつでもやめていいんですよ」とか、「もっと自由に羽ばたかせてあげましょう」と言っている。「いい子」でいる「ふり」をやめることをすすめている。

(5)「いい子」でいるうちは、本当の自分の心は強くおさえつけられている。その心を自由にとき放つと表現している。

ポイント

意見文では、筆者がどのような主張を持っていて、それをどのように表現しているかを読み取ろう。

標準レベル 115 日記・手紙

国語35

解答

1 (1)木崎信次・田中先生

(2)イ・エ（順番はぎゃくでも正解）

(3)田中先生

(4)イ・ア・ウ

解説

1 (1)手紙のはじめや終わりに注目すると、「ぼく」が「田中先生」にあてて書いた手紙だとわかる。「ぼく」とは、終わりから2行目に書かれている木崎信次さんのこと。今回の手紙のように、ていねいな手紙の決まりごととして、終わりの行に相手の名前を、その前の行に自分の名前を書くこともおぼえておこう。

(2)手紙の前半に、組がえになって先生がかわったことが書かれている。木川先生は、新しくたんにんになった先

生のこと。また、木川先生のことを「みんながこわいぞっていっている」のだが、「ぼくはそうは思いません」ということが書かれている。

⑶ここでの先生とは、この手紙のあて先である田中先生のこと。ようちえんのバスにのっているかもしれないことや、「先生」の少し後に書かれている「先生、ようちえんの子どもは、かわいいですか。」から、田中先生は、ようちえんの先生であることがわかる。「ぼく」は、ようちえんのバスを見かけて、ようちえんのときの先生だった田中先生がのっているかと思って、先生のすがたをさがしたのだ。

⑷「学校のかえり」や「ようちえんのバスがなつかしい」と書かれているように、「ぼく」はもうようちえんに通っていないことがわかる。「ぼく」は、ようちえんのバスを見かけたことで、そのときの先生だった田中先生のことがなつかしくなって、手紙を書いたのだ。

ポイント

手紙では、書いている人と、相手の人とがどんな関係であるのかをよく理解しながら読もう。

上級レベル 116 日記・手紙

国語㊱

解答

1 ⑴イ

⑵がたがた・かさこそ　（順番がぎゃくでも正解）

⑶ア

⑷春・（れい）あたたかくなってほしい

解説

1 ⑴おかあさんから「春一番」や「三かん四おん」など、冬から春へのきせつのかわりめのことを教わりながら、思ったことが書かれている。

⑵「どーん」は、強い風がまどにあたる様子を表している。このように音や様子を表す言葉として、まどがゆれる音を表す「がたがた」、風にふかれた葉っぱがふれ合う音を表す「かさこそ」が使われている。

⑶―②の後に書かれている、「三かん四おん」についてのおかあさんの説明を読み取ろう。寒い日とあたたかい日が少しずつ入れかわりながら、だんだんあたたかい春になっていくことが説明されている。

⑷二つめの段落の「また、寒くなるのかなあ、いやだなあ」や、終わりの段落に書かれた「あんまり寒くないと、いいんだけどなあ」「早く、ほんとの春よこい」などから、早く寒い冬が終わり、春になってあたたかくなってほしいとねがう寺井さんの気持ちを読み取ろう。

ポイント

日記には、起こったことと同時に、書いている人が何を思ったり、感じたりしたかが書かれる。それらのことを正確に読み取るようにしよう。

標準レベル 117 説明文⑶

国語㊲

解答

❶ ⑴（れい）脳のめいれいが、筋肉につたわらなくなる

⑵足をうごかす

⑶脳

⑷めいれい

⑸かゆい、じんじん

解説

❶ ⑴第５段落の内容に注目しよう。長いすわっていると、「足の神経」がおしつけられるためにはたらかなくなって、「脳の、めいれい」が「筋肉」につたわらなくなると言っている。そのようなじょうたいを「しびれる」と表現している。

⑵第２段落の内容に注目しよう。「筋肉」は「足をうごかすはたらきをしています」とある。

⑶第４段落の内容に注目しよう。「神経」とは、「『いたい』『つめたい』などの感じ」を、「脳」につたえるはたらきをするものだと言っている。

⑷第４段落の内容に注目しよう。「脳」は、「神経」を通じて、「足をうごかしなさい」などの「めいれい」を筋肉につたえるものだと言っている。

⑸最後の部分に注目しよう。「血のめぐり」がもどるときには、「かゆいような、じんじんしたような感じ」とある。

注意　説明文を読むときには、細かな内容まで順を追ってていねいに読むことが大切。それぞれの部分がどのような話題に関して、どんな説明をしているかを注意して読もう。

上級レベル 118 説明文(3)

国語㊳

解答

1 (1)(れい)産卵をするくぼみ

(2)オス、いさかい

(3)満身のちから

(4)(れい)ほかの魚や鳥たちに食べられないため。

(れい)ひからびたり、こおったりしないため。

(5)産卵

解説

1 (1)第１段落の内容に注目しよう。「結婚あいてのきまったカラフトマスのメス」が、産卵をするための場所づくりをすることについて、説明している。それは、「小じゃりのあるところ」で、おひれによって川ぞこをほり、「産卵をするくぼみをつくる」と言っている。

(2)「産卵場」では「大にぎわい」が起こると言っている。メスに求愛するオスは、「ほかのオスがちかよらないように」するために、いろいろな場所で「いさかい」を起こすのである。

(3)メスが産卵をする順序について、第３段落で説明している。「１時間以上もかけてくぼみをつく」った後に、そのくぼみに「おなかをいれて産卵をはじめ」、その後、「口をいっぱいにひらき、全身の筋肉を波だたせながら、満身のちからをこめて産卵」すると説明している。

(4)直後の部分の内容に注目しよう。メスは念入りにたまごを砂でうめていくが、そのようにするのは、「ほかの魚や鳥たち」に食べられてしまったり、「水が少なくなったときにひからびてしまったり、きびしい寒さでこおったりして」しまわないようにするためだと言っている。これらの内容をまとめよう。

ポイント

連続して行われる事柄がいくつも書かれている場合には、それぞれの内容を正確に理解しながら、前後のつながりを読み取ろう。

119 最上級レベル 1

国語㊴

解答

1 ①みどり・まめ　②あたた・しあわ

③ゆ・そそ　④はたけ・みの

⑤かか・と　⑥ふか・くら

2 ①仕事・命　②泳・練習

③植物・育　④薬・研究

⑤湖・写真　⑥打球・受

3 (〇をつけるもの)①中　②左　③右

4 ①集める　②重ねる

③美しい　④等しい

5 ①十一　②十二

解説

1 一字の漢字の訓読みを確認しよう。それぞれの音読みは、次の通り。①「緑」=「りょく」、「豆」=「とう」・「ず」。②「温」=「おん」、「幸」=「こう」。③「湯」=「とう」、「注」=「ちゅう」。④「畑」=なし、「実」=「じつ」。⑤「係」=「けい」、「問」=「もん」。⑥「深」=「しん」、「暗」=「あん」。

2 次の点に気をつけて、正しく、ていねいに書こう。①「事」はたてのぼうをハネよう。②「泳」は五画目をハネよう。③「植」は字形に注意する。④「究」は七画目を上にハネよう。⑤「湖」は字形に注意する。⑥「打球」とは、打たれた球のこと。

3 ここで取り上げたような、日本に昔からある言葉を「やまと言葉」という。ひらがなで書き表せるものが多くある。

4 送りがなに注意しながら、正しく書けるようにしよう。送りがなには例外が多いので、書けなかったものは、その都度正しく書けるようになるまで、練習すること。

5 そう画数を数えるときは、一画ずつ、正しい書き順で書きながら数えよう。正しい書き順で書くと、漢字は、美しく書くことができる。こうすることで、画数も正しく数えることができる。

120 最上級レベル ②

国語40

解答

1 (1)戦争

(2)(れい)両手を空に上げ、力いっぱいの叫び声を上げた。

(3)ア

(4)ウ

(5)イ

解説

1 (1)子どもたちの頭上を飛行機が編隊をつくって飛んでいく様子がえがかれている。また、「戦争とは、勇ましいものというよりほかには、わかっていないようでした」とある。したがって、この文章は「戦争」のあった時代についてえがかれていることが、その様子からもわかる。物語を読むときは、その話がいつごろの時代のものであるかを、理解することが大切だ。様子などに注目して読んでいくとよい。

(2)飛行機の編隊が飛び去っていくと、子どもたちは、「バンザーイ！」と言いながら、両手を空にさし上げて、力いっぱいに叫び声を上げている。これらの内容をまとめよう。

(3)子どもたちは「戦争」がどういうものであるかを知らず、ただ「勇ましいもの」と思っている。飛行機の編隊に向かって、「バンザーイ」と叫ぶ姿からは、子どものむじゃきさが感じられる。

(4)「おもしろい」のあとに「つれました」とあることから、ここでの「おもしろいほど」とは、おもしろく感じられるほど、たくさんの魚がとれたことを表している。

(5)「銀のウロコ」や「半円形を描いて」などの表現に注目しよう。物語では、この部分のように、物の色彩や形を用いて、表現をゆたかにする方法がとられることがある。言葉が表しているものが、どのような感じをもたらしているかを考えながら読むと、物語をいっそうよく理解できるようになる。

ポイント

物語では、細かな表現によく注目して、それが物語の中でどのようなことを表しているかを考えよう。

装丁デザイン　ブックデザイン研究所
本文デザイン　京田クリエーション
図版・イラスト　京田クリエーション　京都地図研究所
高橋いらすとるうむ　デザインスタジオエキス.
ユニックス